박경서와 정근식의 사제 대화

평화를 위한 끝없는 도전

평화를 위한 끝없는 도전

초판 1쇄 인쇄 2018년 1월 30일
초판 1쇄 발행 2018년 2월 10일

지은이 박경서 · 정근식
펴낸이 金滇珉
펴낸곳 북로그컴퍼니
편집부 김옥자 · 서진영 · 김현영
디자인 김승은 · 송지애
마케팅 이예지 · 김은비
경영기획 김형곤
주소 서울시 마포구 월드컵북로1길 60(서교동), 5층
전화 02-738-0214
팩스 02-738-1030
등록 제2010-000174호

ISBN 979-11-87292-89-0 03300

박경서와 정근식의 사제 대화

평화를 위한
끝없는 도전

박경서 · 정근식 지음

북로그컴퍼니

2017년 한 해는 우리 한국 사회가 극적인 정치·사회적 경험을 한 해로 기록될 것입니다. 북한은 지속적으로 핵 실험과 미사일 실험을 하면서 한반도의 안보 위기를 고조시켜왔고, 미국은 트럼프 대통령 취임 이후 이에 대하여 강력한 제재와 경고를 반복하는 등 무력시위를 함으로써 이 안보 위기가 전쟁 위기로 비화하는 상황을 맞게 되었습니다. 이 때문에 평화는 점차 관념적인 이상이 아니라 절실한 현실이 되었습니다.

2016년 가을부터 시작된 촛불집회는 매주 주기적으로 새로운 이슈들을 탄생시키면서 2017년 봄에 이르러 박근혜 전 대통령 탄핵을 가져왔고, 정해진 절차에 따라 대통령 선거를 치름으로써 마침내 새로운 정부를 탄생시켰습니다. 이 촛불집회를 통해 한국은 전 세계에 민주주의를 지속할 수 있는 역량을 과시하였는데, 그 과정을 관철한 시민정신은 평화였습니다.

2017년 한 해를 되돌아보면, 국제적으로나 국내적으로 한반도의 평화가 그토록 절실했던 때도 없었을 것입니다. 많은 분들의 염려와 문재인 정부의 평화를 위한 노력에 응답이라도 하듯이 2018년 새해 첫날 북한의 김정은 위원장은 평창올림픽에 참가할

의향이 있다는 것을 신년사로 발표했습니다.

평화 인문학을 정립하기 위하여 노력해온 우리 통일평화연구원에서는 2017년 초에 한반도의 안보 위기와 전쟁 위기에 직면하여, 이런 상황을 조금이나마 개선하는 데 어떻게 힘을 보탤 것인가를 논의하였고, 그 결과 우리 사회의 원로라 할 수 있는 다섯 분의 장관급 인사들을 차례로 모셔서 대학생과 청년들이 이분들과의 대화를 통하여 지혜를 구하는 프로그램을 마련했습니다. 아울러 우리 사회의 인권과 평화를 위하여 애써오신 박경서 초대 인권대사의 삶과 지혜를 배우는 대화의 자리도 마련했습니다. 이 연속 대화는 박경서 선생의 삶을 되돌아보면서 현재와 미래를 꿈꾸는 미래적 자서전이기도 합니다.

박경서 선생과의 대화는 2017년 1월 13일에 시작하여 4월 27일까지 총 아홉 차례 진행하였습니다. 이 대화의 내용을 책으로 출판하기로 하고 편집하던 2017년 8월에 박경서 선생이 대한적십자사 회장직에 부임하게 되어, 축하의 인사와 함께 새로운 포부를 듣는 기회를 대한적십자사 본사에서 10월 28일에 마련하는 것으로 대화를 마무리했습니다. 기대에 어긋나지 않게 대한적십자사는 박경서 회장 부임 이후 권위주의를 벗어던지고 남북 대화와 화해를 위한 활동에 매진하여, 북한의 평창올림픽 참가라는 작은 결실을 거두었습니다.

다음은 첫 번째 대화의 첫 부분인데 그 내용으로 이 책의 서두를 대신합니다.

정근식　오늘 선생님을 모시고 지난날을 회고하면서 우리 사회가 직면하고 있는 혼란과 평화의 위기를 어떻게 극복할 것인가에 관한 지혜를 구하게 되어 너무 기쁩니다. 제가 선생님을 처음 뵌 것이 엊그제 같은데 벌써 40년이 되었다고 생각하니 감회가 새롭습니다. 1977년, 그러니까 제가 서울대학교 사회학과 2학년 학생일 때 선생님을 강의실에서 처음 뵈었는데, 그때 선생님은 사회학 특강이라는 강의 시간에 유럽의 사회민주주의 사상의 기원과 발전 과정에 관하여 이야기를 해주셨습니다. 생 시몽부터 푸리에, 고드윈, 오웬, 시드니 웹, 라살까지 처음 들어본 초기 사회주의 사상가들을 이해하기 위하여 도서관에서 독일어 원전과 씨름했던 시간들이 또렷하게 떠오르는군요. 그 후 선생님은 다시 유럽으로 돌아가 국제기구에서 열심히 일하셨고, 김대중 대통령 시기에 돌아오셔서 인권대사로 활동하실 때 다시 뵈었지만, 오늘처럼 선생님의 경험을 자세히 여쭈어볼 기회는 없었습니다. 북한 핵 문제나 사드 문제로 우리 사회가 시끄럽고, 또 촛불집회로 우리 정치가 어떻게 될지 잘 모르는 상황에서 선생님의 경험과 지혜가 이 땅의 젊은이들에게 전해지기를 바라는 마음에서 오늘의 자리를 마련하였습니다.

저는 1985년 전남대학교 교수로 부임한 이래 지금까지 32년간 대학에서만 생활했기 때문에 종종 삶이 너무 단순하여 시야가 좁은 것은 아닌가, 라는 경계의 마음을 갖기도 합니다. 그동안 선생님은 제네바에 있는 세계교회협의회에서 일하시면서 지구적인 문제들과 씨름하는 세계 시민으로 살았고, 또 북한을 수십 번 방문하셔서 어려운 사정을 개선하는 데 많은 도움을 주신 것으로 알고 있습니다. 물론 그 유명한 크리스찬아카데미 사건이 없었더라면, 선생님도 한국에서 대학 교수로서의 삶을 살았을 것으로 생각되지만, 오히려 그때 스위스로 가신 것이 더 풍부한 삶을 살 수 있는 전화위복의 계기였다는 생각도 듭니다. 저도 적어도 5년이나 10년쯤은 유럽이나 아프리카, 아시아 등지에서 연구나 실천 활동을 해봤으면 하는 아쉬움이 있는데, 선생님은 선생님의 삶에 대하여 그런 아쉬움이 없는지요?

박경서 정 교수가 벌써 교수 생활을 32년이나 하고 나이가 환갑을 넘겼다니 세월이 참 빠르네. 옛날 이 대학 캠퍼스에서 자네들이 유신 반대 데모를 하던 것이 엊그제 같은데……. 그때 이 대학은 관악으로 이사 온 지 얼마 되지 않아서 황량했고, 또 정치적인 이유로 내가 다니던 1960년 전후의 동숭동 캠퍼스처럼 어수선할 때였지! 자네처럼 교수로 있으면서 후학을 가르치는 일이나, 나처럼 전 세계를 돌아다니면서 어려운 사람들을 만나 고통과 기쁨을 나눈 삶이나 다 똑같이 보람 있고 또 늘 아쉬움이 따라다니는 삶이라고 생각한다네. 내가 자네들을 만나 가르치기 시작한 게 내 나이 서른일곱 살 때였지 아마. 짧은 시간이었지만, 내 제자들이 서울대학교 통일평화연구원과 같은 중요한 연구기관에서 원장으로 일하는 것을 축하하고 뿌듯하게 생각한다네. 자네 같은 제자를 둔 나는 아주 행복하지. 내가 나이가 들었지만, 아직은 젊었을 때의 기억이 생생한데, 마침 이런 의미 있는 이야기를 나눌 수 있도록 기회를 준 것을 고맙게 생각한다네. 우리의 대담은 평화·정의·인권 그리고 '권리에 입각한 지속 가능한 발전(right based on the approach to development)'이라는 가치들에 관하여 몇 차례 주거니 받거니 할 것 같은데, 나도 연구원장인 자네에게 배우기도 하고, 또 우리의 대담을 잘 기록하여 정리해줄 안소연 연구원에게 깊은 감사를 표하면서 우리의 이야기를 시작하세. 이제부터는 존칭을 쓰겠네.

2018년 1월 1일 새해를 맞으며
서울대학교 통일평화연구원 원장 정근식

차례

엄혹했던 1970년대를 회상하며

정근식 선생님께서 독일에서 귀국하신 뒤 서울대 사회학과에서 강의를 하셨고, 이후 한국의 민주주의 역사에서 유명한 크리스찬아카데미 사건을 겪으셨습니다. 우선 그 이야기부터 시작하실까요?

박경서 나는 1975년 독일 중부에 있는 괴팅겐대학교의 사회학과에서 박사 과정을 마치고 1976년 4월에 귀국했어요. 스승인 이해영 교수님께 귀국 인사를 드리러 갔더니, 사회학과에서 학생들을 지도해보라고 '명령'을 하셨어요. 그래서 바로 그 학기부터 학생들을 가르쳤지요. 당시 한국의 정치 상황은 말도 못하게 복잡하게 꼬여 있었고, 유신헌법과 긴급조치 등에 대한 학생들의 저항과 비판으로 인하여 서울대 관악캠퍼스의 상황도 무척 엄중했어요. 그런 상황에서 나는 '독문 강독' '사회사상사' '노동사회학' 등 세 과목의 강의를 맡았습니다.

대학 캠퍼스에는 경찰들이 상주해 거의 매일 학생들을 감시했고, 조금이라도 시위가 벌어지면 학생들을 잡아갔어요. 그때를 생각해보면 나 역시 팔팔하게 젊었을 때인데, 내 눈앞에서 학생들을 잡아가는 것을 보면 분을 참기가 어려워 경찰들과 몸싸움도 하면서 격렬하게 항의했던 기억이 나요. 그래도 대학 선생으로서의 역할을 하지 않을 수 없었지요.

그런 와중에 1977년 크리스찬아카데미에서 부원장으로 초빙한다는 연락을 받았어요. 그곳 이사회에서 결의했다고 하는데, 당시 원장으로 계셨던 고 강원룡 목사님께서 함께 일하자고 제안하신 거였지요. 그래서 서울대학교에서 강사를 하면서, 동시에 크리스찬아카데미의 부원장으로 부임하여 사회 교육을 담당하게 되었습니다. 신인령, 김세균 등의 젊은 활동가들이 나와 함께 교육을 하고 일했던 분들이에요.

정근식 크리스찬아카데미 부원장으로 가셨을 때 만난 여러 간사들은 모두 나중에 유명해진 분들인데, 이분들은 어떻게 여기에서 일하게 되었나요?

박경서 강원룡 목사님은 남달리 사람을 잘 고르는 분이었어요. 이분들은 1975년에 이미 여기에서 일하고 있었고, 나는 1976년 10월에 합류해 일하다가 이듬해에 부원장이 된 것이지요. 크리스찬아카데미의 교육 프로그램은 독일의 평화자금을 지원받아 만든 것입니다. 크리스찬아카데미의 교육 프로그램은 '중간집단 교육'인데, 이것은 '브릿지'라는 상징성을 가지고 있었습니다. 대화를 통해 합리적인 보수와 이성적인 진보의 교량 역할을 하자는 거였지요. 그래서 노동자 그룹, 농민 그룹, 여성 그룹, 목회자 그룹, 청년·학생 그룹, 이렇게 다섯 개 그룹을 타깃으로 하여 프로그램을 시작했어요.

정근식 그것이 독일 모델인가요? 아니면 한국에서 새로 만든 것인가요?

박경서 우리가 새로 만든 거지요. 한국에서 미래의 민주주의 지도자 교육을 하자는 거예요. 암울했던 박정희 독재 정권 시절이지만, 아무것도 안 하면 큰 일이고, 언젠가는 민주주의가 오니까 그때 큰 역할을 할 수 있는 사람을 만들자고 했었지요.

신인령 전 이화여대 총장, 고 이영희 인하대 교수, 서울대에서 은퇴한 김세균, 국민대에서 은퇴한 이광택 이 네 사람이 노동자 교육의 스태프였고, 헤드가 신인령 씨였지요. 농촌 분야의 헤드는 이우재 전 국회의원이었고, 부산대 황한식 교수, 장상환 경상대 교수, 남민전 사건으로 고생한 권영근 박사가 이 분야 스태프였어요. 여성 교육은 헤드가 한명숙 전 총리, 이계경 전 국회의원 겸 전 여성신문 창설자, 김선화 여사, 이정자 여사 이런 분들이 스태프를 맡았어요. 목회자 그룹은 이종헌 목사님, 지금 경동교회 목사인 채수일 박사, 김원배 목사님 이런 사람들이 목회자 교육을 맡았고, 청년 교육은 청년 그룹이 맡았어요. 내가 부원장으로 전체 프로그램을 책임지고 그 위에 강원룡 목사님이 원장으로 계셨지요.

농민 교육을 한다고 하면 타 부서에서 일하는 모든 직원이 수원에 같이 내려가서 2박, 3박씩 하면서 토론했는데, 자기 분야가 아니라 하더라도 각 분야에서 어떤 사업을 하고, 무엇을 가르치는지,

1977년 크리스찬 아카데미 교육생과 함께. 뒷줄 왼쪽에서 두 번째가 박경서 부원장, 네 번째가 강원룡 원장.

같이 힘을 합해 진행하고 평가했지요. 내부 강사로는 강원룡 목사님, 나 박경서, 각 부서의 장들, 이우재, 신인령, 외부 인사로 이문영, 한완상, 백재봉, 문동환, 문익환, 김병태, 정창렬 등의 교수들이 강의했어요. 대단한 성과였습니다.

당시 상황이 복잡하니 크리스찬아카데미와 관련된 사람들은 절대 데모를 하면 안 된다고 했는데, 그럼에도 불구하고 우리와 관련이 있던 '함평 고구마 사건'이 터졌습니다. 고구마 값이 '똥값'이 되자, 농민 교육을 받은 사람들이 뭉쳐서 고구마를 파묻어버리고 데모를 하기 시작했어요. 노동 분야에서도 당시 노동자들에 대한 인권 유린이 너무 심하니까, 원풍모방 사건, YH 사건, 반도상사 사건 등이 터지기 시작했는데, 시위의 조직자들이나 참가자들을 보니 크리스찬아카데미에서 교육을 받은 분들이었어요. 그래서 중앙정보부는 1979년 4월, 반공법 25조를 내세워 크리스찬아카데미 간사들을 잡아가기 시작했습니다. 이때 약 680명이 중앙정보부에 끌려가 조사를 받았어요. 그중에는 고 정창렬 교수와 아직도 활동하시는 김병태 교수, 우리 직원들 여섯 명이 체포되었지요. 한명숙, 신인령, 이우재, 장상환, 김세균, 황한식 씨 등이 연이어 잡혀가고, 강원룡 원장, 박경서 부원장 그리고 그 외 스태프들도 끌려 들어갔어요. 김대중 대통령 시절에 이 사건은 조작된 것이며 끌려가 고생했던 분들은 모두 무혐의 판결을 다시 받았습니다.

정근식　선생님께서 크리스찬아카데미 부원장으로 활동을 하시면서 특히 기억에 남는 일이 있으셨다면 어떤 것이 있는지 말씀해주세요. 제가 생각하기로는 당시에 유력한 월간지를 발행했고, 많은 사람들이 이의 영향을 받았던 것으로 기억합니다만.

박경서 크리스찬아카데미 부원장으로 사회 교육을 담당했을 때 많은 일이 있었는데, 그중 우리가 발간한 월간지 〈대화〉의 편집 문제가 생각납니다. 당시 유신체제에 비판적인 언론사의 기자들이 해고되어 '동아투위'나 '조선투위'를 조직해 활동하고 있었는데, 이분들을 월간 〈대화〉의 집필진으로 자주 초대했어요. 그분들과 상의 끝에 청계피복노동조합 노동자들의 삶과 노동의 가치를 알리기 위해 노동자들의 일기를 발굴하여 월간 〈대화〉에 실었어요. 유동우 씨의 〈어느 돌멩이의 외침〉, 민종덕 씨의 〈어느 노동자의 일기〉, 석정남 씨의 수기 등등 노동현장에서 일어나는 인권 유린 상황을 생생하게 그린 절규들을 연속해서 실었지요. 그 글들은 1970년대 노동현장을 잘 보여주는 값진 증언들입니다. 원풍모방, YH, 반도상사 등등의 산업현장이 주요 무대이고, 당시의 주인공들은 이제는 모두 할머니 소리를 듣는 나이가 되었지만, 우리 사회의 큰 지도자들로 성장한 분도 있지요. 당시 나는 이들의 결혼식 주례도 종종 했습니다.

정근식 선생님께서 40세 전후한 젊은 나이에 주례를 했다니 믿기 어려운데요. 저는 당시의 교육생들과의 관계에 관하여 미처 몰랐습니다.

박경서 노동자 사회 교육을 담당하게 되면 주례도 해야 합니다. 나는 서른일곱 살 때 처음 주례를 하게 되었는데, 고려대학교에 계시던 이문영 교수님이 저와 교대로 주례를 했습니다. 1980년대 초반에는 아웅산 수지와 함께 버마(현 미얀마)의 민주화 운동을 했던 사람들이 한국에 와서 외국인 노동자로 일하는 경우가 있었는데, 그들이 한국에서 결혼식을 할 때도 주례를 선 기억이 있습니다. 젊은 시절의 주례는 한동안 이어졌지요.

정근식 〈대화〉에 실렸던 노동자들의 수기는 당시 제가 사당동에서 야학 교사로 활동할 때 어린 학생들의 글쓰기 교재로 사용했던 기억이 납니다. 많은 감동을 준 글이었지요.

박경서 하지만 이 월간 〈대화〉는 1978년 10월호를 마지막으로 하여 폐간이 되었고 이어 1979년 4월에 이른바 크리스찬아카데미 반공법 위반 사건이 터지게 됩니다. 여러 가지 이유가 있었지만, 직원들이 서독에서 출판된 로자 룩셈부르크(Losa Luxemburg)의 작은 포켓북《로자 룩셈부르크는 누구인가?》를 함께 읽고 공부했던 것이 한 가지 빌미가 되었습니다. 그 책은 부원장인 제 사무실 책장에 있던 것이었지요. 사회민주주의 국가인 서독에서는 흔히 읽던 책입니다. 〈대화〉가 폐간당한 뒤 당국의 감시가 심해졌는데, 부원장인 내가 서울대 사회학과에서 2~3년간 학생들을 지도했다는 사실을 당시 중앙정보부가 주목했어요. 실제로는 그 정도의 영향이 있었던 것은 아닌데, 학생들의 시위를 나의 강의와 연결시켰던 것 같아요. 이 사건은 일종의 조작된 시국 사건입니다.

정근식 1979년 크리스찬아카데미 사건이 터졌을 때 사회학과의 김진균 교수께서 자주 법정에 방청하러 갔던 것이 생각납니다. 자신의 아우인 김세균 선생이 구속되었기 때문에 법정에 가셨고, 이때 많은 고심을 하면서 한국 사회를 바라보는 시각이 바뀌지 않았을까 짐작해봅니다. 이 사건이 터지고 나서 선생님은 어떻게 되었나요?

박경서 김경동 선생이 한 학기 강의를 쉬자고 해서 쉬었는데, 다음 학기에 다시 오라고 해서 학생들을 가르쳤어요. 나도 세 번 정도 중앙정보부 지하실에 가보는 경험을 했습니다. 1979년 10월에 박정희 대통령이 저격당했으나, 크리스찬아카데미 간사들에 대한 구속과 형사재판은 계속 진행되었습니다. 독재가 끝났다고 해도 법은 계속 집행되었고, 감옥에 가서 고생한 사람들이 많지요.

1970년대 유신체제와 관련된 또 다른 기억은 우리 학생들이 혜화동에 있던 나의 집에 와서 함께 술도 마시고 시간을 보냈던 일입니다. 어수선한 상황에서도 재미가 있던 시절이었지요. 그런데 1980년 5·18 광주항쟁이 발생한 후, 당시 사회대 학생과장이던 김일철 교수님이 나에게 조순 사회과학대 학장께 가보라고 하더군요.

그래서 찾아갔더니 조순 학장이 "박 선생, 미안하지만 학교를 그만 두셔야겠어요."라고 하더군요. 1979년에 돌아가신 이해영 선생님은 사회학과에 독일에서 공부한 교수가 없으니 내가 그 자리를 맡아주길 희망하셨던 것 같아요. 황성모 선생님이 그만둔 뒤로 사회학과에는 독일에서 공부한 사람이 없는 상태였지요. 이해영 선생님 생각에는 내가 강사로서 5년을 했으니 전임 강사로 발령을 내려고 하셨던 건데, 그분이 돌아가시고 5·18 광주항쟁이 나자 상황이 달라졌지요.

그렇게 해서 나는 1980년 가을 학기를 마지막으로 관악캠퍼스를 떠날 수밖에 없었습니다. 일종의 블랙리스트에 올라 있던 셈입니다. 당시의 블랙리스트는 요즘 블랙리스트와 달라서 거기에 올라가면 대한민국 어디에서도 직장을 얻을 수 없었어요.

나는 이 불운을 계기로 UN에 가서 활동하고 싶었어요. 그러나 우리나라는 당시 UN 회원국이 아니었기 때문에 한국인은 아무리 뛰어나도 D 레벨 책임자급 이상으로는 올라갈 수 없었습니다. 기껏해야 P5, 즉 과장급에서 끝나게 되는 것이지요. 그래서 UN으로 가는 것은 힘들겠다고 생각하여 포기를 했는데, 마침 제네바의 WCC(World Council of Churches, 세계교회협의회)라는 개신교 국제기구에서 아시아 국장을 모집한다는 것을 강원룡·박형규·김관석 목사님들이 알고 저에게 응모하라고 권유했어요.

당시 나는 두 아들을 둔 가장인데 직장이 없으니 살기가 막막했지요. 그즈음 나에게 박사 학위를 주었던 괴팅겐대학교의 은사

(Doktor Mutter) 헬가 그레빙(Helga Grebing) 교수가 훔볼트 재단의 장학금을 줄 테니 2년간 와 있으라고 제안했어요. 헬가 그레빙 교수는 여자 교수로 독일 노동 운동사의 권위 있는 학자입니다. 내가 그분의 영향을 많이 받았지요. 그레빙 교수는 당시 2,000마르크면 살아갈 수 있으니까, 자신의 밑으로 와서 조교를 하면서 박사후 과정(Post Doktor Degree)을 하라고 주선해주었어요. 내가 어려움에 처해 있어서 그 사정을 이해하고 배려해주었던 거지요.

정근식   선생님, '독터 무터(Doktor Mutter)'라고 할 때, 직역하면 어머니 박사인데, 정확한 뜻은 뭐예요? 독일에서는 지도교수를 성별에 따라 다르게 부르나요?

박경서   지도교수가 남자 교수인 경우 '독터 파터(Doktor Vater)', 여자 교수인 경우 '독터 무터(Doktor Mutter)'라고 하는데, 나의 남자 지도교수는 산업사회학을 전공한 한스 파울 바르트(Hans Paul Bahrt) 교수였어요. 독일에서 박사 학위를 하는 경우 지도교수가 여러 명 있는데, 바르트 교수도 나의 지도교수였습니다. 그분이 나의 전공 분야에 맞추어 독일 노동 운동사의 권위자인 그레빙 교수를 지도교수로 모셔서 공부하라고 하시기에 두 분 밑에서 공부하는 영광을 안았지요.

정근식   다시 1981년 상황으로 돌아가서 말씀해주시지요. 제가 알기로는 박사 후 과정을 하기 위해 다시 독일로 가지는 않으셨지요?

박경서 그레빙 교수의 배려로 훔볼트 장학금을 타게 되었으니 안심하고 독일로 가야겠다고 생각했는데, 비슷한 시기에 WCC 아시아 국장 응모 제안이 온 겁니다.

정근식 네, 결국 크리스찬아카데미 사건으로 어쩔 수 없이 외국행을 선택할 수밖에 없는 상황이었는데, 오히려 그것이 계기가 되어 WCC로 가시게 된 것이군요. WCC에 대해서는 후에 더 자세히 이야기하기로 하고, 1970년대 후반기 이야기를 좀 더 듣고 싶습니다. 선생님이 아까 말씀하신 월간 〈대화〉에 관한 이야기가 굉장히 중요한 부분이라고 생각됩니다. 〈대화〉라는 잡지의 편집을 맡게 된 경위와 그 잡지의 성격을 좀 더 자세하게 말씀해주세요.

박경서 〈대화〉라는 잡지는 강원룡 목사님의 신앙 고백서와 비슷해요. 강원룡 목사라는 분을 잠깐 소개하지요. 내가 그분과 인연을 맺은 계기는 4·19 혁명 때입니다. 내가 사회학과 학생회장 겸 전국 사회학회 회장을 했을 때예요. 4·19 혁명 때 문리대에서는 사회학과와 정치학과가 앞장섰어요. 당시 정치학과 학생들은 밤을 새워가며 선언문을 만들었고, 우리 사회학과 학생들은 4월 18일에 고려대 학생들이 대규모로 데모를 했기 때문에 내일은 우리 문리대가 해야 하지 않나 하면서 정치학과 학생들과 교감했어요. 그때 정치학과에서는 윤식이 큰 역할을 했어요. 그리고 사회학과에서는 서울대 전체 학생회장으로 1년 선배인 안병규 동문이 활동했고, 학과 대표는 3학년이었던 내가 했어요. 4월 19일 아침에 이해영 선생님의 첫 강의가 있었는데, 선생님의 허락을 받고 나가는 게 좋겠다고 생각해서 학과 친구들에게 일단 전부 강의에 들어가자고 했어요. 강의실에 들어가니 이해영 선생님이 왜 너희들은 데모에 나가지 않느냐고 호통을 치시는 거예요.

정근식　그랬어요? 제가 기억하는 이해영 선생님의 이미지와는 너무 다르네요. 1979년 돌아가시기 전의 이해영 선생님은 매우 엄격하고 보수적인 이미지였는데…….

박경서　이해영 선생님은 굉장하신 분이에요. 선생님이 "너희들이 정치학과에 질 것이냐. 기백이 있어야지!"라며 우리를 야단치셨어요. 그 힘을 받아 우리는 시위 행렬의 맨 앞에 서서 곤봉에 맞아가며 데모에 참여했어요. 1976년에 일본에 갔더니 한 박물관에 우리들의 데모 사진이 걸려 있는데, 이광찬 동문과 함께 곤봉에 맞는 장면이 찍힌 사진이었습니다. 그때 불행하게도 수학과 학생회장이 내 옆에서 총탄에 맞아 죽었어요. 안경을 쓰고 늘 열심히 하던 친구였는데 이름이 김치열이던가?

　그렇게 4·19 혁명을 겪고, 그다음부터 학생 국민계몽대와 신생활운동반을 만들었어요. 종교학과를 나온 김상복과 수학과 선배였던 이돈영, 그리고 내가 모여서 국민계몽대를 만들었어요. 김상복은 지금 횃불선교대학교 명예총장이면서 목사를 하는 친구예요. 우리는 국민계몽대를 만들어서 제일 먼저 명동의 무학성 카바레에 갔어요. 거기서 마이크를 잡고…….

정근식 무학성 카바레가 명동에 있는 건가요? 왜 카바레로 가신 겁니까?

박경서 명동, 지금 대연각 빌딩이 있는 자리에 무학성 카바레가 있을 때예요. "여러분, 우리는 얼마 전에 4·19 데모를 했던 서울대 학생들입니다. 이제부터 대한민국은 새 시대를 맞았습니다. 우리 국민들 모두가 마음부터 새롭게 태어나야 하는데, 미국의 양춤을 추고 양담배를 피우시고 하면 안 됩니다."라고 연설을 하자 시민들이 양담배를 호주머니에서 다 꺼내놓았어요. 우리가 그 양담배를 다 담아서 버리니까, 당시 춤추던 음악을 담은 전축의 레코드판도 다 무학성에서 내놓았어요. 그다음에 다른 댄스홀에 갔어요. 당시 서울 시내에 댄스홀이 몇 개 없었어요. 다른 그룹들도 다른 카바레에서 양담배나 레코드를 모아 와서 다음 날 광화문 네거리에서 태웠어요. 신문에서 4·19에 앞장섰던 학생들이 새 생활을 한다고 레코드판과 양담배를 태웠다고 보도를 했습니다. 회사 사장님들이 문리대 동숭동 캠퍼스에 와서 헌금을 내놓고 가기도 했어요. 국민계몽대 본부에서 그렇게 돈을 모아서 지원 활동자금으로 썼어요.

1960년 7월 총선거가 있었을 때 각자 고향에 가서 마이크를 잡고 부정 선거 방지 연설도 하고 그랬어요. 그렇게 1년 활동을 했는데 5·16이 터진 거예요.

그 후에 4·19에 앞장섰던 학생 간부들은 군대에 가면 죽도록 두드려 맞는다는 말을 듣고, 나는 '해병대 장교로 가면 맞지 않겠지'라고 생각해서 해병대 장교에 지원을 했습니다. 그때 당시 내 체중이 59kg이었어요. 60kg이 되어야 장교 시험을 볼 수 있는데 아무리 노력해도 신체검사에서 불합격할 상황인 거예요. 신체검사에 합격해야 정식 시험을 치는데 1kg이 모자라 망연자실해 있는데, 청량리 위생병원의 군의관 해군 대위가 체중 1kg 모자란 것을 61kg으로 고쳐줘서 시험을 칠 수 있게 되었어요. 장교 시험에 체중을 따지는 것은 좀 이상하지요? 과도한 비만이 아닌 바에야······. 그렇게 1962년 2월에 해병대에 입대하여 소위로 임관하고 포항에서 근무하게 되었습니다.

정근식 강원룡 목사님과의 인연을 이야기하려다가 4·19와 입대에 관한 이야기로 거슬러 올라갔네요. 제가 알기로 강 목사님은 함경도 출신의 교회 지도자이고 선생님은 전라도 순천 출신이어서 만나기 어려웠을 텐데, 어떻게 만나 같이 일을 하셨는지요?

박경서 4·19 직후에 국민계몽대를 하면서 우리 사회학과 주최로 '새 시대의 대한민국 개혁 과제'라는 주제의 초청 강연을 계획했어요. 신상초 선생께는 사상적인 면에서, 이동화 당시 동국대 교수께는 정치적인 면에서, 강원룡 목사께는 종교적인 면에서 강연을 해달라고 부탁했습니다. 당시 다섯 명의 쟁쟁한 사회 지도자들을 모시고 문리대 강당에서 미래의 한국 사회 개혁 과제에 대해 강연을 들었지요. 이동화 선생은 김일성대학에서 교수를 했던 분입니다. 이 강연회를 1960년 10월에 개최했는데, 당시 문리대 강당이 발 디딜 틈도 없을 만큼 사람들로 가득 찼어요.

원래 강원룡 목사님이 맨 마지막에 종교 분야 강연을 하겠다고 했는데, 그사이에 목사님의 둘째 아들이 사망했어요. 목사님은 망연자실했고, KBS에서 '아들을 잃은 아버지의 마음'이라는 제목으로 방송을 하게 되었는데, 강연회에서 맨 마지막에 하면 방송을 못하니까 맨 앞으로 순서를 바꿔달라고 해서 제일 먼저 말씀하게 됐지요. 최문환 교수님이 당시 학과장이었는데, 개회사를 하시고 사회학과 학생회장인 내가 그 뒤를 이어서 취지 설명을 했어요. 내 뒤에 첫 번째 연사 강원룡 목사님이 앉아 있었어요. 이때 강원룡 목사님을 만난 것이 인연이 되었습니다.

그 후에 이상백 교수께서 과 회장인 나를 부르더니 "경서야, 너는 아무리 생각해도 기자가 맞겠다. 조선일보에 추천해줄 테니 기자를 해라."라고 하셨어요. 당시 언론사는 별도의 시험 없이 교수가 추천하면 입사할 수 있었지요. 그래서 내심 기자를 하기로 작정하고 교수님께는 군대부터 다녀오겠다고 했어요. 강원룡 목사님도 나에게 무슨 일을 할 거냐고 물었는데, 나는 군대 먼저 다녀오겠다고 답하고는 입대를 하여 해병대에서 4년쯤 근무했지요.

제대하고 오니 1965년 5월이었어요. 제대와 동시에 경동교회를 갔더니 강원룡 목사님이 반기시며 사무실로 오라고 해요. 그러고는 "크리스찬아카데미 운동을 시작하는데 사회과학을 공부한 사람이 필요하다. 나의 오른팔이 되어주라. 신학은 이재형 목사님이 담당할 거다. 사회 전반 관계를 담당해봐라." 하시는 거예요. 이런 제안을 받고 이상백·이해영 교수님을 찾아가 어떻게 할지 여쭈었더니, 이해영 교수님께서 "기자와 크리스찬아카데미 중에서 네 성격은 기자로 가는 것이 좋지만, 목사는 거짓말을 안 할 테니 우선 목사 밑으로 가라."고 했어요.

두 교수님이 모두 크리스찬아카데미로 가라고 권유하여 강 목사님 밑으로 가서 지금 수유리에 있는 아카데미 하우스를 건축하는 데 참여했습니다. 그것을 짓는 데 필요한 자금은 독일이 지원한 것입니다. 독일은 교회에서 지원한 돈이나 정부에서 지원한 돈이나 차이가 없습니다. 정부의 돈이 교회의 돈이에요. 독일 사람들의 종교 구성비는 가톨릭 50%, 개신교 50%인데, 요즘은 무종교도 조금은 있지만, 이들은 모두 자기 월급에서 8%를 종교세로 내지요. 그 종교세가 재무성으로 들어갑니다.

정근식 종교세가 월급의 8%라면 굉장히 많이 내는 거네요. 이것이 독일의 사회 복지나 해외 원조의 기초가 되는 건가요?

박경서 독일 국민들의 세금 부담률이 높아요. 당시에 구교와 신교의 교인 대비가 50대 50이었으니 종교세의 절반씩을 개신교 본부와 가톨릭 본부에 줘요. 이것이 정부 돈이자 교회 돈이 되는 거예요. 그 자금의 일부가 독일에서 한국 교회로 왔고, 그 원조 자금으로 크리스찬아카데미를 수유리에 지었지요.

건축이 끝난 후에 나는 독일 프리드리히 에베르트 재단 (Friedrich Ebert Stiftung)의 지원을 받아 한국의 버스 여차장 교육을 시작했어요. 당시에 여차장은 여성 노동자들의 대표적인 직업의 하나로, 시내버스에 차장이 꼭 한 명씩 타도록 되어 있었지요. 버스 요금을 받은 후 여차장이 "오라이!" 하고 빵빵 쳐야 버스가 움직여요. 당시 버스 여차장의 인권 문제가 중요한 사회적 쟁점이었습니다. 버스 업자들은 여차장이 걷은 버스 요금 일부를 숨긴다고 의심해서 여차장들의 옷을 벗기고 몸을 수색하는 일이 빈번했어요. 소위 '삥땅'을 잡는다는 거지요 그래서 몸 조사를 했는데 이것은 사회에 파문을 일으켰고, 도저히 있을 수 없는 일이라며 여론이 끓어올랐지요.

에베르트 재단의 에리히 홀체(Erich Holze)라는 한국 책임자가 보통 사람이 아니었어요. 그 사람한테 이런 사정을 이야기했더니 여차장들에 대한 교육을 대대적으로 실시하자고 했어요. 크리스찬아카데미 하우스를 짓고 당시로서는 고급 호텔이나 마찬가지인 시설에 작은 교육관을 마련한 후, 여차장들을 모아놓고 인권을 유린당해서는 안 된다고 교육했어요. 돈을 숨기지 않았으니 몸수색을 당하면 거부해야 한다고 교육을 했어요. 이 교육이 노동자들과 인연을 맺게 된 첫 번째 계기입니다. 여차장들이 나의 얼굴을 아니까 서울 시내에서 버스를 타면 "박경서 선생 오셨다." 하면서 공짜로 버스를 타게 해주는 재미있는 일도 있었어요.

정근식 프리드리히 에베르트 재단의 지원으로 버스 여차장들에게 인권 교육을 한 것처럼, 1970년대에 우리나라에서 미국이나 유럽의 재정 지원으로 인권 교육이나 민주주의 교육을 진행한 기구들이 얼마나 있었습니까?

박경서 당시엔 크리스찬아카데미가 유일한 인권 교육 기구였습니다. 물론 가톨릭에도 유사한 기구가 있었지요. 당시에는 강원룡 목사가 WCC의 실행위원으로 일하고 있었고, 후에 나에게 장학금을 주면서 독일에서 유학을 하도록 한 리하르트 폰 바이츠제커 박사도 당시 실행위원이었어요. 나는 당시 독일 기독교민주당 하원 외교위원회 위원장이었던 바이츠제커 박사와 인연을 맺었어요. 그분이 아카데미 창설자이신 고 에베르트 뮐러(Ebert Mueller), 알프레드 슈미트(Alfred Schmidt) 박사들과 친분이 있어서 가능했던 일이에요.

정근식 그러니까 크리스찬아카데미는 우리나라에서 만들어진 민주주의와 인권 관련 최초의 기구라고 할 수 있겠네요. 당시 이를 이끌던 강원룡 목사님의 신앙과 사회적 실천의 원칙은 무엇이었는지요?

박경서 강원룡 목사님의 신앙 고백은 합리적인 보수와 이성적인 진보는 같이 간다는 것이었습니다. 나도 그 이론을 가르치고 있는데 사회과학적으로 분석을 잘했어요. 우리나라의 큰 문제 중 하나는 흔히 수구 보수라고 하는 극단적인 보수들이 독주하고, 합리적인 보수주의자들이 소수라는 점입니다. 또 다른 편에서는 이성적인 진보가 많음에도 불구하고 이들의 목소리가 낮거나 비중이 적어서 선진국으로 가지 못하는 측면이 있어요. 그러니 보수와 진보가 서로 대화를 하고 소통하면서 선진의 길로 도약하자는 철학이지요. 그런데 이런 철학과 이론이 독재자들에게는 용납이 안 되었던 겁니다. 〈대화〉나 크리스찬아카데미의 철학에는 이런 양 극단을 지양하고 합리적인 소통을 우선하는 정신이 놓여 있었습니다. 그래서 당시 아카데미의 로고가 우리나라 장구였어요. 장구는 양쪽에서 때려야 소리가 어울리고 멋있지요. 장구처럼 보수와 진보는 같이 가야 한다는 거예요. 월간 〈대화〉는 1965년부터 발간되었으나 초기에는 별 주목을 받지 못했습니다. 시대를 너무 앞서갔다고나 할까.

정근식 1960년대에는 별 영향력이 없다가 1970년대에 노동자들의 목소리가 실리면서 활성화된 거죠? 〈대화〉가 유명한 잡지가 된 계기가 있습니까?

박경서 1970년대에는 임정남 씨가 편집장이었어요. 이분은 안타깝게도 세상을 일찍 떠났어요. 1960년대에는 소설가인 김승옥 씨가 편집을 담당했어요. 내가 1965년에 제대하고 크리스찬아카데미 창립 작업에 참여하면서 일을 함께 했지요. 김승옥 씨는 나의 순천남초등학교 3년 후배입니다. 그는 《무진기행》을 써서 유명해졌지만, 젊었을 때 몹시 가난했어요. 그래서 〈대화〉 편집하는 일을 하자고 제안했어요. 그걸로 용돈을 조금 벌어서 소설을 썼어요. 우리가 1960년대 후반 대한빌딩의 크리스찬아카데미에서 일할 때 김승옥 씨를 만나러 오곤 하던 김현, 김주현, 김치수 씨 등은 유명한 문학평론가가 되었지요. 이들은 모두 문리대 불문과 출신으로 문학천재들입니다.

김승옥 씨가 〈대화〉에서 일할 때는 급진적인 잡지가 아니고 아주 온건한 잡지였는데, 임정남 씨가 편집 책임을 맡으면서 나에게 청계피복 노동자들의 수기를 싣자고 제안해서 동의했지요. 1977년부터 잡지의 성격이 바뀌었어요. 그때 김민기 씨가 숨어서 작곡도 하고 노래도 만들고 그랬어요. '저들에 푸르른 솔잎을 보라…….' 이런 노래도 만들었고, '항구의 주마등'인가 그런 제목의 희곡 등도 〈대화〉와 관련하여 썼는데 1978년 10월에 잡지가 폐간되면서 이런 목소리를 전달할 수 있는 미디어가 사라진 셈이지요.

1977년 크리스찬아카데미 직원들과 함께. 오른쪽이 당시 여성부 책임을 맡았던 한명숙 전 총리.

정근식 저도 대학생 때 〈대화〉에 실렸던 글을 인상 깊게 읽었어요. 사당동 야학에서 유동우, 석정남의 수기를 어린 학생들과 함께 읽고 그들에게 생활현장에서 느낀 것을 진술하게 표현하는 방법을 가르친 적이 있는데, 알고 보니 〈대화〉를 통해 선생님과 간접적인 대화를 하고 있었던 셈이군요. 당시 〈대화〉를 만들 때 국회의원이었던 김상현 씨도 관련되지 않았나요? 그 잡지의 폐간은 누가 주도했나요?

박경서 김상현 씨는 우리에게 도움을 준 분이지요. 그리고 〈대화〉는 중앙정보부가 문화공보부를 통해서 폐간시킨 거지요. 내가 부원장으로서 당국에서 죄어오는 압박을 미리 감지하고 그 의미가 무엇인가를 알아차려야 했어요. 잡지가 폐간되기 전에 그 징조를 알아차려 미리 대비해야 했는데, 당시는 젊었을 때니까 용감하게 나간 거예요. 내가 조금 뒤로 물러나서 일해야 했는데……. 그즈음 강원룡 목사님이 "부원장, 너무 심하게 나가는 거 아니야? 폐간시킬 때는 무엇인가 징조가 있으니 조심하시오."라고 주의를 주었어요.

당시 크리스찬아카데미에서 같이 일하던 분들 중엔 훌륭한 분들이 많았어요. 나중에 총리가 된 한명숙 씨는 여성부 책임자로 일했고, 이화여대 총장이 된 신인령 씨는 산업사회부 책임자였지요. 서울대 교수가 된 김세균 씨, 부산대 교수가 된 황한식 씨, 경상대 교수가 된 장상환 씨 등 쟁쟁한 인물들이 같이 일했습니다. 내 친구인 이우재 씨가 4·19 때 수의과대학 학생회장이었고 국민계몽대도 나와 같이 했는데, 당시 크리스찬아카데미 농촌부 책임자로 일했어요. 그는 나중에 국회의원이 되었지요. 이분들과 나는 이런 상황에서 뒤로 물러설 수 있느냐, 이런 마음으로 일했어요.

정근식 원장이던 강원룡 목사님은 세상 돌아가는 것을 알고 조심하라고 했는데, 젊은 간사들은 이에 아랑곳없이 부원장에게 세게 나가자고 했던 셈이네요.

박경서 그렇지요, 부원장인 내가 직원들 편에 선 거지요. 1978년 10월에 〈대화〉가 폐간되고 1979년 4월에 크리스찬아카데미 사건이 터지고, 이어서 그해 10월 26일 박정희 대통령이 사망했으니, 잡지의 폐간이나 크리스찬아카데미 사건은 정치사적으로 더 큰 비극이 닥쳐올 것을 예고한 매우 중요한 의미를 가진 사건이었다고 할 수 있어요. 크리스찬아카데미는 1963년 기독교 사회문제연구원으로 출발하여 1965년 재단법인 크리스찬아카데미로 바뀌었고, 1966년 아카데미 하우스를 수유리에 세운 이후 성장을 했어요. 그러다가 1970년대 후반에 꽃을 피웠다고 할 수 있습니다.

정근식 선생님이 1965년에 처음 참여했으니 크리스찬아카데미의 초창기 멤버이고 산증인이라고 할 수 있겠군요. 이를 통해 독일과의 인연도 일찍부터 시작되었다고 할 수 있겠어요.

박경서 1966년 3월에 리하르트 폰 바이츠제커 박사가 서독의 국회의원으로서는 최초로 한국에 왔어요. 그때 내가 그분 부부를 안내했어요. 나흘 동안 덕수궁과 창덕궁 등 고궁도 다니고 남산도 올라가고……. 그때 내가 스물일곱 살이었나 그랬는데, 이분들이 떠나기 전날, "자네는 장래에 뭐가 되고 싶은가?" 하고 물어요. "저는 아카데미에서 일하고 있는데 기독교 운동보다는 사회과학을 더 공부하고 싶습니다. 대학에서 사회학을 공부했기 때문에 좀 더 공부를 해보고 싶습니다."라고 대답했어요. "그럼 자네는 어디로 유학 갈 계획인가?" 그래서 "여기에선 미국으로 많이 갑니다."라고 답했지요. 당시는 유럽으로 유학 간다는 생각은 하기 어려울 때예요. 미군들이 옆에 있으니 그런 생각을 했는지도 몰라요. 그러자 그가 "미국보다 독일로 올 생각은 없나?" 하고 물어요. 그래서 "독일어를 조금 하기도 하고 독일에 가면 좋겠지만, 학비가 없습니다."라고 답했어요. 그랬더니 "알겠다."고 하고는 다음 날 떠났는데, 약 1개월 후에 강 목사님을 통해서 나를 후원하기로 결정했다는 말씀을 전해 왔어요.

그래서 1967년 1월 31일 여차장 교육을 뒤로하고 독일로 향했지요. 2월 1일 독일에 도착해서 4월부터 3개월 동안 남부 독일 블라우보이렌(Blaubeuren)에서 독일어 기초 과정을 마치고, 슈베비슈할(Schwäbisch-Hall)에서 중급 코스를 마스터했지요. 그리고 괴테 인스티튜트에서 총 6개월 동안 공부했어요. 그때부터 세계가 넓다는 걸 알게 된 거예요.

정근식 서울의 남산에 독일어를 배우는 괴테 인스티튜트가 있었는데, 거기를 안 다니고 바로 독일로 가신 거예요?

박경서 아마 한국의 괴테 인스티튜트는 내가 독일로 간 뒤에 설립된 것 같아요. 내가 독일에 갔을 때는 전 독일에 한국 유학생이 25명뿐이었어요. 나는 그때 미혼이어서 혼자 생활하고 있었고, 어디를 가더라도 독일어밖에 할 수 없으니 말이 많이 늘면서 독일 생활에 적응하기 시작했습니다. 독일 문화도 조금씩 이해하기 시작했어요. 독일 사람들은 모두 금요일에는 고기를 먹지 않고 생선을 먹는다는 것도 이해하고, 그 생선들이 주로 오스트 제(Ost See)에서 온다는 것도 알게 되었어요.

그렇게 1년 동안 어학 공부를 한 뒤, 이 정도면 학위 논문을 쓸 수 있겠다는 확신이 섰을 때, WCC에 직접 연락해서 독일 이외의 여러 나라들을 돌아볼 수 있게 해달라고 요청했어요. 결혼하면 자유가 줄어들기 때문에 총각 때 많이 보고 싶다는 생각이 들어서 네덜란드, 스위스, 영국, 미국 이렇게 네 나라를 방문하고 싶다고 했는데, WCC가 이 요청을 받아들였어요. 물론 바이츠제커 박사님과 계속 편지로 연락했지만, WCC의 사무 부총장인 독일의 베르너 심펜돌퍼(Werner Sympfendorfer) 목사님과 연락이 되어 저의 소원을 들어주신 겁니다.

그래서 네덜란드의 암스테르담과 유트리히트를 방문하였고, 영국에서는 노동자들이 가장 많은 셰필드와 런던, 에딘버러에 갔고,

스위스에서는 취리히, 제네바, 베른, 미국에서는 뉴욕, 워싱턴 DC, 시카고, 시애틀에 갔어요. 루프트한자 비행기를 타고 재밌게 돌아다녔지요. 그때 이미 학위를 끝내면 언젠가는 세계를 위해 일을 했으면 좋겠다는 생각을 어렴풋이 하고 있었나 봐요.

정근식 그때까지만 해도 특별히 WCC와 관계가 있었던 것도 아닌데, 독일 유학생 신분으로 그런 요청을 하여 받아들여졌다면, 크리스찬아카데미에서 일한 경력이 크게 작용한 것인가요?

박경서 당시에 WCC가 후진국의 지도자를 키운다는 의미에서 내 요청을 받아들인 것 같아요. 지금의 우리나라도 그렇게 어려운 나라의 지도자들을 키우는 데 힘을 쏟아야 하는데, 너무 다른 데에만 돈을 쓰고 있는 것은 아닌지 걱정이 들기도 합니다.

정근식 괴팅겐대학은 어떻게 선택하신 건가요?

박경서 앞서 말한 것처럼 괴테 인스티튜트를 마친 후 여기저기 많이 돌아다녔어요. 영국에도 가보고 네덜란드와 미국에도 각각 3개월 동안 가 있었어요. 슈투트가르트대학에 입학해둔 상태에서 여기저기를 알아보았는데, 바이츠제커 박사가 자신이 졸업한 괴팅겐대학으로 가라고 했어요. 슈투트가르트대학은 2학기쯤 다녔어요.
앞서 말한 것처럼 바르트(Hans Paul Bahrt) 교수가 나의 지도

교수예요. 산업사회학 전공 교수이고 괴팅겐대학의 인문대학 역사학과에 있는 헬가 그레빙 교수가 또 다른 지도교수인데, 바이츠제커 박사님께서 지도교수까지 지명하여 나를 괴팅겐대학으로 보냈던 거예요. 괴팅겐대학에 가서 중간시험을 치고 합격 후 바로 박사 코스에 들어가 박사 학위를 했어요.

나는 독일에서 유학을 할 때 서양 여자와 결혼을 할 수도 있었어요. 하지만 우리 아버지가 굉장히 고루한 한학자 선비였어요. 우리 아버지는 군청의 공무원이었고, 4·19 혁명 이후의 국가정책으로 조기 은퇴를 하셨어요. 아버지는 자신의 큰아들이 외국 여자와 결혼할 수도 있다고 염려하여 붓으로 나에게 편지를 써서 보냈는데, 어떠한 일이 있더라도 한국 여성과 결혼해야 한다고 적었습니다. 사실 당시에 독일 여성들이 자꾸 데이트하자고 했지만, 안 되겠다고 생각하여 1969년에 일시 귀국해 선을 봤어요. 그러다가 10월 9일에 지금의 와이프를 만났는데, 이화여자대학교 사학과 출신으로 스위스에서 학위를 했어요. 내 와이프는 영어, 불어, 독일어를 할 수 있는데, 나는 불어는 약하고 독일어, 영어를 하지요. 작년에 부부가 같이 《빌리 브란트를 기억하다》라는 책을 공동으로 번역해서 출판했는데, 교보문고에서 많이 팔렸습니다. 결혼 후인 1971년에 처와 한 살짜리 큰아들을 데리고 다시 독일로 가서 학위 공부를 계속했지요.

정근식   결혼하시고 곧바로 독일로 돌아간 것이 아니라 약간 뜸을 들인 것 같은데, 특별한 이유가 있었나요?

박경서 맞아요. 1968년에 크리스찬아카데미가 수원에 '내일을 위한 집'이라는 교육을 위한 집을 짓기 시작했는데, 내가 수발을 해야 했어요. 공백기가 있었던 이유는 당시에 발생했던 〈선데이 서울〉 사건 때문입니다. 〈선데이 서울〉이라는 주간지에 강원룡 목사님이 여성 기자를 성추행했다는 조작성 침소봉대의 스캔들 기사가 실렸어요. 당시에 군부 정권이 공작한 것이었는지 모르겠는데, 목사님이 그 여성 기자와 어깨동무를 한 것을 확대해서 모략한 것이지요. 내가 결혼하고 나서 이 사건이 발생하여 박형규 목사님과 함께 그 일을 수습하느라 1년을 보낸 거지요.

정근식 선생님이 일시 귀국하시기 1년 전인 1968년에 '동백림 사건'이 발생합니다. 당시 선생님은 결혼 전이라 혼자 독일에 머무르실 때였는데, 그 사건이 일어나기 전에 선생님도 동베를린에 가보신 적이 있나요?

박경서 1968년에 나는 남부 슈투트가르트대학에 적을 두고 있었는데, 당시만 해도 학생들의 가장 큰 소망 중 하나가 베를린에 가보는 것이었어요. 당시 베를린은 제2차 세계대전 이후 미국, 영국, 프랑스, 소련 4개국이 점령하고 있었어요. 지방 도시에서 유학하는 학생 처지로는 베를린에 가는 비용이 상당히 큰 부담이었는데, 독일 교회 EKD 본부의 대외 원조처 책임자인 아돌프 비쉬만(Adolf Wischmann) 감독이 어느 모임에서 나를 예쁘게 봤어요. 그래서 "자네가 한국의 간호사와 광부들의 인권 문제를 이야기하는데 그 것을 자세히 조사해서 리포트를 하면, 독일 개신교 해외 본부의 처장으로서 자네를 돕겠네."라고 제안했어요. 그 덕에 베를린에 가서 거기 있는 간호사들에 관한 사회 조사를 하게 됐고, 베를린에서 공부하던 유학생들도 만나게 되었습니다. 당시에 서베를린의 전철이 동베를린까지 연결되어 있었어요. 서베를린에서 전철을 타면, 동베를린을 빙 돌아서 서베를린 시내로 다시 오는 거죠. 베를린 내에서는 전철이 다 연결되어 있으니 그걸 타면 동독에 가서 쇼핑도 하고 사람도 만날 수 있었어요.

1960년대에는 한국 음식점이 독일 전역에 없었기 때문에 총각들이 한국 음식에 대한 향수가 많았어요. 그런데 동베를린에 가면 북한 식료품점도 있고 평양냉면을 파는 국숫집도 있으니까, 서베를린의 한국 유학생들은 심심하면 동베를린에 가서 냉면을 먹고 오는 거예요. 동베를린에 북한의 유학생들도 많을 때였어요. 남한의 유학생들이 자꾸 와서 냉면을 먹고 가니까, 동베를린에 있는 북한 대사관에서 이 사람들을 대사관으로 초청하면 어떨까 생각했는가 봐요. 그렇게 해서 자기들 편으로 만들 수 있겠다고 생각했는지 모르겠는데, 물론 어림없는 희망이었지요.

정근식 당시의 북한 대사관이 지금 베를린에 있는 것과 똑같은 것인가요?

박경서 맞아요. 큰 건물이 두 개 있는데, 소련식으로 지어져 있는 것이지요. 거기 가면 유학생들이 공짜로 냉면도 먹고 평양 소식도 듣고 온다는 거예요. 이게 그때 당시 유학생들의 순진한 생각이었어요. 나는 1968년 베를린에 가서 우리 유학생들과 피자집에 가서 피자를 먹으면서 친해졌어요. 그런데 하루는 이 사람들이 내일 전철을 타고 동베를린에 가서 대사관에 들러 냉면을 얻어먹고 적당히 토론하고 오자고 말했어요. 그런데 나는 다음 날 남부에 있는 내 집으로 돌아와야 했기 때문에 그 제안을 받아들일 수가 없었지요. 동베를린에 갈 기회를 놓쳤는데 오히려 그것이 다행이었지요. 만약 그때 내가 동베를린행 전철을 탔더라면 나도 중앙정보부에 잡혀 왔겠지요. 다음 날 신문에 한국의 유학생 스물댓 명이 한국 중앙정보부 요원들에 의해 불법으로 체포되어 한국으로 압송되었다는 소식이 대서특필되었지요. 큰일 날 뻔했지만, 그 사건 이후에도 언젠가는 동독에 가보아야겠다는 생각을 했어요. 결국 1985년 제네바에서 일을 할 때 출장 갈 기회가 생겼어요.

정근식 그때 어떤 분들이 동백림 사건에 연루되었던 것인가요?

박경서 그분들이 바로 윤이상, 정규명 선배들이지요. 이들 외에도 베를린 공과대학 학생들이 많았습니다. 이 대학에서 금속공학을 전공했던 사람은 안 잡혀갔고, 이름이 생각나지 않는데, 김 아무 개 박사도 체포를 면했지요. 그러나 오스트리아에서 공부하던 공광덕, 파리에서 일하고 있던 이응로 화백은 잡혀갔어요. 그러자 나를 초대한 받볼(Bad Boll) 아카데미원장 밀러 박사님은 슈투트가르트 경찰에 연락해서 나의 안전을 위해 신변 보호를 요청했어요. 동백림 사건을 나는 독일에서 간접적으로 경험했지요.

동백림 사건 관련자 중에서 서울대 화학과 졸업생인 정규명 박사가 고문을 많이 당했고, 이제 세상을 떠났어요. 춘천고 출신으로 문리대 정치학과를 다니다가 독일의 본대학에서 공부하고 나중에 오스트리아 비엔나대학에서 유학하고 있던 공광덕 씨도 잡혀갔어요. 공 박사도 고문 후유증으로 세상을 일찍 떠났어요. 특히 공 박사는 세상 떠날 때까지 프랑크푸르트를 중심으로 하여 활동을 하면서 독일 전역에 영향을 미쳤어요. 그는 한국의 민주화를 위해 신문에 기고도 하고 김지하 시인 구출 운동에도 온 정열을 쏟아 부었지요. 그의 부인 조병옥 교수가 지금 일산에서 살고 계시지요.

이분들에 대한 명예 회복과 함께 민주화에 대한 공로가 기억되어야 합니다. 모두 나의 서울대 선배들인데, 고난받은 사람 중에는 서울대 출신들이 많아요. 이 사건은 결국 정권 연장을 위한 수단으로 중앙정보부에서 조작한 사건이라고 판명되었지요. 나는 운 좋게 베를린에 살지 않았으니 잡혀가지 않고 빠졌지만, 당시에 많은 사람이 끌려가 모진 고문에 시달렸기 때문에 일찍 죽은 사람들이 많아요. 그런 사건들은 모두 민족의 분단에서 오는 비극들이지요. 이런

동백림 사건으로 고생한 공광덕 박사와 1972년 프랑크푸르트에서.

끔찍한 일들이 다시는 우리 역사에서 반복되지 않아야 합니다.

정근식　네. 그렇지요. 그러면 그때 서베를린에 가서 작성했던 간호사 리포트를 아직도 보관하고 있는지요?

박경서　당시에 컴퓨터가 있었으면 지금 그 자료가 남아 있을 텐데, 불행하게도 없지요. 기억을 살려보면 한국의 간호사들에 대한 독일 병원의 만족도가 상당히 높았고 그분들도 병원 근무를 실제로 잘했어요. 광부들은 언어 때문에 고생을 많이 했어요. 광부들은 작업장으로 배치되기 전에 1개월 언어 코스로 독일어를 배우는데, 짧지요. 지금 와서 생각하니, 최소한 3개월간 언어를 배우게 해달라고 요청했던 것이 기억나네요.

광부들이 우리 집에 와서 식사를 같이 하면서 우스갯소리로 하던 얘기를 할게요. 한번은 이들이 영화를 보려고 극장 매표소에 갔는데, 영화가 몇 시에 시작하는지를 모르는 거예요. 그래서 한 사람이 손목시계를 풀어서 표 파는 독일 여자에게 보여주면서 손짓으로 물었더니 표 판매원도 자기 시계의 시침 분침을 조작하면서 손짓으로 영화 시간을 알려주었다고 해요. 또 한번은 그 사람 월급이 하루아침에 줄어서 왜 지난달보다 수령액이 줄었느냐고 항의하러 인사처에 갔대요. 인사처의 직원한테 지난번 월급액을 쓰고 오늘 받은 월급액을 쓰면서 감소한 액수를 누가 먹었는가(Wer schneiden gegessen?)라고 쓰니까, 독일 사람들이 질색하면서 "당신들에게 더 많이 주기 위해서 저축을 하도록 한 것이다. 돈을 떼먹지 않았다. 나중에 이자가 붙으니 당신들에게 더 좋은 거다."라고 했대요.

정근식 언어를 잘 모르는 상태에서 이주자들이 원주민들과 어떻게 대화했는가 하는 질문은 재미있는 소통 인류학적 주제입니다. 지금 생각하니까 재독 한인사에 포함되어야 할 재미있는 이야기들인데, 막상 들어보니 약간은 서글픈 것이네요.

박경서 나는 장학금을 받아서 그런대로 살았지만 독일의 괴팅겐 옆 작은 도시 한 뮤엔덴(Han Muenden)에 있던 우리나라 간호사들의 생활은 달랐어요. 그 작은 도시에 간호조무사까지 총 열한 명이 와 있었어요. 그 병원의 원장이 나한테 간호사들에게 독일말을 가르쳐주라고 해서 일주일에 한 번씩 가르쳤는데, 그 간호사들이 지금은 다 독일에서 할머니가 됐지요. 지난번에 내 모교 괴팅겐 대학의 총장 초청으로 거기에 가서 특강을 했는데, 당시의 간호사들이 할머니가 되어 왔더라고요. 남편이 의사이거나 교수인 사람도 있었어요. 재밌게 만나고 왔어요.
　내가 이런 이야기를 하는 이유는 당시에 독일은 한국의 간호사와 광부들에게 독일인들과 똑같은 대우를 해줬다는 사실을 상기하기 위한 것입니다. 그래서 독일인들이 대단하다고 보는 거예요. 오늘날 우리나라에 와 있는 외국인 노동자가 150만 명인데, 약 절반은 적법한 노동자이지만, 약 절반은 불법 체류 노동자예요. 내가 김대중 정부에서 초대 인권대사를 하면서 늘 주장한 것이지만, 국제 규약에 의하면 불법 노동자도 범죄를 저지르지 않는 한 강제 추방하면 안 됩니다. 우리 법무부가 그 조약을 실천하고 있지만, 지금부터 50여 년 전인 1966년에 독일에 갔던 우리 광부와 간호사들이 받았던 대우를 현재 우리가 하는 대우와 비교하면, 우리가 훨씬 모자라요. 한국에서는 악덕 업주들이 이들의 여권을 빼앗고 임금도 착취하고 그랬어요. 이제는 많이 좋아졌지만, 아직도 이런 일이 완전히 사라지지 않고 있어요. 이런 것들이 실타래같이 엉켜서 우리나라가 선진국으로 도약하지 못하는 겁니다. 그들에게 동등한 대우를 해주면 그들이 우리를 존경하게 되고, 그러면 국격이 올라가고 세계 무대에서 큰 일을 할 수 있는 선진국이 될 수 있지 않겠어요? 우리 국민이 독일 국민처럼 수준이 높아져야 한다는 교훈을 이런 사례에서 배워야 해요.

정근식   네, 그렇습니다. 그럼 선생님께서 1974년도에 독일에서 쓴 학위 논문은 어떤 주제였나요? 또 논문에서 다루었던 한국 사례는 무엇인지요?

박경서   논문 주제는 '노동 쟁의의 정치 사회적 의미: 한국과 독일의 노동 운동 비교 연구'입니다. 분야는 산업사회학이라고 할 수 있지요. 논문에서는 인천 동일방직 사례를 많이 다루었어요. 당시에 여성 노동자들의 노동권을 위해 조지 오글 목사님, 조화순 목사님, 조승혁 목사님이 산업 선교의 일을 했는데. 내가 조지 오글 목사님과 함께 노동자 실태를 조사했던 것이나 조승혁 목사님과 같이 조사한 자료들이 논문을 쓰는 주 자료가 됐지요. 한국의 사례와 비교하기 위해 독일의 노동 운동을 공부하기 시작했지요. 이때 공부한 헬가 그레빙 교수님의 《독일 노동 운동사》를 귀국 후에 번역하였지요. 이 책은 칼 마르크스 이후에 그의 제자들이 전개한 대중 투쟁 논쟁을 분석한 것인데, 로자 룩셈부르크, 에드워드 베른슈타인(Edward Bernstein), 칼 카우츠키(Karl Kautsky), 칼 리프크네히트(Karl Liebknecht), 페르디난트 라살(Ferdinand Lassalle) 등의 사상을 다루었어요. 이들의 사상은 급진 좌파와 온건 좌파 간의 논쟁 과정에서 형성된 것입니다. 진화(evolution)와 혁명(revolution) 사이에서 온건 좌파는 사회의 점진적인 발전을 꾀하였고, 당시에는 수정주의자들이라고 비난을 받으면서도 점진적인 개혁을 주장했지요. 로자 룩셈부르크처럼 피를 흘리면서 싸우는 것이 아니라 노동조합을 통해서 사회를 개선하는 것이 중요하며, 노동조합 대표들이 기업의 의사결정 과정에 들어가서 공동 결정 과정을 하는 권리(Betriebs Mitbestimmungsrecht)를 확보해가는 것이 라살의 중심 사상이지요. 마르크스의 후예들은 레닌주의뿐 아니라 이런 라살주의도 만들어갔는데, 이들의 사상을 내가 한국에 돌아와 우리 대학생들에게 겁 없이 막 가르친 거예요.

정근식   1970년대의 한국의 노동 운동과 독일의 노동 운동을 직접 비교하는 경우 발생하는 어려움이 있었을 것 같아요. 당시 한국에서는 노동조합을 민주적으로 조직할 기회가 거의 주어지지 않은 상황이었는데, 이를 독일의 노동자 경영 참가나 공동 결정과 직접 비교하는 것은 어딘지 어색하다는 생각이 들지 않았나요? 그래도 결국은 그런 방향으로 갈 수밖에 없다고 믿었을 듯합니다만.

박경서   칼 마르크스는 대학 교수가 되려는 꿈을 가지고 있었지만, 당시 보수적인 사람들의 공격으로 무산되지요. 그래서 〈라인신문(Rheinische Zeitung)〉 주필로 있다가 더 자유로운 도시를 찾아 파리를 거쳐 영국으로 갔고, 친구 엥겔스와 함께 1848년에 런던에서 〈공산당 선언〉을 발표하지요. 마르크스의 《자본론(Das Kapital)》은 커다란 학문적 성취이지만, 그의 실천론은 몹시 어려운 얘기가 됩니다. 레닌이 제정 러시아에서 1917년에 혁명을 통하여 그의 이론을 실천하였지만, 소련에서만 그것이 이루어졌지요. 하지만 1985년에 미하일 고르바초프가 소련 공산당 서기장이 되고, 또 1990년에 대통령이 되면서 70년 동안 지속된 공산주의가 실패했다는 것을 인정했습니다. 경제의 실패, 노동계급의 부패 등이 현실 사회주의 실패의 주된 원인입니다. 북한식 사회주의는 소련식 사회주의와 비교할 수 없을 정도로, 훨씬 더 억압적이고 고약할 뿐 아니라 경제적으로 완전히 실패한 모델이지만, 정치 사상적 이유로 아직도 지속되고 있어요. 19세기 유럽의 사회주의는 민중 봉기, 독일어로 하면 'Massenstreik'를 어떻게 해석하느냐를 둘러싸고 입장이 분화되었습니다. 가장 급진파인 로자 룩셈부르크, 수정주의로 불리는 에드워드 베른슈타인, 그리고 로자가 당시 기회주의라고 비난했던 페르디난트 라살의 노동조합주의 등으로 분화됩니다. 급진파는 결국 성공하지 못했고, 수정주의자들은 오늘날의 사회민주당으로 진화하면서 사회민주주의로 발전하지요. 페르디난트 라살이 이야기하는 노동조합을 통한 사회 개혁 노선은 독일 노동조합연합회(Deutsche Gewerkschaftsbund, DGB)로 발전됩니다. 이것은 노동자 경영 참여 제도로 잘 안착되어 오늘날 독일의 부흥을 일으킨 원동력이 되었어요.

독일에서는 교수들도 정당 참여가 보편화되어 있어서 기독교민주당인 보수파와 사회민주당인 진보파 그리고 노동조합주의자 등으로 구분할 수 있어요. 독일은 기민당과 사민당이 주류를 이루지만 제3당인 자유민주당과 녹색당까지 활동하고 있어서 다당제라고 할 수 있어요. 기민당과 사민당의 양당 구조 속에서 자민당이 연립을 위해서 파트너를 바꾸어가면서 정권을 유지하는 것이 1960~1970년대 독일의 정치였습니다. 우리나라의 정당 제도는 계속 이합집산을 계속하고 당명을 바꾸는데, 서구의 정당 제도처럼 안착이 되려면 아직 멀었다는 생각이 드네요.

정근식 1970년대 발생한 정치적 사건 중에 크리스찬아카데미 사건이 매우 큰 의미가 있었는데, 이 외에 조지 오글 목사나 산업선교에 대한 억압도 대단했던 것으로 기억합니다. 당시 산업선교가 어디에서 시작되었고 누구의 지원으로 진행된 프로그램인지 설명해주시지요.

박경서 산업선교는 한국에서는 1970년대 초 시작된 것으로 WCC의 도시·농촌 선교 프로그램(URM)에서 이끌어갔어요. 독일, 미국 등의 기독교가 당시에 세계적으로 만연하였던 산업 노동자들에 대한 인권 탄압에 반대하면서 노동자 편에 서서 선교를 한 겁니다. 세계적인 네트워크였던 거지요. 국내에선 미국 선교사 조지 오글 목사를 비롯해 감리교에서는 조화순 목사가 참여했고, 예장에서는 인명진·조지송·김경남 목사가, 또 기장에서도 기장대로 각자 운동을 이끌면서 서로 영향을 주었어요.

정근식 산업선교는 1960년대에 WCC의 결정으로 시작된 세계적인 운동이고, 그것의 한국판이 영등포 산업선교회이며, 각 교회가 그것을 뒷받침했다고 알고 있는데, 산업선교를 지원한 아시아의 단체도 있었는지요?

박경서 아시아교회협의회(CCA, Christian Conference of Asia)가 아시아 나라들의 선교 사업을 총 관장하였지요.

정근식 그렇다면 아시아교회협의회는 언제 만들어졌고, 또 본부는 어디에 있었습니까?

박경서 1957년에 만들어졌지요. 2017년 10월에 60주년 기념 식을 미얀마의 양곤에서 할 것입니다. 시작할 당시 본부는 스리랑 카의 콜롬보에 있었어요. 이후 방콕을 거쳐 싱가포르로 본부를 옮 겼는데, 1989년에 리콴유 정부의 인권 탄압에 반대하다가 축출당 했어요. 그때 전 세계가 분노했고, 교회 대표들의 싱가포르항공 보 이콧으로 이어졌지요. WCC는 세계적인 코디네이터로서 제네바에 있고, 7대양 5대주 6개 대륙의 지역 협의회가 있는 거예요. 북미지 역협의회, 아시아교회협의회 등……. 각 지역 협의회는 각각 독립적 으로 활동하면서 WCC와 협력하지요.

정근식 WCC는 언제 시작한 거예요? 제2차 세계대전 직후에 출범했나요?

박경서 원래 1937년에 독일에서 출발했는데, 1939년에 제2차 세계대전이 터지면서 히틀러 때문에 제대로 활동하지 못하고, 사무 실만 제네바에 두었다가 종전을 기다려서 1948년에야 암스테르담 에서 공식 창설되었지요. 초대 사무총장은 네덜란드의 비서트 후프 트(Vissert Hooft) 주교예요.

정근식 그럼 1948년도에 출범하면서, 소위 말하는 6개의 대륙

위원회가 만들어진 거예요?

박경서　WCC가 창설되면서 각 대륙에서 지역 협의회가 생겼어요. 시간 차이를 두면서 각자의 편의와 역사성에 맞추어 각각 창설된 것이지요. 내가 알기로 아시아교회협의회는 1957년에 스리랑카 목사 나일스(D. T. Niles) 박사님이 집에서 시작한 거예요. 미얀마의 우쿄탄(U Kyaw Than), 한국의 강원룡 목사 등이 같이 힘을 모아 만들었어요.

정근식　강원룡 목사가 1957년 CCA를 만들 때 핵심 멤버예요?

박경서　그분은 1950년대 후반에 이미 아시아 청년으로서 WCC에 참가했어요. 그러다 1957년에 CCA의 동아시아 지역 대표가 된 거예요. 그 전까지는 각각의 임원들이 자기 집에서 활동했었지요. 그러다가 중앙의 사무실이 필요하다는 의견에 따라 방콕에 있던 사무실을 1988년 싱가포르로 옮겼는데, 이듬해인 1989년에 싱가포르 정부가 CCA를 축출했어요. 그래서 1990년에는 도쿄에 있다가 1991년 다시 방콕으로 간 거예요. 그리고 홍콩을 거쳐 지금의 치앙마이로 본부를 옮겼지요.

정근식　아시아교회협의회가 시작한 것은 1957년인데, 여기에서 한국인들의 활동도 지속된 걸로 알고 있습니다. 강원룡 목사를 거쳐 안재웅 목사가 1980년대에 CCA에 근무했지요? 그리고 김경남 목사님도 1990년도에 여기에서 일하지 않았나요? WCC와 한국 교회가 어떻게 연결되었는지 말씀해주세요.

박경서 제네바에 URM(Urban Rural Mission) 오피스라는 게 있어요. 도시·농촌 선교, 즉 농민 운동과 노동자 운동을 하는 곳이지요. 그곳이 CCA 오피스 산하 기구가 되어서 한국을 도와주었고, 지역 협의회에 한국 교회들이 회원 교회가 된 것이지요. 운동이라는 것은 상향식이지 하향식이 아니에요. 비슷한 운동이 풀뿌리에서 퍼져 나와 비슷한 운동끼리 뭉치고, 또 비슷한 사람끼리 뭉쳐 지역 오피스가 되고, 또 그것들이 뭉쳐서 세계 단체가 되고 이러는 거지요. 이처럼 1948년에 출범한 WCC가 더 확장되어 지금은 6억의 인구를 가진 330개의 교단, 133개국이 참여하는 대조직이 되었지요.

정근식 WCC의 활동과 세계적 냉전과의 관계는 무엇인가요? 사회주의 나라에도 WCC가 있나요?

박경서 물론이지요. WCC 130여 개 회원국에는 사회주의 국가에서 나온 교회, 러시아 정교회, 쿠바의 교회 등등이 포함됩니다. WCC의 신앙은 정치적인 것을 초월하여 세상 위에서 복음을, 그리고 진리를 전파하는 것 아니겠어요? WCC의 신앙 고백이라는 것은 평화(Peace), 정의(Justice), 창조 질서의 보존(Integrity of Creation),

이것이 핵심이지요. 이것이 UN에서는 평화(Peace), 안전(Security), 개발과 인권(Development and Human right)으로 나타납니다. UN이나 그 외의 국제기구들이 평화는 다 핵심 가치로 삼지요. UN의 인권(Human right)이 WCC에서는 정의(Justice)예요. UN이 2016년부터 2030년까지 달성해야 할 목표 의제로 삼은 '지속 가능한 발전(Sustainable Development)'을 WCC는 창조 질서의 보존이라고 봅니다. 적십자정신, 앙리 뒤낭(Jean-Henri Dunant)의 평화, 봉사, 국제노동기구(ILO), 노동자들의 참여, 자유 시장경제 이런 것도 다 같아요. 그것이 그들 국제기구의 핵심 추구의 가치, 즉 임무이지요. 국제기구들의 공통분모는 평화, 인권, 정의, 지속 가능한 발전, 봉사, 평등이지요.

정근식 제가 궁금한 것은 1970년대 유신체제 아래에서 민주 회복이 국내적으로 가장 큰 이슈였을 때 WCC가 어떤 지원을 하였는가 하는 것입니다. 김대중, 윤보선 전 대통령 등이 주도하여 '민주회복국민회의'가 1975년에 만들어지고 다른 한편으로는 산업선교회와 크리스찬아카데미가 활동을 시작했을 때, WCC가 지원을 하였는지요?

박경서 WCC는 회원 교회를 통하여 민주화 운동을 지원하고 독재에 반대하는 활동을 했어요. 독재 정권 입장에서는 WCC 같은 국제기구가 눈엣가시였지요. 한국의 민주화 운동에서 한국기독교

교회협의회(NCC, The National Council of Churches in Korea)의 활동이 중요하고, 또 연대 기구로 아시아교회협의회(CCA)가 세상에 많이 알려졌습니다.

정근식 민주주의의 지구적 확산이라는 맥락에서, 어떻게 그런 세계적인 흐름과 한국의 구체적인 조직이나 에이전트들이 연결되었는가에 초점을 맞추어 이야기한다면, 이를 촉진한 특별한 계기가 있었는지요?

박경서 내가 독일에 간 1967년에 독일 학생 운동 대표인 칼 두치케(Karl Dutschke)가 "앵그리 영맨(Angry Youngman)"을 제창하면서 베트남 전쟁 반대 데모를 했어요. 그 운동이 미국에서 전쟁 반대 시위로 번지고 전 세계로 퍼져나가게 되지요. 이런 흐름이 열악한 조건에 있는 소위 제3세계의 노동자 운동으로 확산, 조직화되고 제3세계의 반독재 민주화 운동으로도 발전해요. 앞서 말한 대로 이런 세계 각국의 평화, 민주화, 노동 운동이 커지고 세계의 물결이 되니까 이를 위한 글로벌 거버넌스(Global Governance)가 얘기되는 거지요.

WCC의 최종 의사결정 기구는 중앙위원회(Central Committee)예요. 여기엔 각국의 교회 대표 150명이 참가하는데, 어떤 경우는 수상이 교회 대표가 되기도 하고, 외교관 대사가 대표가 되는 나라도 있어요. 기본적으로 교회는 믿는 사람들이 모이는 데니까. 리하르트 폰 바이츠제커 박사는 베를린 시장이면서 WCC 집행위원이면서, 중앙위원도 했지요. 미국이 정교 분리라서 우리나라 사람들은 그것에만 익숙한데, 서구에서는 교회 대표가 정치 대표가 되고 그래요. 아무튼 1963년 뉴델리 총회를 열었을 때 한국의 군부 정권은 부정의이고 불의라는 시각이 이때 벌써 나와요. 이 총회에서 모든 아시아에서 독재 정권은 안 된다는 결정을 하였고, 그다음 1975년에 열린 나이로비 총회에서 한국의 독재가 하나의 이슈가 되는 거예요. 그래서 전 세계가 한국의 독재를 감시(Monitoring)하게 됩니다. 이들이 연대하여 독재에 반대하는 한국의 교회 세력들을 돕게 되지요.

정근식 그러니까 세계의 여러 민주주의의 힘들이 1975년에 유신체제 아래에 있던 한국의 민주화 운동에 관심을 가지고 지원한 것이죠?

박경서 맞아요. 그때 WCC 한국 대표들인 문동환 목사, 이문영 교수, 오재식 원장, 이우정 교수, 김재준·강원룡·김형태 목사 같은 분들이 아시아 대표나 유럽 대표들과 연합해서 "한국 군사 정권은 독재다! 한국은 독재다!"라고 외치며 박정희 정권을 비판했어요. 이렇게 이슈화해서 지원 프로그램을 통과시켰지요. 당시 UN이 하지 못한 일을 WCC나 바티칸의 교황청이 많이 했습니다. 김대중 선생은 가톨릭 신자이지만 여러 목회자와 친하게 지냈고, 나도 같이 연대해서 지원했지요. 예를 들면 1987년도 6·10 항쟁 때 WCC의 나의 책상에서 그때 당시 거금인 25만 불을 지원한 일도 있습니다. 학생들과 시민사회의 지도자들에게 자금을 지원했어요.

CCA도 한국 민주화를 위해 많은 공헌을 합니다. WCC가 중앙위원회에서 한국의 민주주의를 안건으로 처리하면 각 지역으로 협력을 위한 소통이 되고 프로그램화되지요. WCC 홈페이지나 CCA의 역사에 한국과의 연대 프로그램이 다 나옵니다.

정근식 제가 민주화운동기념사업회 연구소장으로 활동할 때, 한국의 민주화 운동사가 주로 내부적 요인과 국내의 주체를 강조하는 방향으로 서술되고 있다는 느낌을 받았습니다. 한국의 민주화는 민주화 운동의 결과이지만, 그것만으로는 어딘지 부족한 설명이라는 것, 운동권의 노력과 사건사를 강조해야 하지만 세계적인 맥락, 그리고 외부적 요인이나 지원은 어떻게 다루어야 하는가에 대한 고민이 있었습니다. 좀 더 균형 잡힌 시각으로 우리의 민주화를 설명할 필요가 있다는 생각이지요.

쉽게 말하면 왜 대만과 한국의 민주화가 유사한 경로를 따라 이루어졌는가? 1979년 대만의 미려도 사건이나 한국의 부마항쟁, 1980년 5·18 광주 민주화 운동, 1987년 한국의 6월 항쟁과 같은 해 대만의 계엄령 해제 등이 거의 같은 시기에 발생했는데, 이것이 우연인가? 아니면, 글로벌한 배경이 작용한 것인가? 이런 질문을 하다 보면 민주주의를 위한 국제 연대나 동아시아에 공통되는 요인들에 관한 생각을 하지 않을 수 없지요.

박경서 동아시아의 민주화 운동은 누가 시작하고 지시한 것이 아니라 동시에 같은 목적을 갖고 서로 교감했다고 볼 수 있지요. 말하자면 참 민주주의를 위하여 독재에 항거하는 사람들이 스스로 힘을 합하는 경우지요. 사회 운동이 군대처럼 하향식으로 움직이면 지속성이 없어서 오래가지 못하지요. 어떨 때는 WCC/CCA가 영향을 줄 수도 있고 어떤 경우는 자기들이 일하다가 WCC/CCA에 들어오는 수도 있고. 한 가지 사례를 들면, 1970년 말부터 기독교방송(CBS)이 독재 정권으로부터 광고 탄압을 받아 문을 닫을 위기에 처했을 때 김관석 목사님이 사장으로서 WCC와 독일 교회에 긴급 지원을 요청했어요. 그래서 내가 독일의 인권 자금을 가지고 와서 김관석 목사님에게 전달했지요.

정근식 1970년대와 1980년대에 한국의 민주화 운동에 관심을 가지고 지원한 외국인은 누가 있습니까?

박경서 독일의 '세계를 위한 빵(Brot für die Welt)'의 베르너 로체(Werner Lotze), 헬무트 군데르트(Helmut Gundert), 볼프강 슈미트(Wolfgang Schmidt), 핸너롤 헨슬레(Hannerole Henschle) 등등이 있고, 또 복음주의 발전지원회(EZ, Evangelische Zentralstelle für Entwicklungshilfe)의 클라우스 포저(Klaus Poser), 칼 쇤베르

크(Karl Schoenberg), 헬가 프리데(Helga Friede), 얀 라인더스(Jan Rheinders), 그리고 돌아가신 안병무 교수와 함께 일했던 도로시아 슈바이처(Dorothea Schweizer), 미국의 에드 라이덴(Ed Leiden), 하비 페리스(Harvey Pherys) 등등 많아요. 내가 2002년 인권대사로 근무할 때 우리의 민주주의를 위해 공헌했던 사람 60명을 대통령의 뜻에 따라 일주일 동안 한국에 초청했었어요. 대통령께서 그분들을 청와대로 초청해서 감사 인사를 나누고 격려하고 잘 대접해드렸지요. 이분들께는 내가 선물보다는 한국에서 잘 쓰도록 성금을 주자고 대통령께 제안했어요. 그랬더니 대통령께서 판공비에서 60명한테 500불씩 주시더라고요. 60명 중에 많은 분이 세상을 떠났어요.

정근식 그 명단을 보면 소위 말하는 한국의 민주화 운동과 연대했던 주인공들을 알 수 있겠네요. 그때 당시 그 사람들의 소속과 조직도 나오니까요. 국제 연대의 세계적인 차원과 아시아적인 차원을 구분할 수도 있겠어요.

박경서 세계적인 차원에서 세계교회협의회(WCC)가 있고, 대륙 차원에서 아시아교회협의회(CCA)가 있고, 국가적 차원에서 한국교회협의회(NCC)가 있지요. 가톨릭 쪽도 바티칸의 정의구현사제단, 미제리오(Misereor), 빈곤 퇴치와 개발을 위한 가톨릭위원회(CCFD, Comité Catholique cotre la Faim et pour le Développement), 팍스 로마나 등처럼 많이 있지요. 내가 이나미 박사와 같이 《WCC 창으로 본 70년대 한국 민주화 인식》이라는 책을 지식산업사에서 출판했는데, 이 책에 1970년대 민주화 운동이 어떤 이슈 중심으로 움직였는가를 살펴본 내용이 있으니 참조할 수 있고, 국사편찬위원회에 가면 우리 동지들이 기증한 70년대 에큐메니컬(Ecumenical) 그룹들의 민주화 투쟁 자료가 마이크로필름으로 보관 중입니다.

정의구현사제단과 바티칸의 한국 민주주의에 대한 지원은 김수환 추기경님이 제일 잘 알지만 돌아가셔서 여쭈어볼 수가 없고, 아마도 인권연대 사무국장인 오창익 씨가 가장 잘 알 거예요. 나이는 젊지만 1980년대에 가톨릭학생회에서 일하고, 가톨릭인권재단 사무국장을 했기 때문에 가톨릭 쪽의 국제연대에 관해서는 잘 알지요.

정근식 1970년대 이야기로 시작해 1960년대 중반, 그리고 4·19 혁명까지 거슬러 올라가는 에피소드를 말씀해주셨습니다. 인간의 기억이 갖는 한계에도 불구하고 선생님의 말씀은 매우 생생하여, 마치 엊그제의 일을 듣는 것 같았습니다. 오늘은 이 정도로 이야기를 마무리하지요.

2

2017년 1월 26일

독일 통일,
그리고 스위스에서 배운 것

정근식　선생님, 지난번 첫 번째 만남에서 1970년대 후반 암울했던 한국의 상황과 크리스찬아카데미 사건을 언급하면서 4·19 혁명으로부터 1960~1970년대 독일 유학 시절의 이야기로 거슬러 올라가 긴 회고를 해주셨습니다. 선생님의 사상에 미친 독일의 여러 지도자들에 대한 이야기를 조금 더 하시고, 1980년대 이야기로 넘어가보지요. 바이츠제커 박사나 샤프 주교 등이 평화 사상을 형성하는 데 큰 사표가 된 것 같아요.

박경서　나는 동백림 사건과 독일 유학을 통해서, 그리고 독일 교회 지도자를 만나면서, 평화를 이룰 수 있는 이치를 알게 됐어요. 그때 내가 만난 독일의 스승 중에서 특히 쿠르트 샤프 주교나 리하르트 폰 바이츠제커 박사, 그리고 간접적이긴 하지만 독일에서 직접 겪은 빌리 브란트의 동방정책에 대해 좀 더 이야기를 해보고 싶어요. 왜냐하면 우리가 그리는 한반도의 평화 정착에 이들의 사상이나 실천이 좋은 참고가 되기 때문입니다. 서울대학교에 통일평화연구원이 왜 있는가를 생각해보면, 물론 이 연구원이 통일과 평화에 기여해야 하지만, 그것을 넘어서서 우리나라의 국격을 높이는 데에도 기여해야 합니다. 어떤 식의 통일이 될지 모르지만, 민족이 싸우지 않고 평화를 정착시켜 서로 어깨를 껴안고 상생하도록 하는 방안을 마련하는 것이 중요한 사명이지요. 그렇게 하려면 결국 남북에 사는 사람들끼리 신뢰하도록 만들어야 하고 우리에게 적합한 평화 사상을 정립하는 기관이 되도록 노력해야 합니다.

정근식 네, 격려해주셔서 감사합니다. 한국에서 평화라는 단어는 매우 흔하게 사용되지만, 역사·철학적 맥락에서 심도 있는 사상적 개념으로 정립하려면 더 많은 학문적 노력이 필요한 것 같습니다. 선생님의 경우, 독일의 평화 사상이나 화해 정책에 구체적인 관심을 갖게 된 계기가 무엇인지요?

박경서 앞에서 이야기했듯이, 나는 바이츠제커 박사의 도움으로 독일에 가서 처음엔 어학을 익힌 뒤 1971년에 괴팅겐대학에서 학위를 시작했어요. 그런데 1972년 5월에 바이츠제커 박사님이 동방정책(Ost Politik)에 대해 시민 강연을 하러 괴팅겐에 오셨어요. 강의하시기 전에 운전사를 앞세워 우리 집에 불쑥 들르셨어요. 사전에 아무 연락도 없이 나타났으니 우리 가족이 무척 놀랐지요. 박사님은 강연 전에 내가 사는 것도 보고 가족들도 만나러 왔다면서 "오늘 내 강연이 무엇을 뜻하는지를 알아야 한다."고 말씀하셨는데, 나는 그 뜻을 학위를 마친 후에야 깨달았어요.

당시 바이츠제커 박사는 기독교민주당 하원 외교위원회 위원장으로, 사민당의 빌리 브란트와는 반대편 당에 속한 사람이었지요.

나의 독일 아버지 바이츠제커 박사와 함께.

야당 국회의원이 반대편 당인 수상의 정책을 강연하러 오는 것이 한국의 상식으로는 이해가 안 되잖아요? 그런데 수상이 발표한 동방정책을 시민들에게 설명하러 온 거예요. 박사님이 나에게 같이 가자고 해서 괴팅겐 시 공회당에서 열린 강연회에 참가했습니다. 그때는 내게 그 강연을 들으라고 하신 참 의미를 깨닫지 못했는데, 나중에 생각해보니 분단된 한국의 상황을 극복하기 위해 훗날 의미 있는 일을 해야 한다는 메시지를 주신 것이었어요. 당시는 독일어를 듣는 귀가 조금 뚫렸을 때라서 빌리 브란트가 주장한 내용을 이해할 수 있었습니다. 브란트가 왜 동방정책을 전 세계에 선포했는가를 박사님께서 잘 설명하시더군요.

당시는 영국과 프랑스가 독일의 동방정책을 아주 반대할 때였어요. 영국과 프랑스가 반대했던 이유는 동서독이 서로 화해하여 통일한다면, 독일이 다시 강대국이 되어 제3차 세계대전을 일으키지 않을까 하는 우려 때문이었습니다. 당시 독일 내에서도 미국에 의존하면서 현실에 안주해야 한다는 의견과, 어렵지만 평화가 우선이니 동방정책을 지지한다는 의견이 대립하고 있었습니다.

정근식　그런 독일 내 여론을 동방정책 지지 쪽으로 돌리기 위해 야당 쪽 지도자가 직접 나선 거군요. 당시에 영국과 프랑스가 동방정책에 반대했다는 것은 널리 알려져 있지만, 이를 독일이 어떻게 설득했는가는 덜 알려져 있습니다.

박경서 그렇지요. 1970년 3월, 빌리 브란트는 동독의 에르푸르트(Erfurt)에서 서독의 수상으로서 동독의 수상과 첫 회담을 가졌어요. 분단 25년 만에 동서독이 만난 거예요. 에르푸르트에 도착한 서독 수상을 전체 동독 주민들이 엄청나게 환영했어요. 서독 신문들은, "빌리가 환호하는 군중들에게 제발 조용히 하라고 큰 소리로 호소하여 소란을 잠재웠다."는 것을 대서특필했지요. 그해 8월에 답방 형식으로 동독의 수상 빌리 슈토프(Willi Stoph)가 빌리 브란트 초청으로 서독의 카셀을 방문했어요. 그때 서독의 국민들이 "빌리 슈토프는 나쁜 놈이니 죽여야 한다!"고 난동을 피웠는데, 빌리 브란트가 그러면 안 되고 오히려 환영을 하자고 설득하여 성난 군중들을 잠재웠지요. 이런 제스처를 취한 것이 또 서독의 신문에 실렸어요.

그해 동서독 수상들의 상호 방문이 성공리에 이루어지고 난 후, 이듬해인 1971년 노벨평화상 위원회가 빌리 브란트에게 노벨평화상을 주었어요. 브란트는 1970년 12월 7일 폴란드의 수도 바르샤바를 방문해 유태인의 묘소에서 3분 동안 무릎을 꿇고 있었어요. "서독의 수상으로서 히틀러가 저지른 죄를 어떤 방식으로 폴란드 국민에게 용서를 빌지 고민하다가" 묘지 앞에서 그렇게 한 것인데, 무릎을 꿇은 이 3분 동안의 묵상에 많은 기자가 놀랐어요. 이런 용기 있는 화해가 나중에 노벨상을 타는 계기가 되지요.

흥미로운 것은 빌리 브란트가 서독에 돌아와서 신문을 보니 브란트의 그런 행동에 대해 서독 국민의 48%가 잘못했다고 하고,

1970년 12월 7일 폴란드 바르샤바의 유태인 묘소 앞에서 무릎을 꿇은 빌리 브란트.

41%만이 잘한 일이라고 평가했다는 겁니다. 빌리 브란트를 좋아하는 사람도 있었지만 그를 미워하는 사람이 더 많았어요. 나는 나중에 크리스찬아카데미 사건을 경험하면서 1970년의 독일이 생각났지요. 통일이나 화해는 정파적인 문제가 아닌데, 이를 정파적인 이해에 기초하여 잘못된 방향에서 활용하면 얼마나 큰 피해가 생기는가를 생각했지요.

사실 빌리 브란트는 자신의 출생의 비밀을 잘 모르는 불운한 사람이었습니다. 어렸을 때 이름은 헤르베르트 에른스트 칼 프람으로, 외할머니와 외할아버지 손에서 자랐어요. 친모가 친정 부모에게 아이를 맡기고 가출했기 때문에 외할머니를 친모인 줄 알고 자랐다고 합니다. 이런 이유로 그의 모든 정적, 기민당 인사들뿐 아니라 같은 정당 내의 정적들조차 "빌리 브란트는 사생아다, 족보가 없는 사람이다."라고 비난했어요. 1930년 히틀러가 뉘른베르크 (Nürnberg)에서 청년 운동(Jugendbewegung)을 통해 정권을 잡았을 때 빌리 브란트는 독일의 급진적인 정당인 사회민주당 안에서도 노동자들을 중심으로 하는 노동자 진보당에 들어갑니다. 그러다 히틀러가 독일의 수상이 되자 히틀러의 압박을 피해 1933년에 노르웨이로 망명을 가지요. 1938년 그곳에서 결혼을 하고 이름을 빌리 브란트로 바꾸었어요. 그리고 히틀러의 군대가 노르웨이를 침략하자 노르웨이 군인이 되어 히틀러 군대와 싸웠어요. 하지만 아무리 히틀러가 나쁘다 해도 조국인 독일군과 싸운 것이니 전후에 독일 내에서 큰 비난을 받게 되었지요.

정근식 빌리 브란트의 동방정책을 이해하려면, 그 이전의 서독 정치가들과의 차이와 함께 빌리 브란트의 개인적인 경험에서 우러나오는 철학이 중요한 것 같습니다.

박경서 빌리 브란트의 가장 위대한 점은, 전임 수상인 아데나워를 비롯해 많은 지도자가 모두 서양을 쳐다볼 때 소련과의 신뢰 구축을 최우선에 놓는 평화 화해 정책을 위해 동독을 설득하기 시작한 점이에요. 그때까지 아데나워 수상은 분단을 고착시키는 정책을 계속 추진했어요. "우리 독일 사람은 600만의 유태인을 죽였고 제2차 세계대전을 일으켜서 수많은 건물을 파괴하였으며, 이웃 나라들을 못 살게 하는 등 전 세계 평화를 깨버렸으니 우리 민족은 분단이 되어도 싸다. 분단은 우리가 잘못한 정당한 대가다."라는 게 아데나워의 생각이었지요.

반면 빌리 브란트는 "통일이 되지 않는 국가는 반쪽의 나라이다. 내 민족이 신음하고 있는 저곳에 자유민주주의가 무엇인지, 자유민주주의의 고귀함을 가르쳐주어야 한다. 동서독이 싸우는 것은 나쁘니 평화와 화해를 가르쳐야 한다. 우리는 서방과 이미 상당히 오랫동안 신뢰를 구축했으니 이제 동방에 눈을 떠야 한다."는 주장을 펼치지요. 소위 오스트 폴리티크(Ost Politik), 동방에 눈을 돌리라는 것이 빌리 브란트의 동방정책이지요. 그는 자신의 오른팔 에곤 바(Egon Bahr) 특임 장관으로 하여금 소련의 그로미코 외상을 만나게 하지요. 이게 동방정책의 시작입니다.

빌리 브란트는 나아가 국외의 여론, 즉 영국과 프랑스의 동방정책에 대한 반대를 그 유명한 설득으로 잠재우지요. "현재 유럽은 서구 민주주의의 서유럽과 소련식 사회주의를 표방하는 동유럽이 서로 대치하고 있고, 독일도 동서독으로 나뉘어 대치하고 있는데, 나는 동서독의 화해를 통해 유럽의 양대 진영이 화해하는 계기를 만들려고 한다."고 말했습니다. 이를 통해 영국과 프랑스, 미국의 동방정책에 대한 반대를 찬성으로 돌립니다.

빌리 브란트가 동방정책을 펼칠 때 독일의 기독교가 나서서 동서 화해와 분단 극복에 아주 큰 기여를 합니다.

정근식 교회에서 동방정책을 뒷받침하는 논리는 어떻게 만들어진 건가요?

박경서 이것은 종교가 정치를 리드한 예라고 할 수 있는데, 쿠르트 샤프 당시 개신교 총회장의 신앙 고백을 나는 1967년 독일에서 들었고, 그의 위대함을 알았어요. 그는 이렇게 말했어요. "히틀러를 중심으로 한 독일의 정치가들이 국경을 침략하는 죄를 저지르고 많은 사람들을 죽이는 만행을 저질렀기 때문에 우리 독일 땅이 네 동강이 되어버렸지만, 나는 이를 인정할 수 없다. 신앙의 세계에서 동독의 교회와 서독의 교회는 나누어 존재하지 않는다. 국토는 히틀러로 인해 분단되었지만, 교회는 하나님 안에서 하나이다(Eine

Kirche in Gott). 분단은 정치가들이 한 것이며, 우리 신앙인들은 이를 받아들일 수 없다."

잘 알다시피, 전후 독일은 전승 국가인 미국, 소련, 프랑스, 영국 등에 의해 4분의 1씩 점령당한 상태였어요. 수도 베를린도 네 개로 쪼개져 있었어요. 샤프 총회장은 히틀러가 가한 영토 침략의 책임은 인정하지만 그 때문에 독일을 분할하는 것에는 반대한다는 용기 있는 선언을 하지요. 독일 통일의 필연성을 옹호한 것입니다.

"우리 교회는 하나님을 믿는 교회이다. 그런데 하나님을 믿는 우리의 형제자매들을 정치적인 행위로 분열시키는 것은 인정할 수 없다. 우리의 신앙 고백은 늘 한결같아야 한다."라는 샤프 총회장의 선포에 동독의 교회들이 너무 좋아했어요. 그는 또 "나는 동독 사람인 동시에 서독 사람이다."라고 했어요. 그는 브란덴부르크 주 교회에서 감독으로 이 선언을 시작했어요. 베를린을 중심으로 한 하나의 지역 교회를 주장한 것인데, 한국으로 치면 노회(Presbytery, 老會)지요. 정치는 브란덴부르크 교회를 네 동강으로 나누어놨지만, 나는 주교로서 그것 인정할 수 없다고 1967년도에 선언한 것입니다. 이때는 빌리 브란트가 외교부 장관으로 일하고 있었고, 동방정책이 나오기 전이죠.

쿠르트 샤프 총회장은 고백교회의 목사로서 히틀러에 저항했던 교회의 전통을 살려 이를 다시 신앙으로 고백하면서 "우리는 화해해야 한다. 교회는 분열되어서는 안 된다. 그러기 위해서는 오데르-나이세 국경을 인정하자. 히틀러가 찬탈한 영토를 다시 되돌려

줘야 한다. 폴란드, 체코, 슬로바키아 사람들이 원하는 국경을 우리 교회는 인정한다."고 했어요. 오데르-나이세(Oder-Neisse) 강은 독일의 영토였지만 제2차 세계대전에 패배하면서 폴란드 점령지에 속하게 되었어요. 독일인들은 이 땅을 되찾고 싶어 했지만, 빌리 브란트가 동방정책을 통해, 오데르-나이세 강을 폴란드와 독일의 국경으로 인정하자는 주장을 펼치니까 독일인들의 반대가 심했지요. 그런 상황에서 교회가 나서서 오데르-나이세 국경을 인정하자고 하니 빌리 브란트에겐 큰 힘이 되었고, 덕분에 동방정책이 순탄하게 가게 된 거예요. 이처럼 독일 교회는 분단 극복에 큰일을 해냈는데 한국의 교회는 어떤가, 우리 교회의 분열된 모습을 보면 서글퍼지는 이유가 여기에 있습니다.

정근식　쿠르트 샤프 주교님과는 개인적인 인연도 있다고 들었습니다.

박경서　쿠르트 샤프 대주교는 1902년에 태어나 1990년에 세상을 떠났어요. 독일 통일 직전인 3월에 소천하셨지요. 앞에서 말했듯이 나는 독일에 유학을 가서 샤프 주교의 신앙 고백을 들었고, 그 후 1979년 여름 한국에서 샤프 주교를 직접 만나 뵙고 이야기를 나누었어요. 그 후로 그런 큰 종교인을 만나지 못했는데, 오늘날 바티칸의 프란치스코 교황이 전 세계 가톨릭과 비 가톨릭 모두에게 큰 영향을 끼치는 것을 보면 샤프 주교님이 떠오릅니다.

1979년 크리스찬아카데미 사건 때 독일 교회 대표로 한국을 방문한 쿠르트 샤프 대주교.

샤프 주교님이 한국에 오신 건 크리스찬아카데미 사건이 터지고 4개월 후인 1979년 8월이었어요. 당시 76세의 고령이었지만 독일 교회 대표로서 한국을 방문했어요. 오랜 비행 끝에 한국에 도착해서 맨 먼저 한 이야기가 "반공법을 적용한 크리스찬아카데미 사건은 조작이다, 우리 독일 교회는 한국의 형제자매들이 고통받는 것을 참을 수가 없어서 나를 대표로 파견하였다."는 거였어요. 그분은 크리스찬아카데미 직원들이 있는 감옥을 방문해 기도하고 이들을 위로한 뒤 떠났어요. 그때 내가 주교님의 통역을 맡았어요.

그리고 3개월 후에 다시 한국에 왔지만, 김포공항에서 입국을 거절당해 독일로 돌아갈 수밖에 없었는데, 지금 생각하면 너무 죄송스러운 일이었고, 독재의 추악한 얼굴이 떠오릅니다. 쿠르트 샤프 주교의 사상을 읽어가면서 깨달은 그의 신앙 고백은 "분단을 거부한다."입니다. 다시 말하면, 그는 교회의 화해 평화 선언을 실천한 것입니다.

지금의 한반도를 봅시다. 내 민족의 분단은 72년째이지요. 독일은 45년 만에 통일을 이루었지만, 우리는 72년째 분단이 지속되고 있는데, 정신적으로 쿠르트 샤프 같은 종교 지도자, 빌리 브란트 같은 정치 지도자, 깊은 철학 속에서 민족을 생각하는 위대한 정치가가 나오지 못하고 있는 것이 내 민족의 슬픈 얼굴이지요. 이 일그러진 얼굴이 우리의 자화상이지요. 나는 늘 독일의 민족 화해를 위한 용기가 대단하다고 생각해요.

정근식 네, 선생님 말씀을 들으니 우리가 통일의 길로 가기까지는 뛰어난 정치가 몇몇이 아니라, 국민 다수의 양심과 용기가 있어야 하는 것 같습니다. 독일 교회의 지지가 곧 정치를 각성시키고 국민들의 지지를 이끌어냈다는 생각이 드네요.

박경서 그렇지요. 독일 통일을 돌아보면, 교회의 평화 사상을 중심으로 한 신앙 고백이 큰 역할을 했다는 것을 알 수 있습니다. 나는 독일에 유학하던 1960년대에 모든 독일의 교회 지도자나 정치 지도자들이 평화를 우선순위에 놓고 강조하는 것을 직접 보고 들었어요. 독일의 평화 사상은 동방정책과 긴밀하게 연결되어 있습니다. 빌리 브란트 수상이 동방정책을 시행할 때에 가장 먼저 독일 국민에게 그리고 전 세계에 외쳤던 슬로건이 "평화가 전부는 아니다. 그러나 평화 없이는 아무것도 할 수 없다.(Peace is not everything but without peace all are nothing)"였습니다. 빌리 브란트가 "나는 서독 수상으로서 앞으로 소련과의 관계에서 신뢰를 구축하겠다. 또한 동서독 사이에 그리고 서유럽과 동유럽 사이에 평화를 안착시키겠다."는 생각에서 동방정책을 시행하겠다고 선포하잖아요? 이 주장은 당시 서독과 동독 국민 그리고 프랑스, 영국 등 유럽 전역에 신선한 충격을 주었지만, 결국 그 기저에 모든 인간이 추구하는 평화가 깔려 있었기 때문에 동방정책은 성공했다고 볼 수 있어요.

동방정책의 기초가 되는 유럽 공동체라는 사상은 1943년 스위스 취리히에서 말했던 윈스턴 처칠의 "유럽은 하나다."라는 역사적인 발언과 연계됩니다. 이 역사의 물줄기는 1957년 로마조약을 통해 6개 국가 즉, 이태리, 독일, 프랑스, 베네룩스 3국의 유럽경제공동체(EEC)를 형성했어요. 이것이 1970년에 서독 수상인 브란트의 동방정책으로 구체화되었고, 독일 통일과 함께 총 28개국의 유럽연합(EU)이 탄생하지요. 이 기저에 있는 철학이 바로 '결국 평화'라는 겁니다.

다시 한 번 얘기하지만, 브란트의 평화 사상은 폴란드 방문 당시 유태인 묘지 앞에서 무릎을 꿇은 장면으로 설명할 수 있어요. 1970년 12월 7일에 서독 수상으로서 히틀러의 죄를 사죄하러 바르샤바에 갔을 때, 유태인 공동묘지 앞에서 3분 동안 무릎을 꿇고 사죄하는 모습은 지금도 모두 기억하지요. 유감스럽게도 동아시아는 이런 모습이 보이지 않아요. 우리 이웃 나라인 일본의 아베 총리는 같은 전범 국가의 수반이면서도 정반대의 모습을 보이니 참 짜증나지 않습니까? 세계 공동체를 향하지 않는, 일본만을 생각하는 아베, 또 최근 미국만을 생각하는 도널드 트럼프 대통령의 옹졸한 정책들은 전 세계 평화에 거꾸로 작용할 것이란 생각을 해보게 되네요.

정근식 독일의 통일을 가능케 한 평화 사상은 매우 보편적인 원리에 기초하고 있는 것으로, 오랫동안 독일 문화에서 형성된 교양주의와 나치 독일의 역사적 경험에 대한 철저한 반성의 결합물이라는 생각이 듭니다만, 선생님 생각은 어떤지요?

박경서 당시 스물일곱 살이었던 나의 눈에 비친 독일 국민들은 한 사람, 한 사람이 아주 잘 훈련된(self-disciplined) 인격체로 보였어요. 일상생활에서 쓰레기를 깨끗하게 치우는 것, 유치원에서 아이들에게 음식을 먹일 때 양을 정해서 먹게 하고 하나도 남기지 않게 하는 일상 습관은 나에겐 하나의 교육이었지요. 영유아원과 유치원에서 이런 훈련을 받은 소년 소녀들이 나중에 어른이 되어서 똑같은 일을 하게 됩니다. 독일 국민은 음식 쓰레기가 거의 없을 정도의 훈련된 국민이라는 것이 내 눈에는 참 굉장해 보였어요. 한국보다 훨씬 잘사는, 라인 강의 기적을 보인 국가임에도 불구하고 아주 근검절약하고 아무리 급해도 순서를 기다리는 훈련이 몸에 밴 사람들, 자기보다 못한 사람들을 꼭 돕는 독일 국민의 공동체 정신이 결혼도 하지 않은 나에게 신선한 충격이었어요.

독일인들에게서 빼놓을 수 없는 또 한 가지는 일상생활에서 늘 토론을 하는 문화입니다. 자기와 의견이 달라도 그 사람과 이야기하면서 나는 이렇게 생각하는데 상대방은 다르게 생각한다는 것을 서로 이해하고 제3의 길을 모색하는 토론의 문화가 신선하게 보였어요. 이들은 자유에 대한 책임의식, 평등 사상 같은 덕목도 몸에 배어 있어요. "자유에는 책임이 동반된다. 책임 없는 자유는 무절제한 자유가 될 수 있기 때문에 아무 소용이 없다. 사회 전체는 평등해야 한다."라는 빌리 브란트의 말이 그것을 증명한다고 할 수 있지요. 독일에서는 돈을 많이 번 사람들은 일부를 세금으로 사회에 환원해서 그 돈으로 가난한 사람들에게 혜택을 주는 조세정책이 아주 잘 되어 있어요. 즉, 자유권에는 항상 책임이 따르고 사회권에는 항상 사랑이 따르기 때문에 골고루 잘 산다는 것이지요.

내가 독일에서 공부하며 느낀 점은 모든 기업의 사업장에서 독일말로 공동 결정권(Mitbestimmungsrecht)이 작동하고 있다는 거였어요. 회사의 부를 극대화하려면 어떻게 해야 좋을지 등을 노동자들이 기업가와 같이 고민하고 결정해요. 독일노동조합(Deutsche Gewerkschafts Bund, DGB)이 경영에 참여하기 때문에 회사가 자기 것이라는 생각이 있고, 그래서 노동 쟁의가 많이 나타나지 않아요.

정근식　많은 사람들이 독일 통일을 갑자기 다가온 것으로 이해하지만, 실제로는 동방정책이라는 정치적 선언을 뒷받침하는 사회 정책들, 즉 실제로 동서독을 화해시키는 구체적인 교류 협력 프로그램들이 누적된 결과라고 할 수 있지 않을까요? 독일 교회가 통일을 위해 밑바닥에서부터 어떤 일을 하였는지 소개할 필요가 있지요.

박경서　독일 교회는 '세계를 위한 빵'이라는 기구를 통해 동독 주민들을 지원했어요. 1963년부터 1989년까지 26년 동안 서독 전체 교회가 총 15억 불에 해당하는 현금과 필수품을 동독의 국민에게 나누어주었고, 또 자유를 찾아 서독에 오고 싶어 하는 동독 망명객 약 3만 3,755명을 데려오기 위해 동독에 그 돈을 지급했어요. 이게 프라이카우프(Freikauf), '자유 구매하기'라는 제도인데 교회가 그 돈을 지불한 것이에요. 지금 생각해보면 독일이 통일까지 갈 수 있었던 것은 '이것도 하면서 저것까지 한다(Not only but also)'는 방식, 즉 브란트 정권의 실천 책임자였던 에곤 바 특임 장관이 자서전을 통해 밝힌 것처럼 '접촉하면서 서로 변화해가자(Wandel DURCH Annäherung)'는 사상이 있었기 때문이었다고 봐요. 이런 건 우리가 배워야 할 점으로 생각해요.

빌리 브란트는 베를린 시장, 그리고 외무부 장관이던 시절인 1965년에 에곤 바와 함께 동방정책을 설계했어요. 그리고 1969년 서독 수상이 되자 제일 먼저 소련을 방문하여 그로미코 외상과 신뢰를 구축했고, 1970년에 동방정책을 만들어서 서방 세계의 찬성을 얻은 뒤 소련의 양해를 받았어요. 같은 해인 1970년에 동서독 수상이 서로의 나라를 교환 방문했고 1972년에는 그 유명한 동서독 기본조약을 체결합니다. 그 기본조약에 '이 조약은 우리 독일의 통일과 동시에 무효가 된다'는 문구를 집어넣음으로써 통일을 향한 문을 열어놨다는 점은 우리가 배워야 하는 점이에요. 또한 헬싱키 프로세스가 동방정책과 같은 연장선에서 추진되면서 독일이 분단 45년 만에 통일이 되었음을 우리는 알아야 합니다. 1975년에 헬싱키에서 동서독과 소련 연방을 포함해 유럽의 31개국, 미국, 캐나다를 합해 총 33개국이 축복해주었어요. 이 환영으로 동서독 사이에 불가침조약을 체결하게 되면서 1990년 10월 3일에 독일은 분단

동방정책을 구상하던 시기의 빌리 브란트와 에곤 바.

45년 만에 통일을 이루게 되지요.

독일 통일을 보면서 우리는 당시의 동독과 소련의 상황을 생각해야 해요. 미하일 고르바초프가 1985년 3월에 소련에서 공산당 서기장으로 선임되면서 페레스트로이카(Perestroika, 낡은 체제를 고친다)를 선포하고 1990년 소련의 국가수반이 되면서 본격적인 페레스트로이카 정책을 추진하지요. 즉, 시장 경제를 소련식에 맞게 도입하고 자율성에 입각한 복수 정당제를 실시해 서구 민주주의를 도입하는 거예요. 동유럽의 종주국인 소련이 서구식 다당제 민주주의를 도입하자 동독도 영향을 받아 더 많은 자유의 물결이 힘을 받게 되었지요. 동독은 미하일 고르바초프가 나오기 전인 1983년부터 이미 동독 정부가 교회 내에서 약간의 자유는 인정하고 있었어요.

1985년도에 내가 동독 출장을 간 적이 있는데 그때 동독의 생활수준이 상당히 높았어요. 나는 스리랑카, 미얀마, 인도 같은 아시아의 못사는 나라들과 아프리카의 가난한 나라들을 많이 봤으니까, 동독의 생활수준을 보고 깜짝 놀랐지요. '야, 사회주의 국가인 동유럽은 상당히 잘사는구나!'라는 인상을 받았던 게 지금도 기억이 나요.

동독 교회가 상대적으로 다른 분야에 비해 자유를 누리며 토론할 수 있었던 것은 서독 교회가 분단을 거부하면서 동독도 우리 교회라고 선포한 게 큰 영향을 끼친 것입니다. 서독 교회가 동독에 많은 자금과 생활필수품을 지원한 것이 하나의 결과로 이어진 것이죠. 우리 한국은 평화 통일을 생각하는 입장에서 이런 면을 교훈으로 삼아야 한다고 봐요. 한국 정부의 정책도 중요하지만 시민사회나 교회 등이 주체가 되는 제2, 제3의 트랙이 같이 움직여야 하는 것이지요. 서독은 동독과의 통일 과정에서 45년 동안 한 번도 인도주의에 입각한 원칙을 중단한 적이 없어요. 서독이 동독 사람들에게 계속 생필품을 제공했다면, 우리의 경우는 인도주의 원칙이 지켜지지 않고, 정권의 입맛에 따라 마구 바뀌지요. 정부 차원의 지원이 어려우면, 비정부 기구들이 도와주도록 문을 열어서 인도주의 원칙은 항상 지켜져야 합니다.

잘 알려진 대로 1989년 라이프치히의 니콜라이 교회에 57만 개의 촛불이 켜지면서 자유를 향한 물결이 뭉치게 되지요. 교회를 중심으로 한 이 촛불이 독일 통일로 가는 데 큰 몫을 했다는 건 누구도 부인할 수 없는 사실이에요. 결국 동독 수상이었던 호네커가 1989년 18년간의 긴 독재를 마감하고 실각하면서 11월 9일 베를린 장벽이 무너지지요. 이때 시민들은 "위어 진트 아인 폴크!(Wir sind ein Volk, 우리는 하나의 민족이다)"를 부르짖었어요.

아이러니하게도 박근혜 대통령이 몇 년 전 드레스덴에 가서 똑같이 "위어 진트 아인 폴크!"를 말했어요. 동독의 교회에서는 이 슬로건을 외치면서 바로 통일되었는데, 한국은 대통령이 전 세계에 이런 슬로건을 선포했지만 오히려 철저한 봉쇄 정책으로 돌아가는 아이러니가 연출되었지요. 대통령이 세계에 거짓말을 하고 다닌 꼴이 되었으니 창피한 일이지요.

정근식 독일 통일은 베를린 장벽이 무너진 뒤 생각보다 복잡한 과정을 거쳐 이루어졌습니다. 동독이 서독에 흡수되는 방식이었지만, 이런 과정에서 주민들의 의사결정이 중요하지 않았습니까?

박경서 1989년 11월에 헬무트 콜 총리는 10단계의 통일 방안을 제시하고, 1990년 2월 5일에 8개의 야당이 참여하는 거국 내각이 동독에 들어설 수 있도록 서독 정부가 권유하고 실천하도록 도와줍니다. 그러고 나서 1990년 10월 3일에 통일이 되지요.

독일의 통일 방식은 흡수 통일이었어요. 동서독 기본법 25조에 의해 서독의 11개 주와 동독의 5개 주가 연방정부로 흡수 통일했지요. 우리 민족의 통일은 독일식의 흡수 통일이 아니라는 것은 많은 학자가 이미 정리했고 합의했어요. 나 자신도 현재로선 한반도의 통일은 독일식으로 그렇게 빨리 갈 수는 없겠다 생각해요. 우선 평화 공존이라는 틀 안에서 신뢰 구축을 하고, 훗날 자연스럽게 평화 통일이 되어야 할 거예요. 그게 내 바람입니다.

우리는 통일 이후 약 10년 동안 독일이 크게 고생한 것을 잘 알고 있지요. 통일 후유증으로 한때는 프랑스, 영국에 뒤처지는 꼴이 되었지요. 그 이유는 통일 비용을 잘못 계산했기 때문이에요. 첫째, 서독은 동독 인프라의 70%를 다 쓸 수 있을 거라 생각하고 통일 비용을 계산했는데 그것이 잘못이었죠. 통일 후 동독의 인프라를 조사했더니 17% 외에는 전부 쓰레기에 불과하다는 것을 발견했어요. 둘째는 통일이 되자마자 서독 정부가 동독의 화폐를 서독의 마르크와 1대 1로 바꿔준 것, 그리고 동독 노동자의 임금을 서독 노동자 임금의 80%로 계산해서 통일 다음 날부터 지급한 점이 문제였어요. 이런 것들이 통일 이후 독일의 물가를 400%나 인상시켜서 아주 큰 곤욕을 치렀어요.

통일 이후 26%밖에 안 되는 동독 국민과의 불신 문제도 골칫덩어리였지요. 통일 10년 후부터 부랴부랴 독일이 그것을 없애려고 했는데 오래 걸렸지요. 서독 사람은 동독 사람을 "오씨(Ossi, 동쪽을 의미하는 독일어의 Ost에서 생긴 말로 '가난하고 게으른 동독 놈들'이라 비하하는 표현)"라 부르며 폄하하고, 동독 사람은 서독 사람을 "베씨(Wessi, 서쪽을 의미하는 West에서 생긴 말로 옛 서독 출신들을 '탐욕스럽고 거만한 서독 놈들'이라 비꼬는 표현)"라 부르며 서로 비아냥거렸습니다. 동독 인구가 서독 인구의 4분의 1밖에 안 되었지만 통일 후 20여 년간은 이 문제로 상당히 큰 곤욕을 치렀다는 것을 우리는 타산지석으로 삼아야 해요. 현재 3만이 넘는 탈북자의 상황을 보면서 통일 후를 상상해보면 아연실색을 금할 수 없습니다. 어떤 식의 통일이 되든지 간에 우리는 북한 동포들에게 인도주의에 입각한 동포애를 발휘해야 하며 신뢰 구축을 해야 한다고 생각해요.

1967년 내가 독일에 유학 갔을 때 동서독은 이미 상대국에 직계가족을 가지고 있는 경우 3개월 동안 비자 없이 그곳에서 체류할 수 있도록 결의했었어요. 그해 성탄절에 베를린에 구경 가보니 장벽을 사이에 두고 고층 건물에서 줄에 선물을 매달아 서로 주고받고 있었어요. 그걸 보면서 '한국과 너무 다르구나!'라고 느꼈지요. 동서독은 오래전부터 인적 교류를 해왔음에도 불구하고 통일이 된 후에 "오씨, 베씨" 하며 서로 갈등을 겪었는데, 우리는 72년이란 긴 분단 기간 동안 단절과 오해로 일관되었으니 어떤 방식으로 통일되든지 간에 이 간극을 메우기가 쉽지 않을 것입니다. 그런 점에서 남과 북 사이의 민간인 차원의 교류가 얼마나 중요한가를 절감하게 되지요. 이것이 바로 서울대학교의 통일평화연구원이 주목해야 할 지점이 아닌가 하고 생각해요. 학문 교류를 통해 정치가가 하지 못하는 일들을 해낼 필요가 있어요.

정근식 독일 통일 당시에 선생님이 경험한 재미있는 에피소드가 있지요? 우리가 새겨야 할 교훈도 있을 것 같은데 한 가지만 소개해 주시지요.

박경서 1990년 10월 3일 독일이 통일될 당시 바이츠제커 박사는 서독의 대통령이었어요. 그러니까 서독 대통령이자 통일 대통령이 된 것이죠. 그분이 1990년 11월 베를린대학에서 학생들에게 연설을 했는데 그 내용이 참 감동적이에요.

"나는 오늘 학생들에게 대통령으로서 연설을 하러 온 것 아니라, 독일의 나이 든 할아버지로서 언젠가는 여러분보다 먼저 세상을 떠날 사람이기에 내가 생각한 것을 여러분에게 이야기하러 왔습니다. 히틀러가 제2차 세계대전 중에 600만의 무고한 사람들을 학살한 것은 우리 모두가 도저히 용서할 수 없는 만행이기 때문에 독일 학생은 물론, 독일에 유학 온 외국 학생들도 모두 세상을 떠날 때까지 세계인에게 히틀러의 죄를 회개하고 용서를 구해야 합니다."

이 연설은 전 세계에 알려졌고 신선한 충격으로 우리 모두에게 남아 있지요.

정치를 하거나 한 국가를 리드하는 사람은 철학이 있어야 해요. 그러나 우리나라에서는 깊은 고뇌에 찬 철학이 없는 사람들이 다 대통령 하겠다고 나옵니다. 이런 풍토는 슬프지만 이게 우리의 자화상이지요. 최근에 외국 신문에서는 '샤먼 포춘텔러(shaman-fortuneteller)', 무당 점술가에게 농락당한 한국 대통령이라고 떠들고 있어요. 이런 일들이 없어져야 하지 않나, 나는 우리의 대담이 시기적으로 우리 국민에게 어필이 되어야 하고 우리들의 깊은 고뇌에서 우리 민족의 갈 길을 이야기하는 시간이 되었으면 좋겠어요.

정근식 네, 선생님께서 말씀해주신 독일 이야기가 오늘날 한국의 상황에 좋은 교훈을 던져줄 것 같습니다. 그러면 이제 주제를 바꾸어서 1980년대 WCC에서 활동했던 경험을 중심으로 이야기를 시작해볼까요? 먼저 WCC에 가시게 된 경위를 설명해주세요.

박경서 1979년 크리스찬아카데미의 반공법 조작 사건 이후 나는 블랙리스트에 올라 있었기 때문에 어린아이 둘을 가진 가장으로서 생계가 막막했어요. 그즈음 내게 박사 학위를 준 지도교수

헬가 그레빙 교수가 독일에서 박사 후 과정을 할 수 있도록 훔볼트 재단의 장학금을 마련해주었다는 얘기는 앞서 하지 않았어요? 그런데 출국 준비를 하는 동안 제네바의 WCC에서 아시아 국장을 찾는다고 해서 거기도 응모를 해봤지요. 그런데 얼마 후 WCC 인사국에서 연락이 왔어요. 총 14명의 지원자 중 예비 합격자 명단(Short list)에 내가 포함되었다며 차비를 줄 테니 1개월 후 제네바에 와서 면접하자고 해요. 공짜로 제네바에 갈 수 있게 된 거지요. 지금은 스카이프로 직접 면접(direct interview)을 하지만, 당시는 국제기구가 재정 상태가 좋아서 비용을 대주며 직접 오라고 했어요.

제네바에 갔더니 미국 변호사 자격증을 가진 인도네시아 자카르타대학교의 법학 교수, 필리핀대학교의 정치학과 교수, 그리고 제가 예비 합격자에 오른 세 명이더군요. 나란히 앉아서 기다리는데 이 두 친구들은 영어를 미국인처럼 잘해서 속으로 부끄러웠어요. 저렇게 영어를 잘하는 친구들을 내가 어떻게 이길 수 있겠나 하며 미리 겁을 먹었어요. 면접장 들어가기 전에 주눅이 들었던 거지요. 그런데 운 좋은 일이 생겼습니다.

UN은 현재 6개 언어(영어, 프랑스어, 스페인어, 러시아어, 아랍어, 중국어)를 공용어로 사용하지만, WCC는 공용어로 5개 언어(영어, 프랑스어, 스페인어, 러시아어, 독일어)를 사용합니다. UN은 독일이 제2차 세계대전에서 히틀러를 통해 600만의 무고한 생명을 죽였다고 해서 제2차 세계대전 이후 모든 국제기구에서 독일을 축출했습니다. 동시에 독일어도 UN에서 추방되었지요. 그 대신 중국어를 공용어로 채택했고, 나중에 아랍어를 추가로 채택하여 6개의 공용어가 되었습니다. 그러나 WCC는 창설할 때부터 독일이 중추적인 역할을 했기 때문에 UN과 달리 독일어를 공용어로 사용해요. 독일 교회는 히틀러에게 저항했고, 이 저항의 전통을 이은 소위 '고백교회'라고 부르는 교회가 WCC를 만드는 데 큰 역할을 했습니다. 독일 교회 전체가 히틀러를 반대한 것은 아니지만, 히틀러를 반대하는 사람들이 주축이 되어 WCC를 만든 것이에요.

나는 면접을 기다리면서 시험관들이 운 좋게 나에게 독일어로 말한다면 얼마나 좋겠냐는 생각을 했어요. 나와 달리 다른 응모자들은 독일어를 못하니까……. 드디어 다섯 명이 면접관으로 들어왔어요. 비엔나대학교의 여자 교수를 비롯하여 독일인, 영국인, 미국인, 인도인 등이었습니다. 한참 면접이 진행 중인데 비엔나에서 온 여교수가 "당신은 독일에서 학위를 했는데, 독일어를 하시나요?"라고 물어요. 그래서 그렇다고 대답했지요. 그랬더니 비엔나대학 교수하고 독일인 면접관이 나머지 면접관들에게 잠깐 기다리라고 말하고, 우리 셋이 독일말로 대화했어요. 그게 훗날에 알고 보니 나머지 두 명을 떨어뜨린 이유 중 하나가 된 거예요. "너는 공용어 중에서 두 개를 할 줄 알지 않느냐?"라는 거지요. 그렇게 최종적으로 14대 1의 경쟁을 뚫은 거예요. 이것이 WCC 생활의 제1막이에요.

정근식 스위스는 처음이지만 독일에 이어 두 번째 외국 생활인데, 적응에는 문제가 없으셨나요? 스위스는 독일어와 프랑스어를 함께 쓰는데, 제네바에서는 어떤 언어를 쓰는지, 문화적인 면에서 독일과 어떤 차이가 있는지요?

박경서　1982년 2월 1일 제네바의 사무실로 근무하러 들어가자, 맨 먼저 조이스 맥널티라는 영국 출신 비서가 책을 하나 줘요. 제네바에서는 불어를 해야 한다면서 공부하라고 준 책이 앙리 뒤낭의 일기책, 적십자사를 만든 분의 일기인 《솔페리노의 회상(Un Souvenir de Solferno)》이라는 프랑스어 책이었어요. 그래서 내가 불어를 한 마디도 못하는데 이 책을 어떻게 읽을 수 있겠냐고 하니 비서가 사전을 하나 갖다주는 거예요.

그리고 2월 5일, 새로 부임한 아시아 국장 환영회를 한다기에 갔더니 간부들 50명이 모였어요. 당시 WCC 전체 인원이 500명가량 되었는데 간부들이 99명이었어요. 그런데 내가 영어와 독어밖에 못한다는 것을 아는 간부들이 불어로 자기들끼리 이야기를 하는 거예요. 내 환영회면 영어나 독일어로 해야 하잖아요? 그걸 보면서 내가 속으로 신경질을 냈는데, '아하, 국제기구라는 것이 이런 데구나' 하는 걸 느꼈어요. 그래서 불어를 조금씩 배우다 5년 후, 나이 쉰에 제네바대학의 '집중 어학코스(Cours des Intensive)'를 정식으로 6개월 다녔지요.

스위스는 독일과 비슷한 나라이지만 불어권인 제네바는 인성이 좀 달라요. 상당히 자유스러웠죠. 독일인이 자기훈련이 잘 되어 있는 사람들이라면, 제네바의 스위스 사람들은 독일어 문화권인 취

WCC 아시아국의 스태프들과 함께.

리히 쪽의 스위스 사람들과 달리 자유를 만끽하는 스타일이에요.

스위스에서 살면서 언어를 많이 배웠지요. 스위스 사람들은 보통 3개 국어를 하고, 대학 나온 사람들은 무조건 3~4개 국어를 해요. 국제기구의 내 동료들은 4~5개국 언어를 해요. 서양 언어는 서로 통하니 물론 우리보다는 배우기가 쉽지만, 그래도 '야, 인간이 어찌 저리 많은 언어를 할 수 있는가' 하는 걸 배웠어요. 그래서 나는 한국에 돌아와서 젊은 사람들에게 "영어 하나만 할 생각 말고 중국어, 불어, 러시아 등 3개 국어는 해야 한다."고 가르치고 있어요. 인간은 두뇌 구조가 최소한 5가지 언어는 자유자재로 할 수 있다고 이야기해요. 더구나 21세기의 세계화 시대에는 언어 능력이 중요하지요.

정근식 스위스 사람들이 외국어에 능통한 이유 중 하나가 독일과 프랑스, 이탈리아에 끼어 있는 사정도 있지만, 그곳에 국제기구가 많은 영향도 있지 않을까요?

박경서 스위스는 공용어가 4개이고, 모든 공문서에 4개의 공용어가 공존합니다. 그 언어가 독일어, 불어, 이탈리아어, 스위스 고유인 로망스어인데, 실제로 로망스어는 일반적이지 않아서 그 언어 대신 다들 영어를 공부하지요. 그러면 보통 5개 언어를 공부하게 되고, 이런 이유로 3~5개 국어를 하게 됩니다.

스위스 제네바에는 다섯 개의 대표적인 국제기구, 즉 UN(국제

연합), ILO(국제노동기구), WHO(세계보건기구), 국제적십자사, WCC가 있는데, 스위스 어린이들은 초등학교 때부터 교과서를 통해 국제기구에 대해 배워요. 그 교과서를 보면 WCC는 인생과 내면의 세계에 대해서 가르침을 주는 곳이라고 설명되어 있어요. WHO는 사회가 건강하고 개인도 건강한 것을 연구 추진하는 곳이라고 가르치고, ILO에 관해서는 시장 경제가 원활하게 작동하기 위해서 기업가, 노동자, 국가 3자가 각각 대표권을 갖는다고 소개됩니다. 국제적십자사는 스위스 사람인 앙리 뒤낭이 인도주의에 입각해 만든 곳이며, UN은 제2차 세계대전 이후의 국제기구이고, 스위스는 1990년대가 되어서 여기에 들어갔어요.

정근식 유학하시는 동안 독일에서 많은 걸 배우고 또 느끼셨던 것처럼 스위스에서 18년을 사셨으니, 독일과는 또 다른 좋은 것들을 보고 체험하고 느끼셨을 것 같습니다. 스위스에서 배운 것을 소개해주시지요.

박경서 스위스에 가서 내가 맨 먼저 배운 것은 세계는 높고 넓다는 것이고 또 앙리 뒤낭의 일기를 읽으면서 알게 된 인도주의입니다. 스위스의 개혁 정신이라는 것도 배웠지요. 독일의 종교 개혁가 마틴 루터(Martin Luther)가 시작한 종교개혁이 올해로 500주년이에요. 독일은 독일대로 종교개혁이 있었지만 스위스에서는 루터와 거의 동시대에 인문주의에 영향을 받은 울리히 츠빙글리(Ulrich

Zwingli)라는 종교개혁자가 나와서 개혁 정신을 펼쳤고, 한 세대 후에 제네바 출신 존 칼빈이라는 사람이 스위스에 개혁 정신을 불어넣었어요.

스위스 제네바대학에 가보면 네 사람의 성현(聖賢)을 크게 조각해서 거대한 벽을 만들어놓은 것을 볼 수 있어요. 존 칼빈(John Calvin), 기욤 파렐(Guillaume Farel), 데오도르 베자(Theodore Beza), 존 녹스(John Knox), 이 네 사람의 조각이지요. 스위스 정부는 물론 국민들도 "우리는 적십자정신을 일으킨 중립국의 나라다. 우리는 개혁 정신을 가진 나라이고 모든 국제기구를 유치한 나라다."라는 자부심을 가지고 있어요.

제네바는 국제 도시로 인종 차별이 거의 전무했어요. 예를 들면 수입이 거의 없는 이주 노동자의 자녀와 스위스의 잘사는 부호 자녀가 유아원이나 유치원에 갈 경우 부모의 수입에 따라 비용을 내요. 10원도 낼 수 없는 사람은 안 내고 잘사는 스위스 사람은 돈을 많이 내는 거예요. 그러면 애들 사이에서 왕따가 되지 않을까 걱정이 되잖아요? 아니에요. 그런 사실은 원장과 국가만 알고 학부모와 애들에겐 비밀이지요. 한국에서 한때 이런 걸 두고 무상교육이다 아니다 하면서 싸운 적이 있잖아요? 그때 나는 나의 사회학과 제자인 조희연 교육감에게 "제3의 길이 있어야 한다." 해서 이런 방법을 제안한 적도 있어요. 스위스 같은 부자 나라에서 하는 것처럼 돈 많은 가정의 아이들은 돈을 많이 내고 가난한 가정의 애들은 내지 않는 방법을 실천하면서 그것을 비밀로 하면 좋겠다고. 우리나라도 건강보험료를 비밀로 잘 하니까 건강보험료처럼 적용하는 이런 제3의 방법이 있고, 이것이 우리의 무상급식 제도에 지침과 교훈을 주는 거예요.

나는 한국에 돌아와 우리 학생들을 가르치면서 세계에는 200개의 나라가 있다는 것을 늘 강조해왔어요. 그 이유는 우리나라는 일본, 미국, 중국만이 외국이라고 생각하는데 전 세계 200개의 나라를 골고루 잘 알아야 국제화가 되는 것입니다. 한국은 한 나라의 영향을 99% 받아서 '미국만이 우리를 살려주는 나라다, 국제화는 미국화되는 것이다'라고 생각하는 경향이 많아요. '200개의 나라에서 우리에게 필요한 좋은 점만 따는 것이 국제화.' 이것이 스위스 이 작은 나라로부터 내가 배운 점이에요.

3

2017년 2월 21일

1980년대
WCC 아시아 국장의 발자취

정근식　요즈음 광화문에서는 촛불집회가 한창입니다. 서울뿐 아니라 전국의 주요 도시들에서 민주주의를 위한 희망이 날로 커지고 있습니다. 이제 우리의 이야기도 좀 더 본격적인 주제인 WCC에서의 활동으로 넘어가게 되었습니다. 우선 국제기구에서의 활동이 어떻게 이루어지는지 소개해주시지요.

박경서　지금부터는 내 청춘의 후반부를 보낸 세계교회협의회, WCC를 살펴보지요. 스위스의 국제기구에서 일을 시작하기 전에 모든 후보자가 통과해야 할 관문은 건강 체크입니다. 이것을 통과해야만 국제기구에 취직할 수 있다는 사실을 알게 되었어요. 제일 먼저 엑스레이를 찍어요. 그런데 스위스에서 찍은 것이어야 해요. 요즘은 한국에서 찍은 것도 받아주는지 모르겠지만, 그때만 해도 한국에서 찍은 것을 받아주지 않았어요. 엑스레이 결과를 본 다음에 본격적인 사무 절차가 시작되는데, 그다음 단계는 국제기구에서 일할 수 있는 비자를 받아야 해요.

내가 근무해보니 국제기구라는 것이 스스로 움직이는 시스템이에요. 누가 체크를 하지 않아요. 자기가 출퇴근을 할 때 카드를 찍으면 몇 시에 출퇴근했다는 것이 기록에 나오는 시스템이지요. 일주일 동안 출장을 갔다 오면 하루를 쉬게 되어 있어요. 쉬는 것은 자기 마음대로 쉬는 거예요. 일주일 동안 어디를 출장 간다고 하면 전체 컴퓨터에 기록이 다 나와요. 컴퓨터를 잘 못하는 사람들은 얼마나 애를 먹었는지 몰라요. 나는 비서한테 컴퓨터를 배우지도 못하고, 2개월 후에 ILO 컴퓨터 코스를 통해 베이직 코스를 배우고 난 뒤 어드밴스 코스를 WCC에서 배웠어요. 그때 당시 한국에도 컴퓨터가 있었는데 국제기구처럼 발달된 컴퓨터는 아니었어요.

또 재미있는 얘기는 스위스 정부가 국제기구들을 유치하면서 UN, ILO, WHO, 국제적십자사, WCC 다섯 기구들에 외교관 면책 특권을 주었다는 것입니다.

정근식 국제기구에 근무하는 사람들을 전부 외교관 대우를 하는 거예요?

박경서 전부는 아니고 간부들에게 외교관 대우를 하는데, 이 면책 특권을 거부한 기구가 국제적십자사와 WCC예요. 이 두 기구는 모든 인류는 평등한데, 어떤 사람은 면책 특권 가지고 있고 누구는 안 가지고 있다는 것은 안 된다고 해서 면책특권을 반납했어요. 그러나 스위스는 다섯 개 기구에서 일하는 사람들에 대해 면세로 물품을 사게 한다든지 하는 특전을 누리게 해주었어요. 나도 도착해서 자동차, 냉장고, 세탁기, 옷가지 등등을 모두 면세로 샀던 기억이 납니다.

스위스는 국민 소득 12만 불로 세계에서 제일 잘사는 나라지만, 실제 생활은 2만 불로 살아가고 있어요. 인구는 700만으로 적지만 이 중에서 480만 명이 협동조합 회원이에요. 국민들은 자기 수입의 약 50% 이상을 세금으로 내서 사회가 균형 발전을 할 수 있게 하는 데 씁니다. 나는 18년 동안 스위스, 독일, 영국 같은 유럽의 나라들이 사회민주주의 국가라는 사실을 체험하면서 많은 걸 배웠어요.

1980년대 한국에서는 무지의 소치로 사회민주주의를 사회주의와 혼동해서 쓰는 경우가 많았어요. 우리 크리스찬아카데미 사건 때 법정에서도 이 논쟁이 일어났지요. 그런데 사회민주주의는 자본주의가 더 성숙한 상태이며, 골고루 혜택을 누릴 수 있는 사회에서 가능합니다. 기업의 부가 일정 수준을 넘어가면 나라에서 전부 세금으로 거둬들여 사회의 소외 계층을 위해 재분배하지요. 낙후된 그룹들이 균형을 맞춰 성장할 수 있도록 세금으로 조정하는 메커니즘이지요. 사회과학에서 이야기하는 양파형 사회를 만들어 가자는 것입니다.

한국은 미국식 시장 경제의 영향으로 부의 창출을 위해서는 한없이 경쟁하고 부를 축적할 수 있다는 생각이 강해요. 자기가 만든 부는 자기에게 속하기 때문에 누구에게 나눠주는 것은 시혜로, 은혜를 베푸는 것으로 생각하지요. 유럽처럼 제도가 움직이는 것이 아니라, 사람에 뜻에 따라서 기부를 유도하는 점이 서구의 재분배와 다르다고 할 수 있지요. 이런 미국식 자본주의가 우리나라에 너무 많이 들어왔어요. 서구에서 자리 잡은 사회민주주의적 재분배를 우리는 배워야 해요. 나는 이런 것들을 제네바에서 피부로 느끼면서 살았어요. 이렇게 하기 위해서는 모든 사람이 세금을 많이 내야 하고, 부자는 더 많은 세금을 내야 한다는 것을 교과서를 통해 어릴 때부터 가르쳐야 합니다. 양극화의 해소, 재벌들의 정경유착을 해소하려면 유럽의 제도를 배워서 우리에게 맞게 적용해야 할 거예요.

정근식 부자가 더 많은 세금을 내는 것을 긍지로 여기는 거지요? 우리나라처럼 세금을 안 내려는 것이 아니라 질적으로 고상한, 노블한(noble) 사회를 만들기 위해서는 기꺼이 사회에 환원하고 부의 세습적 대물림을 억제해야 한다는 생각이 강한 거지요.

스위스에는 서울대학교 사회학과를 졸업하고 오랫동안 국제기구에서 일했던 전명제 선생님이 계셨는데, 잘 아시지요?

박경서 전명제 선생은 나의 은사이신 이해영 교수님의 동창이자 까마득한 선배님이시지요. 그는 버클리대학 교수를 역임했고, 1967년에 제네바의 국제연합무역개발협의회(UNCTAD, United Nations Conference on Trade and Development)에 계셨어요. 그분은 한국 출신이라는 점 때문에 외교관 면책특권도 못 받고 많은 불이익을 감수하면서 일하신 셈이지요. 출신 국가의 배경이 개인에게는 퍽 중요할 때가 많지요. 특히 외국에서 살 때는 그래요. 제네바에 살다 보니 금방 사회학과 동창들이 모였지요. 전명제 선배님, 박경서, 이성훈 팍스 로마나 사무총장(현 한국인권재단 상임이사), 이 창휘 ILO 현 베트남 하노이 사무국장, 유지창 한국대사관 재무관 등이 모여서 가끔 이야기를 나누었어요. 유지창 씨는 사회학과 출신으로 재경부 금융국장과 산업은행장, 은행연합회장을 역임하였습니다. 1990년대 초반이 사회학과 출신의 제네바 전성기였지요.

정근식　전명제 선생님에 관하여 좀 더 자세히 설명해주세요. 한국인으로서 국제기구에서 활동한 첫 번째 세대가 아닌가요?

박경서　전 선생님은 이미 15년 이상을 제네바에서 사신 터줏대감이셨어요. 그분은 사회학과를 졸업하고 버클리에서 경제학으로 학위를 받은 후, 버클리대학 조교수로 있다가 국제기구에 시험을 쳐서 UNCTAD에 들어갔어요. UNCTAD 본부인 제네바로 오셔서 근무하셨지요. 그리고 65세에 은퇴하셨고 2년 전에 세상을 떠나셨어요. 사모님이 백병원 설립자의 큰따님이시지요. 한때 인제대학교 총장으로 모시고 가려고 했는데 이 양반이 그런 것은 싫다고 해서 안 갔고, 제네바의 서울대학교 동창회 회장이었어요. 외교관들이 그때 제네바에 스물네 가족이 있었습니다.
　전명제 박사 집에 가보면 온 집이 책으로 가득했어요. 그 양반의 책은 아주 귀중한 책들이에요. 이층집이 영어·불어·독일어 원서로 꽉 차 있어요. 그분이 1970년대에 UN에서 일하셨으니 한국이

UN의 회원국이 아닐 때 근무하신 거잖아요? 우리나라는 1991년 9월 17일, 제47차 UN 총회에서 회원국이 되었으니까요. 그러니 은퇴할 때까지 얼마나 많은 설움을 맛보면서 살았겠어요. 그분이 돌아가셨을 때 해외 출장 때문에 참가하지 못했고, 이창휘 후배가 유일무이하게 사회학과 동창으로서 장례에 참석했어요. 이창휘 박사가 사회학과 이름으로 400프랑짜리 꽃다발을 영전에 바쳤지요.

정근식 전명제 선생님은 UNCTAD에서 어떤 역할을 하신 거예요?

박경서 UNCTAD는 후진국에 경제 지원을 할 때 어떤 섹터부터 지원할지 정책을 수립하는 곳이니, UNCTAD의 해외원조 경제 무역 개발정책 수립을 하셨지요.

정근식 하나의 큰 연구 주제가 되겠네요. 그럼 이제 다시 WCC의 아시아 국장으로서 일하기 시작할 무렵의 이야기로 돌아가지요. 아시아 국장이 무슨 일을 하는 자리인지 소개해주시지요.

박경서 내가 1982년 2월 1일 WCC에 첫 출근한 날에 전달받은 아시아 데스크의 임무는 이래요. 아시아 정책을 수립하고, 난민(Refugie)·사회봉사·인터처치 에이드(Interchurch aid), 즉 개발 원조를 책임지는 자리예요. WCC에는 여섯 개의 지역국이 있어요. 그중 아프리카국은 프랑스어권과 영어권으로 나누어져 두 개의 국(局)이 있습니다. 영국과 프랑스의 식민지 지배의 유산으로 나누어진 거지요. 그에 따라 프랑크폰 아프리카 데스크 국장, 앙글로폰 아프리카 국장이 있고, 유럽국이 있고 중동·남아메리카·퍼시픽 그리고 아시아국들이에요. 처음 가서 아시아국의 내 전임자인 홍콩 출신 목사한테서 인계받은 예산은 1년 무상으로 줄 수 있는 개발 원조액 총 800만 불이에요. 이건 개발 자금이고, 인권 자금으로 약 200만 불이 별도로 있다고 비서가 알려주는 거예요.

정근식 WCC에서 아시아 26개국에 나누어줄 예산인가요? 당시 WCC의 재정 규모와 아시아국의 비중을 알려주시면 WCC의 활동을 이해하는 데 도움이 되겠어요.

박경서 그렇지요. 아프리카의 경우는 프랑스어를 말하는 지역에 2,000만 불이 배정되고, 영어권 아프리카 지역은 2,500만 불이 배정됩니다. 두 개 지역을 합한 아프리카국은 총 4,500만 불을 사용하는데, 세계 인구의 3분의 2가 사는 아시아국은 800만 불밖에 안 되는 거예요. 그래서 여기에서도 아시아는 인구만 많고 가난하고 말 많은 존재라고 생각하고 있다는 생각이 들었지요. 그래서 "WCC에서 아시아의 비중이 왜 이리 작습니까? 인구는 세계 3분의 2인데 원조액이 이렇게 적으면 어떻게 합니까?" 했더니, 사무총장이 "당신이 부자 나라에 가서 모금을 하세요. 아시아가 불공평한 대우를 받는다고 생각하면 펀드를 스스로 만드십시오."라고 해요. 그래서 열심히 뛰었죠.

1982년 800만 불이었던 기금이 내가 떠날 때인 1999년에는 4,700만 불까지 올라갔어요. 그렇게 만들기 위해 말도 못하게 뛰었지요. 내가 기금을 최고 많이 모을 때인 1990년도 후반에는 반대로 아프리카 두 개국을 합해도 3,000만 불이 될까 말까 할 수준이었어요. 내가 그렇게 열심히 아시아의 빈곤을 위해서 펀드레이징을 했지요. 아시아뿐 아니라 더 나아가 다른 지역, 특히 그때 당시 유명했던 '남남 연대(South-South Solidarity)'의 연장선상에서 아프리카의 르완다, 남태평양의 타히티 섬도 도왔어요. 지금도 뉴칼레도니아의 섬과 타히티 섬의 아름다운 산호섬 부근에서 프랑스 사람들이 원자탄 실험을 하는데 그것을 아시아에서도 반대한다고 해서 이들을 꾸준히 원조했어요.

내가 떠나기 전에 나의 호소를 듣고 1996년부터 홍콩과 일본 교회, 그다음으로 한국 교회가 원조를 조금씩 주기 시작했어요. 그래서 아시아 지역국은 원조도 하면서 원조 지원금을 받는 두 개의 기능을 수행했지요. 그다음으로 싱가포르가 조금 내놓고 아시아의 네 마리 용이라 불리는 나라들이 기부액을 늘려주었지요. 그래서 내가 떠나오기 전 3~4년 동안 아시아 국장은 목에 힘을 주면서 아시아 국가 중에서 가난한 나라들에 원조를 했지요.

지금은 한국이 해외개발원조(ODA, Overseas Development Aid)를 주는 나라로 바뀌었지요. 작년엔 우리나라가 19억 불을 내

남태평양 타히티 섬에서의 프랑스 핵 실험 반대 활동.

놓았어요. 우리나라가 그렇게 커졌는데 당시에는 그렇게 못했었지요. 당시 GDP 대비 해외 원조액이 가장 많은 나라가 독일이었습니다.

정근식　GDP 대비 해외 원조액은 선진국을 정의하는 중요한 기준이라고 할 수 있지요. 독일이나 미국은 이 비중이 얼마나 되죠?

박경서　독일은 당시 약 0.5%로 엄청 많지요. 우리나라는 0.03%, 일본은 0.05%인데, 독일은 그렇게 많이 줘요. 독일은 세계 제3위의 나라입니다. 미국은 UN에 약 22%의 분담금을 내놓고 있고, 일본이 10%, 독일이 8~9%를 내놓지요. UN의 경우 GDP에 따라 2년마다 점검해서 분담금을 책정하는데 중국, 러시아, 프랑스, 영국이 각각 5% 정도를 내요. 독일이라는 나라는 국가뿐만 아니라 교회의 원조액도 엄청나지요.

정근식　선생님께서 WCC에 가셔서 처음 시작한 해외 사업은 무엇이었나요?

박경서　제일 처음 시작한 일이 베트남, 캄보디아, 라오스 출장이었어요. 제2차 세계대전이 끝났어도 프랑스와 포르투갈은 아시아에서 철수하지 않았지요. 영국은 금방 철수했고, 미국도 금방 철수했지요. 물론 괌, 사이판은 아직도 미국이 가지고 있지만 식민지라

할 수 없지요. 베트남, 캄보디아, 라오스는 73년 동안 프랑스 식민지였는데, 프랑스는 아시아나 아프리카에서 늦게 철수해요. 프랑스는 제2차 세계대전이 끝나고 8년이나 지난 1953년까지 캄보디아, 라오스, 베트남에 그대로 있었어요. 1954년 비엔티안 전쟁에서 프랑스가 호치민 군대에 패하고 드디어 철수하지요.

캄보디아의 예를 들어봅시다. 제일 먼저 들어온 세력이 소련이에요. 그런데 캄보디아에서 친소 정권이 세워진 다음으로 1975년에 론롤 친미 정권이 들어오지요. 론롤 정권이 무너진 뒤에는 1979년에 베트남이 캄보디아와 라오스를 식민지로 삼으면서 비극이 또 시작된 거예요. 미국이 이 인도차이나 3국에 전면적인 경제 제재를 시행한 거예요. 베트남, 캄보디아, 라오스가 경제 제재를 당하니 먹을 것이 없어요. 미국에 경제 제재를 당하면 세계에서 가난한 나라들은 살 길이 없어요. 다 굶어 죽어요. 그런데 그나마 굶어 죽지 않은 건 국제기구들이 정치적인 것을 떠나서 "우리는 인도주의 원칙(Humanitarian Principle)을 지킨다."라고 하면서 도와주기 때문이지요. 1975년 여름, WCC 중앙위원회는 "미국이 베트남, 캄보디아, 라오스에 경제 제재를 하는 것을 받아들이거나 용서할 수 없다. 하나님의 백성으로 태어난 사람들은 굶어 죽지 않을 권리가 있으므로, 우리는 미국의 제재와 관계없이 캄보디아, 라오스, 베트남에 인도적 지원을 하겠다."고 결의했어요. 그 결의를 받아 아시아국이 이들에게 기부를 하는 거예요.

내가 부임하기 전에 아시아국 프놈펜 현지 사무소 책임자는 프랑스 신부 장 끌라보(Jean Claboud)였어요. 당시는 훈센(Hun Sen)이 캄보디아의 외교부 장관으로 있을 때였지요. 그런데 이 끌라보 신부가 자기 집에서 캄보디아 현지인들을 데리고 비밀리에 예배를 보다가 발각돼서 경고를 세 번이나 받아요. 그러고도 "나의 믿음을 누가 못하게 하느냐, 나는 공산주의 안에서도 믿음을 지키며 예배를 계속하겠다."고 고집을 피우자, 훈센 장관이 24시간 이내에 그를 축출하는 사건이 생겼어요. WCC 오피스에 책임자가 없으니 원조가 끊겨 모든 물자가 캄보디아에 가기 전에 멈추었죠. 이 와중에 제가 부임한 거예요.

훈센이 프랑스 신부를 축출하고 난 후에 WCC에 이런 전문을 보냈어요. "예배를 보지 않는 사람으로 보내주시오." 그 전보가 내 책상에 놓여 있더라고요. 그런 상황인지라 내 비서들이 가장 먼저 "캄보디아부터 가셔야 합니다. 캄보디아 가는 길에 베트남, 라오스에도 가세요. 라오스는 우리가 조금밖에 원조를 안 하니 베트남과 캄보디아를 꼭 가세요."라고 했어요. 당시 내 여권이 6개월짜리여서 유효 기간이 4개월밖에 안 남은 거예요. 어디든지 비자를 신청하면 여권 유효 기간이 6개월 이상 되어야 나오는 게 원칙이라고 하면서 비자가 안 나오는 거예요. 아무리 WCC 아시아 국장이고 원조를 주는 사람이어도 비자를 발급할 수 없다고 해요. 그래서 국제기구에서 일하기 어렵다고 당시 전두환 정부에 항의했어요. 그 후 겨우 1년씩 연장하는 여권을 받았어요. 1982년도의 일입니다.

여권을 연장하고 비자를 받아 제일 먼저 하노이에 갔지요. 당시 외교부 장관이 둑(Thuc)인데, 다음 날 하노이 외교부 만찬에서 만나자마자 나에게 "한국 군인이 미국 군인보다 더 악랄하게 우리를 죽였다."라고 말해요. 미군이 한국군보다 늦게 베트남에 들어왔대요. 미국 사람들은 와서 베트남인들을 악랄하게 죽이지 않았고, 전쟁이 끝난 다음에 많은 혜택을 줬지만, 한국인들은 베트남인을 악랄하게 죽였을 뿐만 아니라 한국군이 저질러놓은 모든 재앙에 대해 전혀 사과를 안 한다는 거예요. 그래서 나에게 비자를 줄까 말까 고민이 많았다고 하더라고요. 그러나 WCC라는 국제기구는 인도주의 원칙에 따라 호치민 시티와 하노이 근방에 벼 농작물 프로그램을 원조하면서 매년 100만 불씩 준다는 걸 알고, WCC의 아시아 국장으로 오는 것이니 이데올로기를 떠나 예외로 비자를 준 것이라고 하면서 환영사를 하는 거예요.

그래서 베트남 외교부 장관이 한국에 한이 맺혔다는 것을 내가 알게 되었어요. 1965년부터 1975년까지 베트남 전쟁을 하면서 우리가 베트남 사람들에게 이런 인상을 남겼고, 또 많은 빚을 졌구나 생각했지요. 이때가 1982년 5월 4일이에요. 나는 그에게서 그런 이야기를 듣고 농촌 프로젝트를 시찰하고 다음 날 캄보디아로 갔습니다.

나는 베트남을 떠나면서 "우리 WCC는 평화를 생각하는 곳이다. 그러나 한국 사람으로서 참 미안하다."고 둑 외교부 장관한테 사과했어요. 그러고 나서 WCC에서 베트남에 대한 원조액을 더 늘려서 1982년부터 1999년까지 매년 100~200만 불에 해당하는 인도주의 원조를 줬지요.

정근식　그때가 1982년도니까 베트남 정부가 도이모이(개혁 개방) 정책을 실시하기 전인데, 당시 전쟁이 끝난 지 얼마 지나지 않아서 경제가 굉장히 어려운 상황이었지요?

박경서　비참하지요. 도처에 가난이 깔려 있었어요. 특히 하노이는 '폐허가 이런 것이구나' 하고 느낄 정도였고, 요즘 TV에서 가끔 모금 독려 캠페인을 할 때 나오는 어린이들의 비참한 모습이 그때의 베트남 아이들과 똑같아요. 나 같은 원조 책임자는 그런 상황을 접하면 무조건 이들을 도와야 한다는 생각이 들지요. 인도주의적 원칙은 정치적인 고려를 초월하여 실천되어야 한다는 UN의 가이드라인, 좀 더 깊이 파고 들어가면, 앙리 뒤낭의 적십자정신과 인도주의 정신이 제네바협정으로 나타났고, 이런 정신이 오늘날 UN의 철학 기조가 되는 것이지요. 미소 냉전 45년 동안, UN은 이념을 완전히 초월하여 인도주의적 원칙에 의한 원조를 시행한 것입니다. 그랬기 때문에 나 역시 1982년 제네바에 가서 "나는 절대로 공산주의를 찬성하지 않는다. 그러나 순수한 어린이들이 굶어 죽는 것을 외면하는 것은 인간이 아니다."라는 생각을 내 마음속 깊이 간직하게 되었지요. 나는 지금도 남북 관계에서 인도주의 원칙에 의한 원조는 지속해야 한다고 봅니다.

정근식 네, 베트남은 한국에게 참 특별한 나라이지요. 여러 가지 측면에서 얽혀 있고, 빚도 많은 것 같아요. 1982년 당시에 베트남 사람들은 자신들이 겪은 전쟁을 어떻게 평가했나요? 전쟁에선 이겼지만 현실은 너무 비참하고 가난하고⋯⋯. 그렇다면 어떤 회한이나 절망 같은 것이 있지 않았을까요?

박경서 베트남은 1975년에 미국과의 전쟁에서 10년 만에 이겼지만, 미국은 베트남에 대해서 일체 지불 유예를 하겠다고 경제 제재를 시행했어요. 냉전 시대에는 미국이라는 거대 국가가 경제 제재를 하면 유럽도 따라가요. 냉전 시대니까 독일도, 프랑스도 어쩔 수 없이 여기에 동참하게 되고, 그렇게 되면 베트남 같은 국가의 가난한 사람들은 연명하기 힘들어요. 이런 상황에서는 인도주의 원칙을 지키고 있는 국제기구에 도움을 청할 수밖에 없지요. 적십자사나 WCC, 그리고 바티칸에 구호의 손길을 내밀지요. 이 거대한 국제기구들은 "인간은 존엄한 존재이며, 이들이 굶어 죽지 않도록 어느 경우에도 지원한다."는 원칙을 지킵니다. 베트남의 경우에는 이들 국제기구의 인도주의적 원조와 함께 불가리아, 루마니아, 헝가리 같은 동구권 국가들의 원조로 살아날 수가 있었지요.

물론 베트남 국민이나 군인들은 강한 정신을 가지고 있는 사람들이에요. 전쟁이 끝나고 먹고살 수 없는 지경이었지만 자존심으로 버텼지요. 북한도 베트남만큼이나 자존심이 강하지만, 북한도 어려울 때는 국제기구에 와서 많은 도움을 요청했습니다.

베트남에서 겪은 재미있는 얘기를 해볼게요. 베트남에 갔더니 원조를 주는 책임자가 왔다고 공항에 자동차가 네 대가 나왔어요. 나 혼자 왔는데 자동차 네 대가 나온 것은 과하다고 생각했지요. 그래서 통역하는 사람에게 "사람은 한 명인데 어떻게 차들이 이렇게 많이 나왔어요? 당신은 내 옆에 타고 직원들은 뒤에 타면 충분하니 두 대는 오지 말라고 하세요." 하니까 웃기만 하더라고요. 알고 보니 맨 앞의 차는 군 안내 차, 두 번째는 나와 통역관이 타는 차, 세 번째는 지원하는 관계 공무원들이 탑승하는 차, 네 번째 차는 기자들의 차예요. 이렇게 네 대의 차량이 이틀째에도 오고 사흘째에도 오더라고요. 마음의 큰 부담이 되었어요.

떠나는 날 통역이 와서 "당신이 첫날 공항에 도착하자마자 차를 줄여달라고 했지만 줄여주지 못했던 이유가 있어요. 차량 네 대가 나오는 허가를 받았는데 이를 두 대로 줄이려면 다시 허가받는 데 열흘이 걸려요."라고 말해요. 거기서 내가 사회주의 관료제의 실상을 본 거예요. 나중에 사회주의 국가 여기저기를 돌면서 이런 비슷한 사례들을 많이 봤어요. 사회주의의 경직성이지요. 이런 사례는 사회주의를 연구하는 우리 후배들에게 많은 도움이 되겠지요.

정근식 최초의 아시아 국가 방문의 주된 타깃은 베트남보다는 캄보디아였다고 하셨는데, 캄보디아에는 어떤 일로 가신 거예요?

박경서 캄보디아의 경우, 정부 관계자를 만나서 WCC의 현지

1983년 베트남 하노이에서.

사무실을 정상화시키는 것 때문에 갔지요. 당시 외국인들은 캄보디아를 '기피하고 싶은, 잊혀진 나라(Forbidden and a Forgotten nation)'라고 했어요. 유명한 킬링필드 때문에 국제기구에서조차 '뇌리에서 잊어버린 한의 나라'라고 하는데, 그 한의 나라를 내가 가는 거예요.

1982년 5월 캄보디아에 가기 전에 영어로 된 문서를 보면서 이 나라의 한을 알게 됐지요. 나는 그 나라의 한이 내 민족의 한과 똑같다고 느꼈어요. 강대국의 파워 게임 속에서 희생당한 민족, 미-소의 전쟁 속에서 45년 동안 고생한 나라가 다시 1979년부터 베트남에게 점령당하고, 이웃 나라 강대국들 때문에 19년 동안 또 고생한 나라. 그런데도 실제로 가보면, 그 사람들처럼 평화로운 사람들이 없어요.

베트남에서 캄보디아로 넘어갈 때 정규 비행기가 없어서, 다음 날 캄보디아 비행기가 프놈펜으로 간다고 해서 자리를 얻어서 탔어요. 그때만 해도 그 비행기는 사람하고 화물하고 같이 타는 것이라서, 소·말·염소 등과 같이 비행기를 타고 프놈펜에 갔어요. 목숨을 담보하고 가는 거지요. 프놈펜에 내려서 보니까 다리, 손이 잘린 사람들이 그렇게 많아요. 베트남 전쟁에서 미군이 캄보디아 곳곳에 매설한 지뢰 때문에 다친 사람이 그렇게 많은 거였어요.

정근식　베트남 전쟁과 베트남-크메르 전쟁은 이 지역 주민들에게 엄청난 피해를 주었지요. 저도 1999년 겨울 캄보디아에 가보았는데, 당시에도 캄보디아는 너무 어려운 상황이었습니다. 프놈펜에는 기아와 빈곤이 넘쳤으며, 킬링필드의 현장에는 유골들이 넘쳐났어요. 독재와 대량 학살, 맹목적인 이념 전쟁이 만들어낸 상처가 치유되려면 한 세대 이상이 걸리겠구나, 라는 생각으로 착잡했던 기억이 선명하네요.

박경서 그렇지요, 말도 못하게 비참하지요. 그걸 보면서 이 나라는 개발 원조 이외에 무엇보다도 디마이닝(Demining) 프로젝트, 지뢰 제거 작업을 해야겠다고 생각했어요. 지뢰 제거 작업을 가장 효과적으로 잘하는 나라가 영국이에요. 그런데 지뢰 하나 제거하는 데 당시 400불씩 받았어요. 참 비싸지만, 지뢰 제거 작업을 하면서 작업반의 고도의 기술에 탄복했지요. 잘못하다 제거 중에 폭발하면 목숨을 잃을 수도 있었지만 다행히 우리의 프로젝트 수행 중에는 이런 사고는 나지 않았어요. 폭발하지 않은 대포 포탄을 제거하는 작업도 했어요. 이들로부터 다이옥신이 나와서 임산부들이 기형아를 낳는다는 연구 결과가 있었기 때문에 WCC는 이 프로젝트도 수행했지요.

정근식 제가 중국의 양안 간 포격전의 현장이었던 금문도에서 지뢰 제거 프로젝트의 결과를 봤는데, 거기는 영국이 아니고 아프리카 기술자를 활용하여 지뢰 제거를 하였고, 방어용 땅굴을 활용하여 지뢰박물관을 만들었습니다. 우리나라도 휴전선 인근에는 엄청난 지뢰가 매설되어 있지요.

박경서　대만의 지뢰 제거 기술은 그들로부터 배운 거겠지요.
그때 당시엔 영국 전문가들이 제일 잘했어요. 캄보디아 얘기로 돌아
가면, 제2차 세계대전이 끝나면서 냉전이 시작되고 미국과 소련의
대치로 인하여 세계는 미국의 우방 국가들과 소련의 위성 국가로
나누어지지요. 그런데 거기에 들어가지 않는 비동맹 국가들이 있어
요. 소련에도 속하지 않고, 미국에도 속하지 않는 비동맹 연합에서
인도라는 나라가 지도적 역할을 했어요. 거기에 북한도 들어가고
아프리카의 많은 나라가 들어가 있어요. 이렇게 냉전시대에 세계는
크게 3블록으로 구분됩니다.

미-소 경쟁의 가장자리에 서 있던 나라가 베트남, 캄보디아, 라
오스예요. 이 세 나라를 강대국 두 나라가 서로 자신들의 영향권에
편입하려고 싸우지요. 이 나라들을 차지하게 되면 자기들의 국익에
큰 도움이 되니까. 냉전시대에 가장 고생한 나라가 베트남, 캄보디
아, 라오스 국민들인데 특히 더 약소국인 캄보디아의 고생이 극심했
어요.

소련 편에 섰던 정부가 들어오면 그들은 미국 편에 있던 사람을
다 죽이고, 반대로 미국 편에 섰던 론놀 정부에서는 여기에 부역했
던 사람을 또 다 죽여요. 나중에는 크메르루주(마오주의자들)가 권
력을 잡으면서 완전히 자기들 세상을 만들고 무차별적으로 또 죽여
요. 캄보디아 사람들은 아주 순진하고 평화를 사랑하는 사람들인

데 강대국에게 노략질을 많이 당했고 내부 갈등이 극심했어요. 캄보디아 전체 인구에서 200만의 사람이 죽었다고 봐요. 이 상처를 바티칸, WCC, 국제적십자사 세 기구가 떠안았어요.

캄보디아에서 훈센을 만났는데, 그에게 다음과 같이 말했지요. "종교의 자유라는 것은 WCC와 UN에서 이야기하는 인간의 기본권입니다. 세계인권선언을 보십시오. 세계인권선언 22조부터 27조까지 보면 모든 문화 활동, 예배 활동은 자유롭게 할 수 있게 되어 있고 2조부터 21조까지 자유권을 보면 표현, 신앙의 자유 등 모든 것이 보장되어 있습니다. 장 끌라보 신부님을 어떻게 축출할 수 있습니까? 축출을 거둬들이세요. 방콕에서 장 끌라보 신부님이 기다리고 있으니 다시 들어오시게 하면 내가 원조를 개시하겠습니다."라고 했어요. 외교부 장관 훈센은 뺨에 칼자국이 있는 사람인데, 그가 가만히 생각하더니 대답을 안 하고 나가요. 지금은 그 사람이 수상이에요. 한 10분 후에 들어와서 미안하다고 하면서도 다시 그를 들어오게 할 수 없다고 말해요. 나도 "그럼 원조를 줄 수 없군요." 했어요. 그래서 그 회담이 결렬되었어요.

첫 번째 방문의 목적이 달성되지 못했지요. 아쉬움이 컸어요. 나중에 캄보디아를 다시 방문하지요. 2000년에도 갔습니다. 작년 10월 18일 나는 UN과 아시아민주주의연대가 주최한 '캄보디아의 민주주의와 평화' 회의의 강사 중 한 명으로 초대받아 그곳엘 다녀왔는데, 옛날 생각이 났지요. 1996년 UN이 캄보디아 평화 합의를 파리에서 체결하였는데, 그날이 20주년이 되는 날이었습니다.

이 한 많은 나라에서 평화가 정착된 것은 잘 알려진 대로 이 평화 합의에 따른 것이었고, 2016년의 방문은 실로 16년 만의 방문이었어요. 그때와 비교하면 건물은 즐비하게 늘어났는데 파리의 합의에서 규정했던 민주주의와 평화의 정착은 요원하다고 실망하면서 돌아왔습니다.

캄보디아는 오늘날에도 여전히 빈부 격차는 말할 것도 없고, 일본, 중국, 한국이라는 경제 대국들이 서로의 이익을 위해 각축하는 무대지요. 많은 캄보디아 국민들은 훈센의 독재가 도를 넘었다고 실망하고 있었고, UN 캄보디아 직원들도 한결같이 훈센의 32년간의 기나긴 독재와 부정부패를 규탄하고 있었습니다. 정적(政敵)을 대낮에 프놈펜 시내에서 죽이는 일도 일어나고 있어요. 이 한 많은 나라에 민주주의는 언제 올 것인가? 기도하는 마음으로 3일간의 방문을 마치고 쓸쓸하게 귀국했지요. 한국이 이웃 나라를 위하여 할 일이 참 많다고 깨닫고 왔습니다.

정근식 캄보디아에서 소기의 성과를 이루지 못하고 제네바로 돌아오셨나요?

박경서 캄보디아에서 비행기를 타고 방콕을 거쳐 제네바로 돌아오는 길에 인도에 들렀지요. 라오스는 비행기가 없어서 가지 못했지요. 그래서 난생처음 인도라는 나라를 본 거예요. 인도에서는 나의 부임을 축하하는 환영회를 준비했더군요. 인도는 크고 가난한

1997년 프놈펜 방문 당시 시아누크의 장자(가운데)인 제1수상과 함께.

나라니까 어마어마하게 돈이 많이 들어가요. 뉴델리에 갔을 때 당시 인도에만 1년에 400만에서 500만 불이 들어가는데, 1982년도이니 큰돈이에요. 인도 사람들은 이런 돈을 지원받으니 좋아하잖아요. 쉐라톤 호텔에서 나의 환영 파티를 크게 했어요. 직사각형으로 된 홀에 대법관, 교수, 목사, 신부 다 와 있고 중앙 가운데에 내 명찰이 붙어 있어요. 'Professor, Doctor Kyung-Seo Park, New Asia secretary'라고 붙어 있고 'Welcome to India, Welcome New Asia secretary'라고 되어 있었어요. 좌장이 대법관 출신인데 기독교인인 것 같아요.

인도 사람들은 술을 안 마시고 라임 주스를 마셔요. "자, 우리 앉읍시다." 하면서 좌장이 말하는데 내 의자 앞 테이블에만 포크와 나이프가 있고 그들 자리에는 바나나 잎사귀가 하나씩 있어서 이상했어요. 내 앞에는 왜 잎사귀가 없고 접시가 있을까 뭔가 이상하다 생각했어요. 순간적으로 숟가락과 젓가락이 아닌 바에야 포크와 나이프도 우리 것이 아니란 생각이 들어서 심부름하는 사람을 불러서 포크와 나이프 대신 바나나 잎사귀를 달라고 했더니 가져다주더라고요. 그 모습을 한 200명이 보고 있어요. 밥 푸는 종업원이 바나나 잎에 밥을 퍼주니까 전부 오른손으로 착착 돌려서 밥을 동그랗게 말아서 먹더라고요. 왼손은 안 쓰고. 그걸 보면서 나도 똑같이 먹었어요. 맛있고 재미가 있었어요. 그렇게 모든 순서가 다 끝났는데, 인도 사람들이 아무 이야기도 안 해요. 좀 이상하잖아요? 그런데 그것이 나중에 나에 대한 평가와 연결이 되더라고요.

인도에서의 환영 행사.

정근식 200명이나 모여서 환영하는 자리에서 무엇인가 논의한 의제가 있었을 것 같은데 그것이 뭐예요?

박경서 의제가 웰커밍 파티이고, 내가 앞으로 아시아에 대한 사업을 어떻게 하겠다는 것을 말하는 자리였어요. 내가 "이제 막 부임했으니 앞으로 여러분들이 많이 가르쳐주십시오. 인도가 처음이라 모르는 것이 많으니 협조 부탁합니다."라고 말했지요.

내가 18년 근무한 국제기구에서는 직원들을 평가하는 제도가 있는데, 책임자급들은 매 3년마다 고과 평가를 해서 임기 연장 여부를 결정해요. 나는 18년 동안 일을 했으니 다섯 번 평가를 받은 셈인데, 나에 대한 평가는 상당히 원활하게 진행되었어요. 내가 특별히 잘한 것도 없는데 임기가 연장되어 늘 이상하다고 생각했는데, 그 이유를 알게 된 것은 18년 근무를 마치고 한국에 귀국할 때였어요.

김대중 대통령이 나에게 귀국하라고 종용하면서, 대한민국 인권대사로 임명한다고 해서 WCC에 사표를 내니까, 동료들이 내 환송 파티를 거창하게 해주는 거예요. 같이 일했던 다른 국제기구들의 동료들도 와서 작별 인사를 했어요. 그때 ILO 국장 한 분이 말하기를 "내가 18년 전에 당신을 뉴델리에서 봤어요. 그때는 내가 대학 강사였는데 지금은 ILO에 와서 책임자 중 한 사람이 되었습니다. 당신이 그때 손으로 밥을 먹는 모습을 보고 우리 모두가 좋은 인상을 갖게 되었고 당신에게 반했어요. 한국, 일본, 홍콩에서 온 대부분의 인사들은 식사할 때 포크와 나이프가 없냐고 소리치는데 당신은 예외였지요. 처음부터 당신은 우리 편이었어요."라고 하더라고요. 그러면서 아시아 담당 책임자에 대한 평가를 받게 되면 우리는 늘 당신에게 A+를 줬다고 말했어요. 내가 그때 또 배운 것이 있지요. 국제기구의 책임자들은 이렇게 평가를 받으면서 일을 해나가는 거라는 점, 그리고 원조를 주는 국제기구에서 일하는 사람들은 현지인들의 문화를 수용하는 자세가 중요하다는 점을 배웠어요. 또 인도 사람들이 자기 문화에 대한 긍지가 크다는 것도 잘 알게 된 셈이지요.

최초의 인도 방문을 마치고 제네바로 돌아온 후 얼마 있다가 인도에 대한 지원이 이루어졌어요. 인도 안드라프라데시 주의 '내일을 위한 물(Water for Tomorrow)' 프로젝트가 대표적인 사업입니다.

그와 유사한 것이 중국 허베이성 우이현의 지역사회 개발 프로젝트였는데, 이것은 유엔개발계획(UNDP)이 WCC와 함께 댐과 우물을 만드는 작업이었지요. 그 일로 인하여 등소평 시절 내가 명예 현민이 된 일도 있습니다. 2012년에 30년 만에 중국 우이현 현장(县长)의 초청을 받고 그곳을 다시 방문하여 극진한 환영을 받고 돌아왔어요. 다음 기회에 스리랑카의 평화 프로젝트나 베트남, 캄보디아 등지에서 했던 굵직굵직한 프로젝트 경험을 구술하겠습니다.

정근식 인도에서 했던 프로젝트는 WCC의 역사 기록으로 남아 있나요?

박경서 WCC에서는 대체로 5년이 지나면 자료를 폐기하기 때문에 아마도 남아 있지 않을 거예요. 인도와 관련하여 한 가지 재미있는 에피소드를 말씀드리면, 우리나라 외교부와 국가인권위원회에서 매 5년 주기로 수상하는 UN 인권상이 있는데, 세계 6개 대륙에서 활동하는 활동가를 한 명씩 선정하여 줍니다. 이런 심사가 3년 전에 있었는데, 우리나라 정부에서 나를 추천하여 최종 후보 2인 중 한 명에 포함되었을 때, 나는 이 상을 인도의 젊은 여성 운동가에게 기쁘게 양보했습니다.

정근식 네, 그러셨군요. 1982년 인도 방문 후에 또 다른 나라를 방문했나요?

박경서 내가 인도 다음에 방문한 곳이 방글라데시예요. 1983년에 방글라데시를 방문했습니다. 방글라데시는 영국이 인도를 점령했을 때는 한 나라였다가 나중에 파키스탄으로 독립하였지요. 네루가 제2차 세계대전의 종식을 예견하면서 '힌두와 무슬림은 이제 공존하지 않아도 된다'는 생각을 가졌어요. 그래서 제2차 세계대전이 끝나자 1945년 9월 인도가 독립을 하고, 동시에 인도의 무슬림 세력이 파키스탄이라는 이름으로 떨어져 나와요. 힌두교를 믿는 인도를 사이에 두고 파키스탄은 동쪽과 서쪽에 영토를 가지고

인도 지하수 개발 사업인 '내일을 위한 물(Water for Tomorrow)' 프로젝트.

있었는데, 1971년 3월에 큰 전쟁을 시작했고, 결국은 동파키스탄이 다시 따로 떨어져 나와 방글라데시라는 나라가 되었어요. 그런데 '치타공힐트랙'이라는 방글라데시 동남부에 가면 버마나 몽골족들과 비슷한 사람들이 살고 있어요. 그 사람들은 지금도 방글라데시로부터 독립하려고 하고 있어요.

이 나라는 5월부터 시작하는 몬순에 의해서 비가 오는데 비가 오기 시작하면 그 피해가 엄청나요. 그래서 UN은 방글라데시의 홍수 예방 사업을 중시했는데, 몬순의 방향을 측정하면 홍수를 예방할 수 있겠다고 생각해서 UNDP가 중심이 되어 큰 프로젝트를 만들어요. 하지만 도저히 예측을 할 수가 없어서 그 프로젝트가 실패했어요. 갠지스 강에서부터 시작하는 몬순이 오면 무지무지한 비가 쏟아지는데, 매년 방향 예측을 못하니 예방은 고사하고 모든 물줄기가 나라 곳곳으로 범람하여 매년 큰 인명 피해를 낳는 거예요.

내가 1983년 홍수 때 현장에 가서 놀란 것은 홍수의 규모입니다. 홍수가 나면 모든 강이 범람해서 사람들 사는 집을 다 덮어버려요. 주민들은 피난도 제대로 가지 못해요. 약간 더 높은 지대에 올라가서 엄마들이 아이들에게 젖을 먹이면 뱀이 아이들을 공격해서 물어가고 그러면 엄마들이 찾으러 가다가 죽는 광경도 봤어요. 한국 사람들은 볼 수도, 상상할 수도 없는 광경이었죠. 그때 내가 대단한 쇼크를 받았어요.

그래서 방글라데시 사람들이 원하는 긴급 피난처(emergency shelter)를 지어줘야겠다고 생각했어요. 이를 '긴급 피난처의 오두막'이라고 하는데, 그것은 10m 이상의 높은 기둥을 네 개 세워서 그 위에 집을 짓는 거예요. 거기에 사다리를 놔두면 홍수가 나서 범람할 때 사람들이 그것을 타고 올라가요. 한 동네 사람들이 다 들어가 일정 기간 생활이 가능하도록 하는 거죠. 당시에 하나를 짓는 데 10만 불 들었는데, 지금 돈으로 환산하면 100만 불 정도 되지요. UN, WCC, 적십자사, 바티칸이 그런 긴급 피난처를 여러 개 지어줬어요. 또 홍수가 났을 때 피난민이 일주일 내지 10일간 먹을 쌀을 저장해두고, 주민들 수백 명이 그 속에서 밥을 해 먹을 수 있도록 긴급 구호식량(Emergency Food Aid)도 만들어놓지요. 이런 다목적 지역사회 개발(Comprehensive Community Development) 프로그램을 방글라데시에서 했어요.

정근식 방글라데시는 자연재해로 시달릴 뿐 아니라 종교적인 요인도 크게 작용하여 세계적으로 가장 빈곤한 국가로 남아 있는데, 최근에는 상당한 규모로 공업화가 시작되지 않았나요?

박경서 내 친구 중에서 치타공힐트랙 출신으로 미국 밴더빌트 대학에서 경제학 박사 학위를 받은 무하마드 유누스 박사라는 사람이 있는데, 이분이 2006년 노벨평화상을 받았지요. 그가 이화여대를 방문했을 때 이렇게 말했어요. "경서, 2020년에는 방글라데시에서 '가난'이라는 것은 박물관에서나 찾아야 할 거야."라고요. 내가 "그럼 그래야지."라고 대답했지만, 글쎄 과연 그것이 될까요? 아직은

방글라데시 원조처 책임자들과 함께.

어렵다고 생각해요.

　방글라데시는 무슬림 국가이기 때문에 금요일에 쉬고 토요일과 일요일에 일을 해요. 방글라데시는 지금도 하시나라는 여자가 수상이지요. 그런데 민주주의가 아니라 독재예요. 파키스탄하고 전쟁을 해서 독립한 이후에 지금까지 한 번도 독재에서 탈피하지 못했어요. 그 나라는 처음부터 가난했던 데다 홍수가 계속 터지고 정치적으로도 부패해서, 아시아에서 네팔 다음으로 가난한 나라예요.

　정근식　여기서 잠깐 미얀마 얘기를 해보지요. 선생님은 미얀마 민주화 운동 그룹이 한국에 와서 활동하는 것에도 관심을 많이 보여주셨는데, 미얀마의 민주화 이후에도 소수민족이 차별을 받습니까?

　박경서　미얀마에는 여덟 개의 종족들이 있잖아요. 버마족이 그중에서 70%를 차지하고 그다음이 카렌, 카친, 루, 와족 등등 여덟 개인데 아웅산 수지 여사는 버마족이에요. 민주화와 군부 독재 종식도 중요하고 여덟 개 종족이 평화 공존하는 것도 중요하지요. 종족 갈등은 아주 예민하고 어려운 문제예요. 최근 UN 미얀마 인권 특별보고관인 이양희 교수가 '미얀마는 이슬람 소수민족 로힝야족(Rhohingya) 차별을 철폐하라'고 주장하자 미얀마 불교 세력들이 창녀라고 비하 발언을 해 UN이 분노하는 일이 있었어요. 이 소수민족에게 여권을 주지 않고 학살을 하는데 아웅산 수지 여사는 왜 가만히 보고만 있느냐 비난하고, 국제사회는 수지 여사가 무슨 인권의 화신이냐고 공분하고 있어요.

정근식 앞에서 잠깐 중국을 언급하셨는데 이제 WCC의 중국에 대한 사업을 소개해주시지요.

박경서 내가 중국에 최초로 공무 출장을 간 것이 1982년 10월이에요. 그때 베이징을 갔어요. 등소평 국가 주석이 공식적으로 개방 정책을 시작한 게 1979년 1월이니까, 이 개방 정책 시행 후 3년째 되는 해였어요. 이때의 중국은 먼지, 자전거, 그리고 폐허라는 말로 표현되었어요. 이것이 중국에 대한 나의 인상이에요.

모든 국민이 국방색 아니면 회색 옷을 입고 있어요. 그리고 모든 국민이 자전거를 타요. 자동차는 아주 가끔 당원들이나 높은 사람들이 타고 가는 것밖에 없어요. 아침에 일어나 거리를 보면 온 중국이 자전거로 덮여 있어요. 나는 지금도 궁금한 것이 자전거의 나라라고 할 만큼 많던 그 자전거들이 다 어디 갔나 하는 거예요. 당시 서구에서도 자전거 붐이 일었어요. 내가 중국에서 자전거를 보고 왔다고 하면 많은 서구 사람들이 '중국이 발달한 나라구나' 이래요. 중국에서는 자전거가 국민들의 유일무이한 교통수단이기 때문에 자전거 천지라는 걸 서구 사람들은 모르는 거지요. 서구에서는 자동차 매연이 싫어서 자전거를 타는데, 중국에서는 사람들이 이미 자전거를 타고 있다니까 굉장하게 본 거지요.

내가 중국에서 이상하게 생각한 것은 중국 공산당이 교회 관계자를 만나지 못하게 하는 것이었습니다. WCC에 근무하는 나는 교회 관계자를 만나야 하는데 만나게 해주지 않아요. 중국 공산주의는 유럽 공산주의와는 좀 달라요. 그동안 중국에 출장 갔던 기억을 더듬어보면, 1982년의 중국의 이미지는 현재의 북한이나 1989년의 소련의 이미지처럼 다양한 색깔이 없이 모든 것이 한 가지 색깔로 덮여 있다는 것입니다. 당에서 먼저 한 가지 프로그램을 시행해보고 자기들에게 이익이 된다고 생각되면, 그다음에 갔을 때 다음 프로그램을 보여주고 하는 식이지요.

1982년 출장 갔을 때 중국 공산당에서는 "중국이 언젠가 당신에게 원조가 필요하다고 이야기를 할 수도 있겠지만 현재는 아니다."라고 해요. 처음부터 노골적으로 원조를 해달라고 하는 것이 아니라 오히려 자기들이 전 세계의 못사는 나라에게 원조를 준다고 말해요. 그 말에 코웃음이 나왔던 게 사실이에요. 중국이나 북한이 아프리카 몇 나라들을 도와주었는데, 이는 대체로 자신의 동맹국에게 자국의 영향력을 과시하기 위한 것이었고, 피원조국 스스로 개발 능력을 기를 수 있도록 하는 방식이 아니었기 때문에 거부감이 있었어요. 예를 들면 보츠와나 가보로네에 가면 북한이 지어놓은 김일성 동상이 있어요. 중국도 아프리카와 아시아에 가끔 물품을 주거나 동상, 스타디움 등을 지어주는 경우가 많았는데, 이런 것들은 대체로 자국을 과시하기 위한 것이었어요.

진짜 중국 교회의 면모를 본 것은 이듬해인 1983년 5월에 두 번째 출장 갔을 때예요. 그때는 중국 경제무역부에 속한 사람들이 안내를 했어요. 경제무역부 부부장이란 사람이 차관급인데, 공산주의 세계에서는 차관급이 당에서 파견한 인물이어서 실세지요. 그 부부장이 그해 3월에 제네바에서 WCC 아시아 국장을 만나자고 해서 만났고, 나를 초청해서 5월에 중국으로 출장을 가게 된 거였어요.

그즈음 중국은 등소평의 개방 정책을 등에 업고 모든 국제기구에서 대만을 쫓아내고 있었어요. '하나의 중국 정책(One China Policy)'의 일환으로 대만은 물론 마카오까지도 포함한 전체 중국을 자신들이 대표한다고 했지요. 1970년대 초반에 UN에서 대만 대신 중국이 자리를 차지한 후, 제네바에서도 가장 좋은 위치에 커다란 중국대사관을 열었어요. 중국의 국민들은 당시에 가난하였지만 나라가 크기 때문에 국가는 돈을 많이 가지고 있지요. 지금도 마찬가지입니다.

아무튼 경제무역부 부부장이 제네바에 와서는 정식으로 나를 초대하고 싶다고 해요. 그래서 내가 "아시다시피 WCC는 세계교회협의회이므로, 중국에 간다면 중국의 교회를 직접 봐야 합니다." 했더니, "알겠습니다. 저희들이 준비하겠습니다. 경제무역부가 프로그램을 짜게 해주십시오."라고 말해요.

당시 중국 교회에서 '3자 운동'이라는 것이 있었습니다. 첫째가 자전(Self-propagating, 自傳), 둘째가 자조(Self-supporting, 自助), 셋째가 자치(Self-governing, 自治)예요. 이 운동을 하는 사람들이 당원이에요. 그 사람들이 교회를 통제하는 거예요.

정근식 1980년대 개혁 개방 이후에 나온 새로운 슬로건인가 보네요.

박경서 그런 것 같아요. 당시 중국 교회 최고 지도자가 전 세계적으로 유명한 팅 주교, 한국말로는 정광훈 주교예요. 이분이 지금으로부터 3년 전에 102세의 나이로 세상을 떠났어요. 이분은 등소평과 친한 친구인데 문화혁명 때 엄청 고생을 했어요. 이분이 교회 대표이면서 중국 공산당 상임위원회 부위원장이었어요. 1983년 5월에 가서 팅 주교를 만났는데 이분이 타는 자동차가 중국에서 만드는 큰 리무진이에요. 그때 당시 중국이 만든 자동차로, 당원 중에서도 높은 분들만 타는 자동차에 비서를 데리고 다녀요. 교회 우두머리가 아니라 인민위원회 부위원장 자격이에요. 부위원장이 다섯 명인데 그중에 들어가 있어요.

그런데 경제무역부에서 "우리 중국을 좀 도와주십시오." 하는 거예요. 구(丘) 부부장이 말하기를 "중국에는 수없이 많은 현이 있는데 그 현 중에서 제일 가난한 현이 우이현입니다."라고 해요. 우리 발음으로는 무읍현(武邑县)이고, 허베이 성에 있어요.

정근식 아, 우리 발음으로 하북성(河北省)을 말하는 거군요!

박경서 그렇지요. "WCC에서 다목적 지역사회 개발 프로그램

(Comprehensive Community Development)으로 허베이성 우이 현을 잘살게 해주세요. 선생님이 원하시면 저희들이 모시고 가겠습니다." 그래요. 이 사람들이 참 머리가 좋은 것이 의례를 잘합니다. 팅 주교가 나를 환영하는 연회를 큰 호텔에서 주최했어요. 중국은 소수민족이 가는 호텔이 따로 있지요. 민족호텔로 불리는 민슈호텔이 베이징에 있는데, 여기에는 타 민족 게스트들은 들어갈 수 있지만 중국 사람들은 접근할 수가 없고, 호텔에 경비가 서 있어요. 그 호텔에서 팅 주교가 큰 만찬을 열었어요. 그래서 내가 팅 주교에게 "오늘 경무부에서 WCC에 우이현을 도와달라고 요청하는데, 팅 주교의 허락 없이는 돈을 줄 수가 없습니다."라고 이야기했더니 좋아해요. 그러면서 바로 "정부를 먼저 도와주는 것이 우리 교회를 도와주는 겁니다."라고 해요. 그래서 내가 "아, 그럼 교회는 지원이 필요 없습니까?" 하니까 "그건 정부에서 허가를 받아야 하니 천천히 합시다." 하더라고요. 그래서 사실상 1987년부터 중국 교회를 도와준 거예요. 그렇게 사회주의 중국은 천천히 움직이더군요.

정근식 그렇게 해서 1983년 5월에 허베이성 우이현을 가신 거군요.

박경서 일본제 마이크로버스를 타고 가는데, 앞에서는 군인이 호위를 하고 뒤에는 기자, 카메라맨들이 탄 차가 따라왔는데, 베이징에서 우이현까지 6시간 30분이 걸렸어요. 1983년에 그렇게 오래

중국 교회의 최고 지도자인 팅 주교(오른쪽).

걸리던 것이 5년 전(2012년)에 방문했을 때는 4시간이나 단축되어 2시간 30분 만에 갔어요. 그사이에 고속도로를 다 놓았더라고요.

1983년만 해도 중국에 자전거가 많잖아요? 그러니까 맨 앞의 군인차가 자전거들을 비키게 해서 길이 트이면 가고 또 가다 그렇게 하고, 무지무지하게 오래 걸리는 거예요. 오전에 떠나서 저녁 5시에 도착했는데 우이현 게스트하우스에 가보니 그냥 형편없어요. 현에서 현장이 운영하는 최고로 잘하는 게스트하우스라고 하는데, 목욕이란 것은 생각도 못해요. 목욕물이 그다음 날에나 데워진다고 해서 기다리고 그랬어요. 그런 경험들이 나에겐 산교육이 된다고 생각했기에 불편하지만 불평 없이 즐겁게 보냈던 기억이 나네요. 그날 저녁 6시에 나의 환영 만찬을 하는데 앞에 술잔이 네 개가 있어요. 그 가난한 나라에서 맥주, 자기들이 만든 와인, 그리고 무섭게 독한 보드카나 코냑 비슷한 게 하나 있고, 그다음이 물잔, 다 합해서 잔이 네 개 있어요. 그 후에 같은 경험을 베트남, 라오스, 캄보디아, 미얀마, 북한에서 합니다. 사회주의의 외부 손님 접대 형식이지요.

정근식 그 독한 술이 보드카예요, 고량주예요?

박경서 고량주였어요. 나는 술도 많이 못 먹는 사람인데, 이 사람들은 건배하면 항상 잔을 다 비워야 해요. 이것이 나에게는 늘 곤욕이었어요. 술을 많이 못하니까요.

그래서 두 번째로 중국에 갔을 때 하나의 아이디어로, 술을 잘 먹는 캐나다의 내 친구, 나중에 평양에 살게 된 에릭 바인카트너와 같이 갔어요. 아시아국이 국제국에 여비를 보조하는 조건으로 중국에 카메라맨 즉, WCC 기자 역할로 동행을 했지요. 그런데 이 친구가 술을 먹고 나한테 배 아파서 화장실에 가야겠다고 해요. 통역을 불러서 화장실로 안내해주라고 했는데, 자리를 뜬 지 2분도 안 돼서 에릭이 돌아왔어요. 내가 "Are you OK?" 했지요. "경서, 경서 something wrong." 하면서 같이 가보자고 해서 갔더니 20명이 동시에 일을 볼 수 있는 화장실이에요. 칸막이가 없고 구멍만 있어요. "Oh no!!" 하고 에릭을 데리고 나와서 현장한테 말했어요. 대변을 보고 싶은데 다른 사람들이 옆에 있어서 못 눈다 했더니 다시 에릭더러 따라오라 그래요. 그러고는 2~3분 안에 화장실에 있던 사람들을 다 쫓아버렸어요. 그게 당시의 모택동식 공산주의 훈련이었어요. 개인적인 비밀이 없어야 하는 거예요.

내가 또 놀란 것은 시골에 가도 화장실이 없어요. 아무리 가도 없어요. 여기 아무 데서나 싸라고 해요. 남자들은 그게 되는데 내 비서들은 곤란한 거예요. 그래서 내가 지키고 비서들이 소변을 보고 이런 식이었어요. 내가 또 하나 놀란 것은 시골에 가서 화장실에 갔는데 내 옆에 여자가 서서 소변을 보는 거예요. 여잔데 어떻게 서서 볼 수 있는가 했더니 여자들이 잘못 들판에 앉아서 오줌을 누면 독충에 쏘인다고 해서 모택동 주석이 사회주의 훈련시킬 때 여자들도 서서 누라고 한 거예요. 희한한 경험이었지요.

정근식　문화혁명 끝난 지 얼마 안 되니까요. 우리가 2005년에 몽골 갔을 때 버스 타고 오는데 화장실이 없어요. 여자 선생님들이 너무 곤란하잖아요. 우산을 가지고 내려와서 그걸로 가리고 일을 보게 했다니까요.

박경서　그렇지. 그래야 해요. 북한, 베트남, 중국 다 그래요.

정근식　1995년에 우즈베키스탄 초등학교에 갔는데 학교 화장실에 칸막이가 없고, 조그마한 구멍만 있고, 발 디디는 곳만 양쪽으로 표시되어 있었습니다. 그게 빈곤의 결과인지, 유목적 문화의 특성인지, 아니면 사회주의의 결과인지 해석하기 어려웠어요.

박경서　1986년에 내 처가 만리장성을 보고 싶다고 해서 경제무역부의 초대로 같이 갔어요. 위생시설이 호텔은 제법 되어 있지만 다른 데는 그렇지 않았어요. 만리장성 가기 전에 식당에서 밥 먹고 화장실 갔다 온다고 하던 처가 갑자기 얼굴이 하얘져서는 만리장성을 안 본다는 거예요. 화장실에 대변이 잔뜩 널려 있었던 거예요. 옛날에는 그렇게 위생관념이 희박했는데, 지금 중국이 저만한 인구를 가지고 발전한 것은 하나의 기적이에요.

정근식　중국의 발전 속도가 대단하지요. 저도 중국에 늦게 간 편인데, 처음에는 도시나 시골 마을이 석탄으로 진짜 까맸어요. 도로나 공기 모두 그랬는데, 지금은 그런 흔적이 대부분 사라졌지요. 외관과 사람들의 습성이 같은 속도로 개선되는지는 알 수 없지만.

박경서 아무튼 그렇게 우이현에 도착해서 환영을 받고 그다음 날 생활현장을 가봤는데 그들이 제일 원하는 것이 음료수예요. 물이 없어요. 그래서 우물을 파주어야겠다고 생각했는데, 마을 지형상 바위가 많아서 지하수를 파려면 그 바위를 뚫어야 하는 거예요. 그래서 당시 스웨덴의 바위 뚫는 다이아몬드 바늘 굴착기가 성능이 뛰어나 그 우물 파는 기계를 수입하여, 열여덟 개의 지하수 우물을 파주었어요. 인건비가 안 드니까 하나 파는 데 5만 불이 들었었습니다. 인건비가 들면 15만 불일 텐데, 사회주의 사회에서는 인건비가 별로 안 들어요. 그렇게 우물을 파서 물이 콸콸 터져 나오니 주민들이 음료수와 관개수로 그 물을 쓸 수 있게 되는 거예요.

그동안 버려졌던 농토를 쓸 수 있게 되자 그곳에 전부 대추나무를 심었어요. 그리고 대추가 열려 그것을 전부 타 지방에 보급한 지 3년째 되었을 때는 여러 종류의 가축을 길렀어요. 소, 염소, 양, 오리 등을 기르고 마지막에 밍크 사육을 했어요. 그래서 우이현은 제일 못살던 데서 제일 잘사는 농촌마을이 되었어요. 그 덕에 나는 중국 정부로부터 표창을 받고, 등소평 주석한테 훈장도 받았어요. 수정으로 만든 상패에는 두 마리 새가 금과 옥으로 만들어져 있었어요. 중국의 VIP가 된 거지요.

그런 식으로 중국을 많이 도와줬어요. 중국 철도국에 책도 1,000권인가 2,000권 기증했어요. 그리고 드디어 중국에 애덕기금회(爱德基金会, Amity Foundation)라고 교회가 세운 재단이 생기고, 아까 이야기한 팅 주교가 그 이사장을 했어요. 그리고 세계적 기구인 성서공회에서 난징에 성경을 찍을 수 있는 인쇄소, 애덕인쇄소를 세웠죠. 중국이 인구가 많다 보니 인쇄물이 많아요. 애덕인쇄소는 지금도 난징에서 성서는 물론 일반 인쇄물도 찍어내고 있어요.

정근식 굉장하네요. 중국에서 기독교가 다시 소생했군요.

박경서 14억 인구 중에 기독교도인이 1억이 된 것이니 대단하지요.

정근식 그 인구가 공식적인 신도예요? 진짜 하나님을 믿어요?

박경서 영국 성공회가 일찍 중국에 가서 선교했던 것이기 때문에 교회가 막 확장되는 거예요. 중국 애덕기금회에 영어 교사 프로그램이 있어요. 서양에서는 영어를 모국어로 하는 선생님들이 중국이란 나라가 신기한 호기심의 나라니까 돈을 조금 받고 영어를 가르쳐주러 와요. 그렇게 원조를 하도록 하고 장애인 프로그램도 시작하고……

1983년 중국 허베이성 우이현의 지하수 개발 사업.

2012년 현장의 초대로 30년 만에 다시 찾은 우이현.

정근식　등소평 주석의 자녀가 장애인협회 회장이었는데, 거기에도 WCC가 지원했나요?

박경서　그럼요. 나중에는 자기들이 돈 벌어서 했지만, 초창기인 1980년대부터 1995년까지, 중국이 일어서기 전까지는 국제기구들이 도와준 거지요.

정근식　등소평 주석을 직접 만나신 적은 없나요?

박경서　등소평 주석의 표창장을 받았지만 만난 적은 없어요.

정근식　아, 그렇군요. 그런데 중국에서 1995년이 왜 중요한 분기점이 되는 건가요?

박경서　중국이 슬슬 일어서기 시작하는 시점이니까요. 중국 교회의 본부는 상하이에 있어요. 중국 교회에서 신학을 제일 먼저 시작한 곳은 난징이지요. 중국은 포스트 디노미네이션(Post-denomination) 시대라 교파가 없어요. 그냥 하나의 중국 교회예요. 모택동의 혁명과 동시에 교파가 하나도 없는 단일 교파가 되었어요. 장로교, 성결교, 전부 합쳐서 그냥 중국 교회인 거예요.
　중국의 조선족에 관한 이야기를 하고 중국 이야기는 끝내지요. 1985년 베이징에 출장을 갔는데 그날이 일요일이었어요. 베이징

제1교회에서 나를 강단에 앉혀놓고 예배 보는 것을 구경시키면서 신자들에게 소개하는 거예요. 그런데 내가 들었더니 남조선이란 말이 나와요. "남조선의 피아오(박) 선생이 우리 중국에 원조를 많이 줬다."고 말을 해요. 한 3,000명이 모였는데 그 가운데 조선족이 있었나 봐요. 약 300명이 막 박수를 치면서 동시에 일어서서 "만세!"를 외쳐요. 한국말로. 자기들 체면이 섰다는 거지요.

정근식 중국 교회 내에 조선민족주의가 존재하는가요? 아하. 한국인이 주선해서 돈이 들어오니 그들의 어깨가 으쓱한 거지요.

박경서 그걸 보고서, 아하 조선족이구나! 했지요

정근식 그것이 어디 교회예요?

박경서 베이징 제1교회예요. 예배를 다 보고 중국의 목사들이 나를 데리고 나가는데 제일 먼저 다가와서 에워싼 사람들이 우리 조선족이에요. "선생님 잘 왔습네다. 중국 사람들 도와주었으면, 우리도 도와주셔야죠!" 하면서 난리예요. 그래서 내가 그분들에게 "제 호텔이 민슈호텔이니 호텔로 오늘 5시에 대표자 열 명만 오세요."라고 하면서 교회를 나갔어요. 그날 오후 5시 5분에 내가 현관에 가 있었는데, 열세 명이 왔어요. 다 할아버지들이고 그중 젊은 여학생이 한 사람 있어요. 다 들어오라고 했어요. 중국은 호텔 방이

큰데 내 방은 VIP용이라 더 컸어요.

나는 중국이나 베트남 사회주의 국가에 갈 때면 스와치(SWATCH)라는, 스위스에서 생산하는 가격이 싼 시계를 비서한테 말해서 한 30개 정도를 가져가요. WCC 마크가 새겨져 있는 스위스제 시계예요. 그때도 시계를 30개 가져갔는데 방문한 사람이 열세 명이니 충분하다고 속으로 생각하면서 그분들을 자리에 앉게 했어요.

"앉으세요." 하고 내가 말하니까 "아이고, 중국에서 조선말을 다 하네. 다시 한 번 박 선생 위해 박수 치십시다." 하면서 "와!!" 박수를 쳐요. 진정시키고서 "하실 말씀 있으면 하세요." 그랬더니 그 중 나이 든 한 사람이 대표로 일어나서 말을 해요. "박 선생, 우리들은 중국 땅에서 사는 것도 지긋지긋하고 교회 가서 중국말로 설교 듣는 것도 지긋지긋하니 우리 조선족들에게 밥집을 하나 사주세요. 밥집을 사주시면 1층에서는 우리가 식당을 하고 2층에서는 예배를 보고, 3층까지 되는 집을 사주신다면 우리가 거기서 회의를 하겠습니다." 그런 밥집 하나가 2만 불이라면서 사달라는 거예요. 건방진 얘기지만 5만 불 이하는 위원회의 결의 없이 지출할 수 있으니 염려 없겠다 생각하면서 더 할 얘기가 있으면 하라고 했더니, 이번에는 젊은 남자가 나서요. "저희들은 가무를 하는 사람들입니다. 노래와 무용을 하는 사람인데 우리들이 노래를 잘하려면 동독에 가야 합니다. 동독에 다섯 사람이 가서 공부하는 데 2만 불밖에 안 듭니다."라는 거예요. 나는 이것도 아무것도 아니다 생각하고 오케이하려고 막 입을 열려는데, 저 끝에 앉았던 그 젊은 여학생이 고개를 저어요. 안 된다는 표시로요. 왜 그럴까 생각했어요.

정근식 사인을 보낸 거군요. 말은 못하고요.

박경서 그런 거지요. 나는 속으로 이상하다 생각했지만 고개를 젓는 것은 이유가 있겠지 하고 우선 선물 보따리를 풀어서 시계를 하나씩 나누어 주었어요. 그리고 말했지요. "여러분이 아무리 조선족이어도 여러분은 중국의 여권을 가진 중국인 아닙니까. 중국 정부에 먼저 이야기를 하고 오케이를 받은 다음에 저에게 이야기하는 것이 원칙입니다. 나중에 중국의 제1교회 목사를 통해서 알려 드리겠습니다." 하고 악수하고 끝냈어요. 그러고는 그 여학생한테는 30분 후에 다시 오라고 했어요.

30분을 기다리니 여학생이 다시 와요. 들어오라고 해서 방에서 이야기를 했어요. 아까 고개를 왜 저었느냐고 했더니 하는 말이 "저는 랴오닝성에서 태어나 그곳에서 자랐어요. 중학교 졸업을 하고 랴오닝중학에서 공부를 열심히 해서 상하이 푸단대학교 일어학과를 졸업했습니다. 지금은 중국 항공 연락처에서 근무를 하고 있습니다. 제 고향 랴오닝성은 몇십 년 동안 화목하게 살았는데 캐나다 선교사가 들어와서 돈 5,000불을 기증한 일 때문에 마을이 분열되었습니다. 그래서 저는 원조를 안 받아야 한다고 생각합니다. 선생님이 원조를 주면 우리에게 그것은 독약입니다." 그래요.

내가 속으로 '세상에 이런 애가 있나' 그랬어요. 그런데 그 여학생이 "제가 누군지 이것을 읽으십시오." 해요. 여학생이 건넨 글은 일본 중의원 의장 상을 탄 에세이예요. 일본말로 쓴 것을 한국말로도 번역을 해 가지고 왔어요. 내용이 이래요.

"나의 아버지는 내가 태어나기 전 티베트 근방에 유배되어 그곳에서 사셨다. 아버지는 1년에 한 번씩 한 달간의 휴가를 얻어 집에 오셨는데, 기차로 14일이 걸렸고 다시 돌아갈 때 또 14일이 걸렸다. 그러기에 집에 계시는 날은 이틀밖에 되지 않았다. 나는 그 이틀 동안 태어난 우리 집안의 막내다.

내가 상하이 푸단대학에 입학하자 어머니는 아버지께 편지를 보냈고, 아버지도 나에게 답장을 쓰셨다. 그러나 난 이 편지를 우편으로 받아볼 수 없었다. 아버지께서 편지를 부치기 전에 쓰러지셨다는 연락을 받았던 것이다.

나는 소식을 듣고 며칠간의 열차 여행 끝에 아버지께 도착했으나 아버지는 이미 유배지에서 쓸쓸하게 세상을 떠나신 뒤였다. 뒤늦게 도착한 나를 기다리던 아버지의 시신과 그 옆에 놓여 있는 편지 한 통! 그 편지는 단순한 편지가 아니라, 피로 쓴 아버지의 유서였다."

이런 일이 있을 수 있는가 해서 그 여학생을 봤어요. 이름이 뭐냐 물으니 정광자라고 하면서, 증조할아버지 때 심양으로 넘어왔는데 자기 아버지 때부터는 랴오닝성에 살았다고 해요. 그래서 내가 "너는 바라는 게 무엇이냐?" 했더니 "저는 일본 대학원에 가서 일본 말을 더 완전무결하게 하고 싶어요."라는 거예요. 그때는 잘 몰랐는데, 상하이 푸단대학교는 베이징의 칭화대, 베이징대와 함께 중국에서 손에 꼽히는 3대 대학이었어요.

그래서 그 아이의 원을 풀어줘야겠다는 생각에, 베이징에서 구 부부장을 만나는 자리에 광자를 데려갔어요. 광자에게 내 통역을 하라고 시켰지요. 구 부부장에게 "이 학생을 교토에 있는 도시샤대학에 유학 보내려고 하는데, 교토에 내 친구가 있고 내가 보증을 설 테니 부부장 동무께서 허락을 해주십시오." 했어요. 구 부부장이 "염려 마십시오." 하더니 전광석화같이 일을 처리하더라고요.

당시에 사토시 히라타라는 내 친구가 일본 아카데미의 원장이었어요. 광자를 교토에 있는 크리스찬아카데미 하우스에 살게 하고, WCC 장학금을 받기까지 1년 동안은 내 월급에서 용돈과 학비를 댔지요. 광자의 아버지는 돌아가셨고 어머니는 랴오닝중학교 화학 선생이었는데, 그 애를 내가 수양딸로 삼았어요. 나는 아들만 둘이 있어서 우리 아들들이 광자를 "누나! 누나!" 하며 따랐어요.

광자가 일본에 도착하고 몇 개월 후에 천안문 사건이 터졌어요. 천안문 사건 후 5년간은 누구도 중국을 나가지 못했는데, 그런 걸 생각하면 광자는 천우신조의 은혜를 입은 거예요. 광자의 일본 이름은 미치코예요. 미치코는 일어과에서 석사 과정을 마치고 파나소닉 연구위원이 되었는데, 한국 남자와 결혼하고 싶어 했어요. 하지만 당시에는 한국 남자가 공산주의 나라 중국에서 온 사람과 무슨 결혼을 하냐고 그랬어요. 그때만 해도 그런 시절이었지요. 그런데 광자가 일본에 있는 유네스코 트레이닝 프로그램에 갔는데 그곳에서 지금 남편이 광자한테 반했어요. 요시하루라는 녀석인데 광자와 결혼해서 지금은 아들 둘 낳고 아주 행복하게 교토에서 살고 있지요.

결혼 전에 신랑 요시하루가 제네바의 나한테 편지를 써서 "아버지, 저는 광자와 결혼하겠습니다." 해서 내가 허락했지요. 광자 결혼식 날 교토로 가서 신부 아버지 역할을 했는데 일본의 결혼식을 처음 보게 되었어요. 양쪽에서 99쌍을 초대해서 식을 하는 동안은 전화기 모두 끄고 문 닫고 아주 엄숙하고 멋있게 하더라고요. 결혼식에 파나소닉 사장도 오고 일본 사람들도 많이 왔어요.

내가 거기에서 유명한 스피치를 했지요. "이 친구들 세대에는 한국, 중국, 일본의 동북아 평화 공동체가 이루어지길 소망하며, 그 꿈을 젊은이들이 실현할 수 있도록 우리 모두가 협력합시다."라는 나의 축하 말에 파나소닉 사장이 깊이 감동하여 악수를 하고, 찬성 발언을 했어요. 많은 사람들이 박수를 치고 결혼식은 무사히 성스럽게 끝났지요. 그래서 저와 제 처는 미치코 요시하루라는 내 수양딸과 일본 사위의 집에 매년 가을 갑니다. 애들이 초대해서 히라타 목사 부부와 우리 부부가 온천에서 옛날 얘기를 하는 망중한도 보내지요.

하나의 소중한 에피소드예요. 내 수양딸 미치코와 대담하는 형식으로 쓴 《그들도 나처럼 소중하다》라는 책이 교보문고에서 베스

나의 수양딸 미치코.

트셀러가 되었어요.

정근식 아, 그런 소중한 인연도 있었군요. 그날 미치코와 함께 왔던 조선족이 요구한 동독 유학 건은 어떻게 되었나요?

박경서 내가 밥집은 마련해주지 않았지만, 동독에 유학할 수 있도록 장학금은 전달했어요.

정근식 그럼 이제 남아시아 쪽으로 넘어가지요. 이번에 선생님 말씀을 듣다 보니 동파키스탄에서 방글라데시로 독립한 역사가 꽤 복잡하다는 느낌을 받았습니다. 벵골족이 방글라데시에도 있고 인도에도 있어서 일종의 분단 상태에 놓여 있다고 말할 수 있을 것 같은데 설명을 부탁드립니다.

박경서 방글라데시는 그 전에 동파키스탄이었다가 독립한 나라이고, 더 전에는 인도에 속해 있었지요. 앞에서도 한 번 설명했지만, 1947년 인도가 영국으로부터 독립하면서 종교가 다른 무슬림 지역을 따로 분리시켜요. 그것이 바로 동파키스탄과 서파키스탄인데, 이 두 지역은 종교는 이슬람교로 같지만 거리상 무척 멀리 떨어져 있고 언어도 달라요. 동파키스칸은 벵골어로 말하고 서파키스탄은 우르두어를 써요. 종족도 뱅골족하고 우르드족으로 완전 다르지요. 서파키스탄 사람들은 키가 크고 히말라야에서 산 사람들이라

멋있어요. 바티칸의 경호원들이 스위스 사람이듯이, 인도에서는 대부분의 경호원이 시크족이에요. 인디라 간디의 경호원도 시크족이었지요. 이 여성이 수상일 때 시크교를 탄압하고 시크족 사원을 공격, 폐쇄한 사건으로 자신의 경호원인 시크교도에게 암살당한 사건은 유명합니다.

아무튼 동서파키스탄의 경우 종교는 같았지만 인종이 다르고 언어가 달라서, 동파키스탄은 독립하려 하고 서파키스탄은 절대로 독립하면 안 된다 하는 입장이어서 결국 전쟁이 벌어져요. 그 전쟁에서 동파키스탄이 이겨 1971년 방글라데시라는 이름으로 독립합니다.

방글라데시는 무슬림 국가예요. 무슬림 문화를 접해보면 참 평화와 화해가 넘쳐요. 그러니까 이슬람이라는 종교 자체가 문제가 아니라, 모든 종교가 일부 갖고 있는 극단주의 숭배자들이 문제인 거예요. 힌두교, 이슬람교, 기독교에도 극단주의가 있고 불교에도 있어요. 어떻게 하면 소위 근본주의자(Fundamentalist), 광신도(Religious Fanaticker)들을 계몽해서 이 사람들을 과격하지 않게 하느냐 하는 것이 바로 스리랑카나 인도, 방글라데시의 문화 속에서 우리들이 배우는 것이지요.

방글라데시에 카르마족이란 종족이 있어요. 카르마족은 나갈랜드족하고 같아요. 인도의 나갈랜드족과 아삼족이라는 것은 몽골에서 온 종족들이에요. 인도에 가서 "아, 저기 한국 사람이 있네?" 한 적이 있는데, 사실은 전부 인도 사람이에요. 영국이란 나라가 인도 독립 후에 종족 갈등을 해결하지 못한 채 그냥 떠나면서 그 후유증이 전 영국 식민지 지역에서 종족 갈등으로 터져 나오는 겁니다. 아시아건 라틴 아메리카건 중동이건 아프리카건 곳곳에서 그런 일이 벌어지지요.

정근식 인도 내에 몽골족이 있군요!

박경서 영국이 동인도회사를 만들어서 식민정책을 시작했는데, 어떤 인도 지역에서는 200년간, 어떤 데서는 100년간 식민지로 살았지요. 인도 내에는 포르투갈, 스페인의 식민지도 있었어요. 넓은 대륙이잖아요. 그래서 인도를 인도 아대륙(Indian subcontinent)이라고 이야기해요. 제2차 세계대전이 끝나고 영국이 철수하면서 그 지역은 현재의 파키스탄, 방글라데시, 스리랑카, 인디아, 네팔, 브루나이 등으로 분리되지요. 인종이라든지 문화라든지 전통이라든지 하는 것이 모두 다른데, 각자 알아서 하라고 가버린 거예요.

정근식 그렇군요. 이제 대륙의 중심인 인도를 이야기해볼까요?

박경서 인도 하면 종교 이야기부터 나와야겠지요. 인교를 대표하는 종교는 힌두교예요. 그리고 아소카 왕조가 힌두에서 불교를 만들었지요. 인도의 많은 가정에 들어가 보면, 많은 힌두교 동상 중

하나를 붓다(부처)의 동상이 차지하고 가정에서 예불 드리는 것을 많이 볼 수 있어요. 불교가 인도에서 스리랑카로 가서 전성기를 이루지요. 거기에서 미얀마, 네팔로 가고 중국을 거쳐 한국에 와서 고려시대에 불교가 최전성기를 맞는 거 아니에요? 그리고 다시 한국을 거쳐 일본으로 건너가 일본 불교가 되는 거예요.

불교의 원조인 힌두교는 다신교인데, 전생과 윤회를 믿는 종교예요. 모든 사물들은 다 전생에 사람이었다고 믿고, 그중에서 제일 영특한 소를 신성시해요. 내가 출장 갈 때마다 파티에서 이런 농담을 했어요. "너희 나라 소들을 보면서 생각을 하는데 인도 소의 10분의 1만 수출해도 인도는 내일모레 부자가 될 수 있다." 그러면 그 사람들도 웃지요. 인도에 가면 제일 흔히 볼 수 있는 것이 소가 천천히 걸어 다니는 거잖아요. 인도 사람들은 소를 전생의 '나'라고 여겨요.

또 인도에는 아직도 반인권적인 것이 남아 있어요. 예를 들면 결혼할 때 여자가 지참금을 가져가야 하는 다우리(dowry) 시스템과 계급 제도인 카스트제도가 있지요. 아리아인들이 인도를 침략하면서 원주민들을 정복하기 위해서 만든 것이 3,500년 전에 만든 카스트제도와 다우리제도예요. 힌두교라는 종교에 카스트제도를 접합시켜서 사회의 신분을 구분한 거지요. 브라만 성직자, 크샤트리아 기사 귀족, 바이샤 상인 계급, 수드라 농민 계층, 그리고 불가촉천민이란 것이 있어요. 이 천민 계층 중 약 1억 5,000만 명 정도가 달리트(Dalit)예요. 인도에서 이들은 인간이 아니에요. 인간과 짐승 그 사이에 속해 있고, 모든 힘든 일들은 달리트가 다 해요.

내 책에도 나오지만 브라만족의 집에 내가 초대를 받은 적이 있어요. 내가 원조를 주는 책임자니까 집에 초대한 거지요. 당시 마드라스(지금의 첸나이) 경찰청장이라는 사람이 나를 모시고 그 브라만 성직자 집으로 가는 거예요. 그런데 대문 입구에 열일곱 살 정도 먹은 여자애가 사리(Sari)를 입은 채 벌을 서고 있어요. 밖에는 비가 막 오는데 사리가 다 젖었어요. 여름에 입는 사리는 얇잖아요. 비를 맞고 있으니 여자애 몸이 다 보여요. 그래서 내가 경찰청장한데 "This is wrong. Stop." 그랬더니 오히려 말려요.

주인한테 이야기해야겠다 싶어 들어가니 나를 초대한 주인이 "Welcome, Sir." 하고 인사해요. "웰컴 하기 전에 할 이야기가 있다. 밖에 비를 맞고 서 있는 소녀가 있던데 비 안 맞게 해줄 수 없냐." 했더니 "그 아이는 내 와이프의 몸종 다섯 중 한 명인데, 와이프 뒤를 따라가다가 맨발로 와이프의 사리를 밟아서 벌주는 거다."라고 해요. 내가 이제 그만하라고 하니 그제야 벌주는 걸 멈추더라고요.

정근식 몸종이 달리트인 거예요?

박경서 그렇지요. 이 달리트 문제를 제일 먼저 풀려고 시도한 사람이 네루였어요. 네루는 달리트도 인간이니 절대로 차별해서는 안 된다고 헌법으로 금지했어요. 인도는 1948년 헌법에서 모든 사람이 공평하다고 선포했지만, 그럼에도 불구하고 3,500년의 전통을 못 깨는 거예요. 다우리 시스템이란 결혼할 때 신부가 많은 보화를 가져와서 신랑 집에 주는 거잖아요? 세계의 여성 운동가들이 그것을 없애려고 하지만 아직까지도 다우리 시스템이 유지되고 있어요. 시집갈 때 종도 마치 물건처럼 데리고 가요. 이런 카스트제도가 여전히 없어지지 않는 거예요. 달리트 중에 공부 잘하는 애들은 외국에 유학 가서 유명한 박사가 되기도 하고 그래요. 하지만 "그는 달리트입니다." 하면, 인생이 거의 끝나요.

정근식 해외에 나와 있는 인도 사람 중에 달리트도 많아요?

박경서 밖에 나와 있는 달리트가 그리 많지는 않아요. WCC 같은 아주 진보적인 데에도 인도 출신 실무자들이 20명쯤 되었는데 달리트는 한 명도 없었어요. 전부 브라만 출신들이에요. 인도의 양면성을 보았지요. 인도에는 간디 같은 평화주의자들이 있는가 하면 그 이면에는 비인간적인 그런 시스템이 있어요.

인도의 결혼 제도에 여전히 다우리 시스템이 있다는 것이 왜 중요하냐면, 그것 때문에 여성과 남성의 가정 내 평등이 참 어렵기 때문이에요. 여성의 열악한 위치, 남성의 우위 이런 것들이 기독교를 믿는 사람한텐 없다고 하지만 그렇지 않아요. 모택동의 공산주의라는 것이 지난번에 이야기한 대로 봉건주의 위에 접붙여놓은 것이나 다름없고, 북한의 주체사상이 우리 전통 유교문화에 접붙인 것과 같은 것이지요. 중국은 내가 1980년대에 갔을 때는 말도 못하게 가난했어요. 하지만 양극화현상이 극심해서 그야말로 부잣집은 또 말도 못하게 부자예요. 인도는 브라만이 부유층인 거지요.

정근식 인도 사회의 빈부 격차가 너무 심해서 상층에 있는 브라만들은 아주 잘산다는 것이지요? 인도에 대한 원조에서도 이런 측면이 고려되겠지요?

박경서 WCC의 내 책상에서 인도로 가는 돈이 연평균 800만 불에서 1,000만 불이에요. 그게 모두 현금 원조액이에요. 인도 교회 지도자들이 모여서 만든 '카사(CASA, Church's Auxiliary for Social Action)'라는 자선단체가 있는데, 거기에 원금을 보내면 자기들이 알아서 다 나누지요. 그런데 내가 10년간 인도를 원조해주고 절망한 적이 있어요. 한강에 동전 하나 던진 것과 같아요. 인도를 지원한 지 17년이 되었고, 지금은 인도가 사정이 나아져 잘산다고 하니 한 번 가보려고 해요. 조현 인도 대사가 한 번 오라고 하고 있어요.

예전에 비하면 인도가 많이 좋아졌고, 한국인들도 많이 증가했어요. 첸나이에 한국인이 6,000명 있다고 하더라고요. 한국 식당도 많이 생겼고. 내가 다닌 인도는 그때 참 낙후된 점들이 많고 그랬어요. 하지만 또 인도에는 영국이 무시하지 못하는 그들만의 전통이 분명히 있어요.

인도에서 내가 놀란 것은 해일이 많이 난다는 거예요. 인도는 대륙이자 큰 반도예요. 해일이 나면 해안가의 집을 큰 바다 물결이 쓸어버려요. 1983년에 큰 해일이 나서 1,500명이 죽은 곳을 방문한 적이 있어요. 'emergency kit'라고 해서 담요와 먹을 것을 나누어 주죠. 그런데 5일 전에 1,500명이 죽었다고 하는데 그 가족들이 모두 가만히 묵상하고 있어요. 한국 같으면 울음바다가 되었을 텐데, 이 사람들은 어떻게 이럴 수 있는가 놀랐죠.

정근식　일본도 엄청난 재난이 닥쳤을 때, 울음보다는 체념이 컸던 것 아닌가요? 후쿠시마 사태가 터졌을 때의 상황이 떠오릅니다.

박경서　일본과는 좀 다르지요. 이 사람들은 죽음을 비극으로 생각하지 않는 거예요. 힌두의 가르침에 따라 좋은 곳으로 갔고 다 보이지 않는 신이 한 일이기 때문에 우리들이 관여할 바가 아니라는 깊은 철학적 사고가 있어요. 인도 사람들이 이슈를 남 앞에서 표현하는 태도나 이론을 전개하는 힘을 보면 감탄할 때가 많아요. 그들이 가진 철학의 깊이가 대단해요. 그런 이유로 영국이나 미국 사람들이 따라갈 수 없을 정도의 문학 작품을 만들어내는 거예요. 우리나라보다 못산다는 이유로 무시하면 큰 코 다친다는 것을 나는 인도를 비롯한 많은 나라들에서 배워요.

정근식　인도에서 어떤 사업을 했는지 말씀해주세요.

박경서 앞에서 잠깐 언급했던 '내일을 위한 물(Water For Tomorrow)' 프로젝트가 있어요. 인도의 중부 지역에 5년 동안 비가 오지 않았어요. 중부 그 넓은 곳에 물이 거의 없어서 다 죽어가는 거예요. 그때 WCC가 대대적으로 5,000만 불 규모의 '내일을 위한 물' 프로젝트를 시행했어요. 우물이 전부 말라버려서 여인들이 항아리를 이고 물을 길러 다니는 것을 없애겠다는 야심찬 시도였지요.

인도에서 또 한 가지 생각나는 것은 티베트의 달라이 라마 망명 정부를 도와준 일이에요. 인도의 다람살라에 티베트 망명 정부가 있는데, WCC 내에 이 달라이 라마 티베트 망명 정부를 옹호하는 지지자 그룹이 있어요. 그 사람들이 와서 티베트 여성을 위한 학교를 지어달라는 거예요. 티베트 여성들이 망명 정부로 피난 올 때 중국 국경을 넘어야 하는데, 그 과정에서 못된 짓을 많이 당하는 거지요. 그 피해 여성들이 망명 정부에 와서 봉사하며 인간답게 살 수 있는 학교를 지어달라는 요청에 내가 북인도에 가서 그 사람들을 만났어요. 뉴델리에서 자동차를 대절해서 다람살라까지 가는데 바퀴가 두 번이나 펑크가 나서 8시간 만에 갔던 것이 기억이 나요. 달라이 라마는 출타 중이어서 만나지 못하고 그곳 사람들을 만나 이야기를 들었어요. 그러고 나서 그 사람들이 티베트 문화를 배우고 토론할 수 있는 공회당과 학교를 지어주었지요. 훗날 달라이 라마를 독일에서 만났는데 그 점에 대해 진심으로 감사를 표했습니다.

1998년 베스트팔렌조약 350주년 기념식에서 자리를 함께한 달라이 라마(왼쪽).

정근식 피해 여성을 위한 셸터(shelter)네요.

박경서 그렇지요. 티베트식으로 지어놓은, 불교 성전 같은 건물들이 지금도 눈에 아른아른하네요. 전 세계를 돌아다니다 보면 그런 소수민족들의 고뇌를 참 많이 보게 되는데, 과연 인류가 그 문제를 앞으로 어떻게 해결할 것인가, 큰 과제를 안고 있지요!

정근식 정치·종교적 난민 문제가 국가 간 충돌로 인해 갈수록 심각해지는 것으로 보입니다. 쉽게 해결되지 않는 빈곤 문제가 정치·종교적 문제와 얽혀 있는데 인도와 스리랑카, 방글라데시의 관계가 미묘하지요?

박경서 그래요. 내가 외국에 처음 나가본 게 1967년 유학을 떠날 때였어요. 그때 외국 가는 한국 사람이 가져갈 수 있는 외화 액수는 20불이 고작이었어요. 당시 20불은 지금의 가치로 환산하면 100불 정도 되겠지만 은행에서 바꿀 수 있는 돈이 그거였어요.

1969년 8월에 싱가포르에서 열린 '아시아의 미래 지도자들 회의'에 갔는데 돈을 제일 많이 가지고 나오는 나라가 홍콩이에요. 싱가포르는 그때부터도 잘살았는데 홍콩, 싱가포르, 중국 계통의 참가자들을 제외하면 미얀마하고 실론에서 오는 참가자들이 형편이 나았어요. 지금은 스리랑카지만 그때 이름은 실론이었어요. 제법 잘살았어요. 100불짜리를 서너 장 가지고 있으면 '야, 이런 나라도 있구나' 했어요.

스리랑카와 인도의 관계에 대해서는 스리랑카 사람들 사이에서도 찬반양론이 있어요. 스리랑카가 인도의 일부였는지 아닌지 의견이 갈라져 있지요. 미얀마는 영국과 인도 두 나라를 제2차 세계대전이 끝날 때까지 상전으로 모셨잖아요? 그것처럼 스리랑카도 영국과 인도 두 나라의 지배를 받은 것 아니냐 하는데, 스리랑카 사람들은 '우리는 두 개의 식민지 종주국을 모시지 않았다'고 주장하지요.

정근식   스리랑카 사람들은 우리는 인도의 일부였던 적이 없으며, 우리는 왕국이었고 독립국이었다고 주장하는 거지요.

박경서   맞아요. 하지만 스리랑카의 인종 갈등은 영국 사람들이 만든 거예요. 오늘날의 스리랑카 문제도 인도에서 온 타밀족과 원주민인 싱할리족과의 종족 갈등이잖아요. 영국인들이 식민지 지배를 위해 인도의 타밀족을 실론에 데려가요. 영국인들이 '동양의 진주'라고 했던 실론이라는 데에 가서 차를 먹어보았더니 너무 맛이 좋아서 이를 대규모로 재배하기 시작했어요. 실론의 기후가 녹차 산지인 보성 지역처럼 차 재배에 딱 맞는 거예요. 그런데 실론의 원주민 싱할리족은 좀 게을러요. 그래서 영국 사람들이 인도에 살고 있는 부지런한 타밀족들을 200년 전에 대규모로 차 재배 노동자로 데리고 온 거예요. 그러고는 원주민과 타밀족을 '분리해서 통치(Divide and Rule)'했어요.

"야. 타밀족 너희들 정말 똑똑하다. 언젠가는 너희에게 이 땅을 인계해줄게."라고 약속했고, 원주민인 싱할리족에게는 "타밀족은 우리가 잠깐 데려다 쓰는 거야. 너희들이 여기의 주인이야."라는 식으로 분리해서 통치한 거예요. 그러고는 영국이 떠나자 타밀족들이 독립하겠다고 하면서 갈등이 생긴 거예요. 현재의 스리랑카 문제가 이런 식민 지배의 유산이듯이, 파키스탄과 방글라데시도 여전히 사이가 좋지 않지요.

제2차 세계대전이 끝나고 영국이 철수하자마자 원주민 싱할리족이 통치하지요. 그래서 나라 이름도 스리랑카라고 싱할리어로 바꾸지요. 그러면서 정치 세력화한 원주민들이 타밀족을 향해 "너희들은 영국 사람들을 등에 업고 우리들이 누려야 할 부를 착취했으니 스리랑카에서 나가라."고 요구해요. 모든 학교에서 싱할리족 언어만 쓰게 해서 타밀족 아이들은 학교 가서 배울 수 없게 만들고, 타밀족의 모든 부와 재산을 환수하는 거예요.

타밀족이 제일 많이 살고 있는 곳이 수도 콜롬보 북쪽의 자프나(Jaffna)라는 곳이에요. 이곳을 중심으로 해서 타밀족은 '타밀엘람해방호랑이(LTTE, Liberation Tigers of Tamil Eelam)'라는 반군 조직을 만들어 대항하지요. 타밀 독립 부대인 거예요. 자기들은 싱할리족에게서 자유를 찾아야겠다고 해서 'Freedom Fighter'라고 주장하지요. 몇 대에 걸쳐 뿌리내리고 살아온 타밀족을 싱할리족들이 내쫓으려 하자 자신들을 지키기 위해 무기를 들 수밖에 없었던 거예요.

1983년에 싱할리족들이 타밀족들의 재산을 탈취하기 시작하고 폭동을 일으켜 내란이 터지지요. 왜냐하면 부지런한 타밀족이 상권을 가지고 있는데 탈취해버리니까 문제가 크게 생기는 것이지요. 처음에는 WCC가 'Freedom Fighter'라는 타밀 단체에 원조를 주었어요. 소수민족이 자유를 위해 싸우려면 연대(solidarity)를 해야 하지 않겠냐고 해서 그런 거지요. 그런데 코너에 몰리니까 민간인을 학살한다거나 납치하는 등 도가 지나친 면도 있고, 해방군이 아니라 게릴라가 되어버리는 거예요. 그래서 국제기구들이 원조를 끊어버렸어요.

그러자 타밀족의 선조라 할 수 있는 인도 사람들이 들고 일어서는 거예요. UN에서 결국은 1980년대 중반부터 유엔평화유지군(PKO)으로 3,000명의 인도 군인들을 스리랑카에 주둔시켜요. 하지만 종족 갈등을 해소하지는 못했습니다. 그래서 앞서 말한 LTTE가 무력으로 싸워서 스리랑카 독립군을 물리치고 자프나를 중심으로 해방구를 만들지요. 그러고는 그곳을 자기 나라라고 선포해요. 그곳은 콜롬보에서 점령을 못하는 거예요.

정근식 타밀족 해방국 같은 거지요.

박경서 내가 콜롬보에 가서 싱할리족의 국방부 장관한테 "헬리콥터를 내다오. 헬리콥터를 타고 자프나 상공에서 어떤 식으로 독립을 유지하고 있는지 시찰하겠다. 싱할리족을 믿으니 항공 시찰을 할 수 있도록 해달라."고 했더니 "우리는 당신 목숨을 보장할 수 없다."는 거예요. 자기들이 쏴서 죽여버릴 수도 있으니까. 결국은 장고 끝에 헬리콥터 타고 가는 것을 포기했어요.

이 LTTE 해외 본부가 네덜란드에 있어요. 네덜란드 사람들도 옛날 독일에서 많이 당했기 때문에 소수민족들의 독립을 생각해요. 위트레흐트 본부에 가서 타밀 독립군의 제일 우두머리를 만난 적도 있어요. 그 자리에서 "너희들은 왜 민간인까지 죽이느냐? 그러니까 국제기구가 원조할 수도 도와줄 수도 없다. 민간인 인질 학살을 중단하라."고 요청도 했으나 실효성은 의문이었어요. 지금은 싱할리족들이 스리랑카를 평온하게 유지하고 있다고 하는데 그건 아닌 것 같아요. 싱할리족들이 무기를 첨예하게 무장해서 공격을 잘하기 때문이지요. 스리랑카 정부가 타밀 반군과 민간인을 무차별 공격하자 LTTE 총사령관이 타밀족 다 죽는다고 백기를 들었을 정도였으니까요.

국제기구에 있으면 소수민족의 권익을 위한 싸움과 관련한 많은 사람들이 찾아와요. 독립군을 도와달라는 군인들이지요. 아리안족들은 인도의 코 큰 사람들에게서 독립하기 위해 지금도 정글에서 싸우고 있어요. 아삼(Assam) 주, 나갈랜드(Nagaland) 주 이런데가 인도에서 소수민족의 독립을 위해 정글에서 싸우고 있는 곳이지요. 방글라데시의 카르마족도 정글에서 싸우고 있는데 진압이 되어가고 있어요.

정근식 영국 식민 세력이 인도 아대륙(Indian subcontinent)이라고 이름 붙인 나라 중에 마지막으로 파키스탄이 있지요. 파키스탄 이야기를 해보시지요.

박경서 파키스탄은 우리가 잘 아는 대로 무슬림 국가이고, 북으로 아프가니스탄과 접해 있어요. 파키스탄 북쪽의 도시 페샤와르에는 아프가니스탄에서 피난 온 사람들의 난민촌이 있는데, UN이 관장하고 있어요. 나는 두 번에 걸쳐서 이 난민촌을 방문해 수많은 아프가니스탄 난민들의 구제 활동에 참여한 바 있습니다.

여기서 잠깐 아프가니스탄 이야기를 좀 해야 할 것 같네요. 아프가니스탄은 우리가 잘 아는 대로 미소 냉전시기에 미국이 탈레반을 부추겨 소련에 대항하도록 했지요. 그러다가 1979년에 소련의 탱크가 들어오고 미국이 탈레반과의 결별을 선언하자, 탈레반은 미국에 배신감을 느껴 내부 반란 세력으로 둔갑했지요. 그들은 파키스탄과의 접경 지역에 탈레반 해방군 진지를 만들고 그곳에서 미국에 대항할 수 있는 세력들을 훈련하고 있었습니다.

나는 1985년에 파키스탄 페샤와르의 난민촌을 방문했어요. 그곳의 파키스탄 지도자들이 탈레반이 훈련하고 있는 진지를 보지 않겠냐고 해서, 걸어서 국경을 넘어 아프가니스탄 접경지에 있는 탈레반 진지를 구경한 적이 있어요. 탈레반은 그곳에서 언젠가는 미국을 공격해 자기들이 배신당한 분노를 삭이려고 노력하고 있었어요. 거기서 한 장군을 만났는데, 그는 "우리는 미국을 위해 많이 희생했는데 미국이 우리를 버렸다."고 분명히 이야기하더라고요.

파키스탄을 가보면 어느 곳에 가든지 아침에 무슬림의 예불 소리가 큰 확성기를 타고 사방에서 들려와요. 외국 사람들에게는 퍽 낯선 광경이에요. 어디를 가나 아침 예불이 6시 30분 또는 7시에 확성기를 타고 온 사방에서 터져 나오니 모닝 콜이 필요가 없는 셈이지요. 이것은 한편으로는 이슬람교를 일반인들에게 선교한다고도 볼 수 있어요.

정근식 선교라고 생각하지 못했는데, 그렇게 볼 수도 있겠네요.

박경서 파키스탄이 갖고 있는 문제가 있는데 그게 바로 신성모독법(Blasphemy)이에요. UN이나 국제기구에서는 파키스탄이 지금도 이 법을 실천하고 있는 것에 대해 많은 의문을 가지고 있어요. 이것은 반인권적인 법이에요. 이슬람을 믿지 않는, 다른 종교를 가진 파키스탄 사람이나 외국인이 알라신을 폄하하거나 실수로 조금만 잘못해도 신성모독법에 근거를 둬서 심하면 사형까지 시켜버려요. UN 인권이사회에서는 이 법을 없애라고 하는데 아직도 이슬람 근본주의자들은 이 법을 고수하면서 반인권적인 행위를 자행하고 있어요.

내가 인권대사로 근무하던 2003년 강남의 샘물교회를 중심으로 해서 약 1,500명이 파키스탄과 아프카니스탄의 무슬림에게 기독교 선교를 하겠다고 나선 적이 있어요. 그래서 당시 외교부 영사교민 국장과 내가 그 대표를 만났지요. 파키스탄, 아프카니스탄은 종족 갈등이 심한 국가로 전시 상태에 준하는 곳이라 위험하니 가지 말라고 말렸지만, 순교까지 각오한다면서 가겠다고 우기는 거예요. 그러면서 결국 약 100명이 숨어서 무슬림 국가에 갔어요.

아프가니스탄은 아시다시피 미소 냉전이 첨예하게 대립한 곳이고 종족 갈등이 심한 곳이기 때문에 사실 치안이 확보되어 있지 않아요. 그런데 한국 기독교 선교단들 중 열네 명이 탈레반 지역에 잠입했다가 그날 밤 탈레반에게 체포가 되었지요.

정근식 그때 한국이 아주 난리가 나고 충격도 크게 받았던 기억이 납니다. 그때부터 한국의 저돌적인 이슬람권 선교가 조금은 신중해지기 시작한 것 같아요.

박경서 열네 명 중에서 두 사람은 총살을 당했고 나머지, 특히 여성들이 도저히 상상할 수 없을 정도의 반인륜적인 범죄의 대상이 되었어요. 그때 한국 정부는 어떻게 해서든지 국제적십자사를 중간에 내세워서 석방을 위해 많이 노력했어요. 당시 한국에는 아프가니스탄 언어를 하는 사람이 없었지만, 국정원에서 일하던 간부 한 사람이 이란에서 일하는 5년 동안 이란어를 완전히 습득했기 때문에 아프가니스탄 언어와 이란어는 상당히 비슷하므로 그 사람이 통역해서 결국은 10여 명이 석방된 적이 있어요. 지금도 내 기억에는 그때 당시가 눈에 선해요.

정근식　네, 많은 국민들이 그럴 겁니다. 그런데 파키스탄은 인도와도 분쟁이 끊이지 않는 나라 아닌가요?

박경서　파키스탄은 인도와의 접경지인 히말라야 지역, 즉 카슈미르 지역의 평화 문제가 굉장히 중요하게 대두되어 있는 나라이지요. 왜냐하면 제2차 세계대전 이후에 이슬람 세력이 인도에서 분리 독립했지만, 주민들 대부분이 무슬림인 카슈미르는 파키스탄이 아닌 인도에 남으면서 계속해서 분쟁이 일어나고 있어요. 지금도 파키스탄과 인도가 평화를 위해 많은 노력을 하고 있지만 온전한 평화는 정착되어 있지 않습니다. UN은 원자탄을 가지고 있는 이 두 나라의 평화를 위해 평화유지군을 파견했으나 큰 성과를 보지 못하고 있어요.

파키스탄은 '선군정치'를 하고 있는 나라예요. 그렇기 때문에 육군사관학교를 졸업해서 군인 장교가 되면 최고의 엘리트로 출세가도를 달리게 되어 있어요. 이런 선군정치, 이슬람 근본주의자들의 테러, 인도와의 카슈미르 국경 분쟁 문제 등등 전반적인 평화와 화해의 문제가 파키스탄이 앞으로 풀어야 할 큰 과제인 셈이지요.

정근식　네. 그러면 버마, 지금의 미얀마에 대해 말씀해주세요.

박경서　미얀마는 제2차 세계대전 이후인 1948년 독립한 나라로, 인구는 약 4,000만이에요. 우리도 알다시피 옥, 루비 같은 보석들이 많이 매장되어 있고 천연가스, 오일 등 지하자원도 많은 나라인데 1962년부터 시작된 군부 독재가 불과 2년 전까지도 이 나라를 지배하고 있었어요. 나는 미얀마를 여러 번 여행하고 미얀마 NCC에 많은 원조도 주었어요. 그리고 그곳에서 군부 독재에 항거하는 아웅산 수지 여사를 만나기 위해 1988년부터 많은 노력을 했지요.

미얀마에는 여러 개 종족이 혼재해 있는데, 그중에서 특히 카렌족과 카친족은 독립을 요구하면서 70%를 차지하고 있는 버마족 지배 세력에 항거를 하고 제2차 세계대전 이후 줄곧 독립을 위해 투쟁하고 있어요. 태국하고 미얀마 국경 사이에 카렌족과 카친족 독립군들이 산재해 활동하고 있지요. UN은 이 사람들을 UN이 인정하는 난민으로 보호하려고 하지만 아직도 여러 가지 문제가 있어서 난민 보호를 받지 못하고 있어요. 마치 북한 시민들이 중국에 왔을 때 난민 보호를 받지 못하고 있는 것과 똑같지요.

미얀마는 1962년부터 네윈(Ne Win)이라는 군인이 독재하기 시작해서 지금까지 그 세력들이 군부 독재를 하고 있어요. 2년 전에 아웅산 수지가 이끄는 NLD(민족민주동맹, National League of Democracy) 당이 절대 다수의 국회의원을 차지했지만 아직 아웅산 수지는 대통령이 되지 못하고 있어요. 국내법 때문에 지금도 완전무결한 지도자로서의 역할을 못하고 있는 실정입니다.

한번은 미얀마의 정치범 수용소를 아주 어렵게 방문한 적이 있어요. 미얀마의 정치범들은 손과 다리가 쇠사슬로 묶인 채 감옥에 갇혀 있는데, 그런 상태로 강제 노역을 해서 철로를 건설한다든지 집을 건설한다든지 건설 현장에서 고생을 하고 있어요. 내가 가서 보니 3,000명의 정치범들 중 많은 사람들이 젊은 불교 승려들이었어요. 30대, 40대의 젊은 승려들이 독재에 항거해서 민주화를 외치다가 군인들에게 체포되어 정치범 수용소에서 강제 노역에 시달리고 있었어요. 아주 비참한 광경이었지요. 지금은 많이 나아지고 있지만 아직도 정치범들이 많이 수용되어 있다는 것을 우리는 알 수 있습니다.

나는 이 군부 독재에 항거해서 비폭력 평화운동을 하는 아웅산 수지 여사를 만나기 위해 군부와 어렵게 교섭을 했는데, 교섭 6년 만인 1995년 11월에 드디어 군부의 허락을 받고 가택 연금 중인 아웅산 수지 여사를 만나게 됩니다. 양곤 시내에 있는 수지 여사의 집으로 만나러 갔는데, 그 집 입구에 도착하니 정보부가 나를 세워놓고 사진을 약 20~30장을 찍어요. 내 앞모습과 옆모습, 앉은 사진, 서 있는 사진을 다 찍는 거예요. 1979년에 우리나라 중앙정보부 지하실에 끌려가서는 대여섯 장을 찍었는데 그때보다 훨씬 많은 사진을 찍는 걸 보면서 미얀마 군부가 더 독하다, 이런 생각을 했어요. 그렇게 무지무지한 감시를 받으면서 수지 여사를 약 4시간 만난 적이 있어요.

정근식　아웅산 수지 여사를 20여 년 전에 만나신 거네요. 그때 어떠셨어요?

박경서　수지 여사는 1945년생이기 때문에 당시엔 퍽 젊은 여성이었지만 가냘픈 몸에서 나오는 카리스마는 대단했어요. 평화와 인권, 민주주의를 사랑하는 사람들이 존경하는 카리스마를 가지고 있는 여성이었지요. 1991년 노벨평화상 수상자이기도 한 수지 여사는 나를 만났을 때 이런 이야기를 했어요. 자기가 두 살 때 아버지 아웅산 장군은 영국과 인도의 식민 세력에 저항해 조국 미얀마의 독립을 위해서 싸웠다고 해요. "아버지 아웅산 장군은 독실한 불교 신자였고 어머니는 독실한 기독교인이었으니 나의 피는 50%가 불교, 50%가 기독교입니다. 태어날 때부터 내 몸에는 불교와 기독교가 공존해 있습니다."라고 말하더군요. 그러면서 가택 연금 중이지만 힌두교와 이슬람교도 공부한다고 해요.

당시 그분의 남편이 전립선암으로 런던 병원에서 투병 중이었는데 군부 독재 세력이 여사에게 남편 병문안을 가라고 회유했지만 거절했다는 소식을 내가 제네바에서 들었어요. 그래서 왜 그랬냐고 물었더니 "만약 내가 런던에 가면 군부는 나의 재입국을 거부할 텐데 그러면 내가 추진 중인 반독재 인권 평화운동은 미완성이 됩니다. 내 남편은 죽어서 하늘에서 만나겠습니다." 하는 얘기는 지금도 나에게 살아 있는 교훈입니다.

1995년 11월, 가택 연금 중인 아웅산 수지 여사와의 만남.

정근식 네. 미얀마가 여러 종족으로 이루어진 나라로 알고 있는데요, 몽족하고 카친족, 카렌족이 기본적으로 다른가요?

박경서 달라요. 언어도 다르고 문화도 다르지요. 미얀마의 종족 구성은 버마족이 약 70%예요. 그리고 샨족, 몽족, 카렌족, 카친족 등 다양한 종족이 있어요.

다시 수지 여사 얘기로 돌아가서, 1988년 8월 8일 아웅산 수지 여사를 중심으로 한 민주화 인권 세력들이 미얀마에서 데모를 일으키게 되지요. 그래서 많은 사람들이 체포가 되지만, 동시에 그 많은 민주화 세력들이 이웃나라 인도로 도망가서 현재 인도에는 5만 명의 미얀마 사람들이 살고 있어요. 지금도 그 사람들이 미얀마 민주화를 위해서 투쟁하고 있고 우리 한국에도 1만 2,000명가량의 미얀마 사람들이 외국인 노동자로 와 있어요. 양곤대학교의 학생들이 미얀마의 민주화를 위해 여기에 100명쯤 와서 외국인 노동자로 일하고 있어요. NLD에 속한 학생으로 데모에 참가했다가 축출당해서 한국에서 노동자로 일하고 있는 사람들이지요. 내가 인권대사로 일할 때 아웅산 수지 여사가 그들을 보호해달라고 이야기한 적이 있어요. 그래서 27명의 미얀마인에게 우리나라 정부가 난민 지위를 주기로 했어요. 한국에서 생존비를 받고 조국인 미얀마의 민주화를 위해서 싸우도록 만든 겁니다.

정근식 아웅산 수지 여사가 2015년 11월 선거에서 하원의원이 되었지 않습니까? 그 이후에 한국의 미얀마인들이 많이 돌아갔나요?

박경서 아니요. 한국에 있는 많은 미얀마 노동자들은 긴 세월을 이곳에서 보냈지요. 이 젊은 사람들이 30~40년을 외국에서 산다는 것은 이제 한국에 정착했다는 의미예요. 한국 여성과 결혼한 사람도 많아요. 그중 세 쌍 정도는 내가 결혼 주례도 했어요. 그 사람들은 이제 여기에서 아웅산 수지의 NLD, 자기 나라의 민주화 비폭력 평화운동을 지원하고 있는 거지요.

아웅산 수지 여사는 미얀마 민주화의 상징이고 세계적인 지도자인데, 2004년에 광주인권상 심사위원회 위원장으로서 내가 심사위원들에게 추천해서 당시 가택 연금 중이던 수지 여사가 광주인권상을 수상하게 되었어요. 신문에 대서특필되었지만 수지 여사는 가택 연금 중이라 정부에서 출국 허가를 해주지 않아 참석 못했는데 2013년 1월에 '평창 동계 스페셜 올림픽' 기조연설 차 방문했어요. 그리고 2월 1일에 당시 강운태 광주광역시장 주최로 김대중컨벤션센터에서 600명의 민주화 인사들이 모여서 2004년에 받지 못한 광주인권상을 수지 여사에게 심사위원장이었던 내가 주었지요. 우리 두 사람은 1995년 이후 근 20년 만에 광주에서 다시 만나는 감격을 누렸어요. 수지 여사하고는 그날 짧지만 즐거운 대화를 나누고, 다음 날에는 정진성 서울대 사회학과 교수가 여성인권상인가를 서울대에서 준다고 해서 나와 같이 비행기를 타고 김포공항에 내려서 수지 여사는 서울대학으로 갔고 나는 이화여대로 간 기억이 나요.

미얀마는 아직도 민주화가 되지 못하고 군부 세력들이 권력을 잡고 있어요. 그 이유는 지금의 여당인 NLD가 아무리 "우리는 군부에게 절대 복수하지 않는다."라고 확약했음에도 불구하고 군인들은 여전히 미심쩍어하는 마음, 공포를 갖고 있기 때문이에요. 복수할 거라는 공포가 있는 거지요. 그래서 군인들은 아직도 몇 가지 법을 개정하지 않는다든지, 또는 상당히 많은 수의 군인들이 과거 한국의 군부 권위주의 정권 때의 '유정회' 국회의원처럼 하원의원직을 차지하고 있어서 미얀마의 민주화는 100%에 이르지 못하고 있어요. 오랜 군부 독재의 뿌리를 뽑는다는 것이 그리 쉽지 않다는 사실을 증명하는 셈이지요. 우리나라도 그렇고 미얀마나 스리랑카도 그렇습니다. 그 외에 많은 나라들이 같은 경험을 하고 있어요.

수지 여사가 이제는 70세가 넘어서 어떻게 될지 모르겠지만, 민주주의를 원하는 세계의 많은 사람들은 아웅산 수지 여사가 미얀마의 부족을 통합하고 민주화를 철저히 실천할 수 있는 미얀마의 대통령이 되는 날을 바라고 있지요. 물론 현실은 아직도 100% 용납하지 않고 있어요. 특히 이번에 UN에서 문제가 되었던 미얀마의 소수민족인 로힝야 부족에 대한 버마족의 행패를 보시면 알 겁니다. 로힝야 부족은 지금 국적도 인정받지 못하고 있어요. UN이 그렇게 반대를 해도 다수 부족인 버마족이 계속 이 소수민족을 업신여기고 억압하고 있어 수지 여사의 위치도 어려워지고 있습니다. 그 사람들은 국적이 없어 붕 떠 있는 부족입니다.

UN 미얀마 인권특별보고관인 성균관대 이양희 교수가 이 사람들에게 국적을 주라고 권유했는데 군인과 승려 등 근본주의자들이 이양희 교수를 UN의 꼭두각시니 매춘부(UN prostitute)니 하며 비난해서 큰 물의가 일어났고 UN 인권이사회가 미얀마를 비판했지요. 최근 이 사태는 아웅산 수지 여사가 아직도 완전무결하게 미얀마의 지도자가 되지 않았다는 방증이지요. 미얀마 민주화가 완성되려면 앞으로도 한참 더 걸릴 겁니다.

정근식 민주화를 완전히 달성하기까지 시간이 많이 걸릴 것이라 보시는군요. 그러면 이제 인도네시아 이야기를 해보실까요? 인도네시아도 냉전과 독재의 그림자가 컸잖아요.

박경서 인도네시아는 영토가 섬으로 되어 있어요. 수도인 자카르타에서 저 끝 동티모르까지 비행기로 8시간이 걸릴 만큼 굉장히 큰 섬으로 이루어진 나라예요. 여긴 무슬림 국가이지만 온건한 이슬람교가 지배하고 있어요. 파키스탄과 비교해 인도네시아 무슬림 중에는 근본주의 무슬림 즉, 과격한 무슬림이 적은 셈이지요. 온건 이슬람교라는 것은 인도네시아의 수카르노와 수하르토 두 사람이 실시한 판차실라(Pancasila)라는 민족 이데올로기에 의해서 이루어진 것이지요. 타 종교와의 평화적 관계를 골자로 해서 평화로운 통합을 이루어야 한다는 국가 이념이 판차실라입니다. 그리고 인도네시아는 인구가 전 세계에서 네 번째로 많은, 2억이 넘는 나라예요.

정근식 인도네시아의 인구가 2억 2,000명 정도 되지요? 지하자원도 많아서 일찍부터 서구 열강이 진출하였고, 식민지 피지배의 역사도 복잡합니다. 그래서 국민 통합의 문제가 심각했지요?

박경서 인도네시아를 가장 오래 지배했던 식민지 종주국은 네덜란드예요. 네덜란드가 인도네시아를 점령했을 때 인도네시아는 네덜란드식 문화를 받아들여서 많은 서구 문명을 가지고 있지요. 아시아 언어 중에서는 인도네시아어가 최초로 서구의 알파벳을 사용한 경우예요. 인도네시아어는 자기들 언어에 네덜란드식 서구 언어를 접합해 만든 것이에요. 예를 들면, 오랑은 '사람'이란 뜻인데 오랑오랑, 이렇게 두 번 하면 복수의 의미로 '사람들'이 되는 거예요. 파티스파시는 참석, 색지온은 섹션, 이렇게 인도네시아 언어는 서구화된 동양의 언어라고 스스로 자랑하고 있어요.

인도네시아는 네 개의 큰 섬과 아주 많은 작은 섬으로 이루어져 있어요. 총 1만 4,572개의 섬으로 이루어진 나라이지요. 네 개의 섬 중에서 가장 높은 인구 밀도를 가지고 있는 곳이 자바 섬이에요. 인도네시아는 자바의 인구 밀도를 해소하기 위해서 제2차 세계대전 후 네덜란드에서 독립하자마자 이주 프로젝트를 했어요. 자바의 무슬림들을 인구 밀도가 낮은 다른 큰 섬, 예를 들어 이리안자야(Iryan Jaya)나 수마트라 이런 데로 이주시키는 프로그램을 UN의 협조하에 추진하게 되죠. 이 프로젝트는 20세기 인도네시아가 추진했던 가장 큰 사업이었지요. 문제는 자바 사람들이 다른 섬으로 이주할 때 자기의 종교와 문화를 그대로 가져가니까 그곳 원주민과 마찰이 생긴다는 점이에요. 이런 문제들은 지금도 야기되고 있어요. '아체(Aceh)'의 독립 문제라든지 모든 것이 지금 나타나고 있지요. 종교와 문화가 다른 종족을 통합한다는 건 쉽지 않은 이야기입니다. 이리안자야의 수도 자야푸라에 가면 이런 갈등이 두드러지고 있습니다.

정근식 아체 원주민과 이주해 온 주민들의 갈등이 핵심이군요.

박경서 그렇지요. 그중 대표적인 사례가 인도네시아의 동티모르와 서티모르라는 섬나라예요. 16세기에 네덜란드와 포르투갈이 해상 패권 경쟁을 할 때 티모르 섬이 두 동강으로 나누어져요. 네덜란드 사람들은 서티모르를 갖고 포르투갈 사람들은 동티모르를 가져요. 마치 16세기에 스페인과 포르투갈이 남미에 가서 브라질을 포르투갈이 갖고 그 외의 나머지는 스페인이 가진 것과 비슷한 경우죠. 섬이 둘로 나누어졌는데 네덜란드가 점령했던 서티모르는 제2차 세계대전이 끝나자마자 바로 인도네시아로 들어갔어요. 하지만 포르투갈은 점령했던 동티모르를 놓고 곧바로 떠나지 않아요. 아시아의 점령 세력 중에서 영국이나 네덜란드는 제2차 세계대전 이후 식민지를 바로 떠나는데 유독 프랑스 사람과 포르투갈 사람들은 아시아에 계속 남게 돼요. 포르투갈은 그들이 점령 통치했던 동티모르를 1975년에야 떠나요. 제2차 세계대전 후 30년 동안 계속해서 동티모르를 점령하고 있다가 포르투갈 본국에 내란이 일어났기 때문에 1975년에야 드디어 철수한 거예요.

그게 450년이라는 기나긴 동티모르의 식민 역사예요. 1975년에 100만 명의 동티모르인들이 이제야말로 독립을 할 수 있다고 춤추던 그날 저녁에 인도네시아의 '레드베레(Red Beret)'라는 붉은색 베레모를 쓴 특수 전투 군대들이 동티모르를 다시 점령하게 되는 거지요. 수하르토가 망할 때까지 19년 동안을 동티모르는 제2의 식민 종주국으로 인도네시아를 맞이하게 되는 거예요.

티모르 종족들은 원래 산족들이에요. 높은 산에서 나무 위에 집을 짓고 사는 사람들인데 인도네시아가 점령하면서 산족들을 육지로, 말하자면 나무에서 내려와 땅에 집을 짓고 살게 하니 산족들에게는 맞지 않아서 커다란 갈등이 늘 상존했지요.

동티모르의 독립 투쟁은 유명한 독립운동 군대의 장군 사나나 구스마오(Xanana Gusmao)와 정신적 지주인 가톨릭의 벨로 주교가 이끌었지요. 특히 벨로 주교는 인도네시아의 탄압에 맞서 비폭력 비타협의 저항운동을 펼친 인물로, 동티모르인들에게는 정신적 지주였어요. 1983년 6월에 내가 동티모르를 갔는데 거기에서 벨로 주교를 만났어요. 벨로 주교는 "평화를 염원하는 기도는 총칼보다 강하다." 이런 이야기를 했어요. 또 "나는 평화를 사랑하기 때문에 존재한다." 이런 얘기도 했어요. 넬슨 만델라의 "평화처럼 위대한 무기는 없다."란 말과 다 상통하는 말이지요.

또 한 인물인 사나나 구스마오는 정글에 들어가서 인도네시아 군인들에 대항해 독립운동을 시작한 거예요. 1983년 동티모르의 수도 딜리(Dili)에서 정글을 지나 동쪽에 있는 제2도시 바우카우(Baucau)까지 가는 동안 수십 번 교전이 일어나는 정글을 통과했던 기억이 나요. 인도네시아 정부는 국제기구 대표들을 초청해 "우리가 미개한 동티모르 사람들을 근대화하고 있는데 이해하지 못하고 독립 투쟁을 하고 있다."며 우리에게 불평하기도 했어요.

동티모르의 독립에 크게 기여한 또 한 사람이 호세 라모스 오르타(Jose Ramos-Horta)라는 당시 30여 세의 젊은 독립운동가예요. 이 사람은 후에 내가 노벨평화상 추천을 했고, 1996년에 노벨평화상을 받았어요.

동티모르가 드디어 2002년 5월 20일에 독립을 했는데 그때 이홍구 전 주미 대사와 박경서 인권대사, 손봉숙 국민 대표 세 사람이 김대중 대통령 특사로 가서 경축해준 일이 있거든요. 라모스 오르타는 그때 초대 외무부 장관을 했던 사람이에요. 이 독립 선포식을 위해 코피 아난 UN 사무총장을 비롯해 빌 클린턴 전 미국 대통령, 존 하워드 호주 총리 등 국제사회의 주요 인사들이 동티모르를 찾았습니다.

정근식 이분들은 독립 전후에 광주에서 특별한 관심을 갖고 지원을 많이 했기 때문에 친분이 있었고, 몇몇 분이 광주를 포함하여 한국을 방문했었지요. 저도 한 번 만난 적이 있어요.

박경서　광주시와 시민단체가 사나나 구스마오나 호세 라모스를 초청했지요. 호세 라모스는 내가 이화여대에 세 번 초청해서 학생들과 교수들 앞에서 아시아 평화에 대해 강연하기도 했어요.

내가 호세 라모스를 처음 만난 건 1983년입니다. 그는 당시 서른을 갓 넘은 혼혈의 청년이었는데, 제네바의 내 사무실을 찾아와 "저는 엄마가 포르투갈인, 아버지가 티모르인입니다."라고 해요. 내가 "너는 얼굴이 유럽 사람과 비슷하게 생겼으니 유럽국에 가서 하소연해라. 여기는 아시아국이다."라고 하니까, "아닙니다. 저는 아버지가 아시아 사람이기 때문에 저 또한 아시아 사람입니다. 그러니 당신이 저에게 추천서를 써주어 UN 인권위원회에 가서 10분간 연설하게 해주십시오."라고 말해요.

그래서 우리 WCC 간부들을 모아놓고 동티모르 손님에 대한 '트레이 런치 미팅'을 했어요. 국제기구에서 트레이 런치 미팅이라고 하면, 각자의 트레이에 음식을 담아 점심을 먹으면서 이야기를 듣는 회의식 모임이지요. 이때 내가 동티모르라는 나라를 알게 됐어요. 호세 라모스가 "동티모르는 450년 동안 포르투갈 식민지로, 19년간은 인도네시아 식민지로 지냈습니다. 지금은 독립을 위해 벨로 주교를 중심으로 사나나 구스마오는 정글에서 투쟁하고 있고 저는 외국에 돌아다니면서 독립을 위한 평화 로비를 하고 있습니다."라고 말하는 거예요. 그래서 다음 날 내가 추천을 해서 UN에 가서 10분간 연설을 해요. UN 회의에는 200~300명이 모이거든요. 지금은 연설을 3분밖에 못하지만 그때만 해도 10분간 이야기할 수 있었어요. 라모스는 많은 사람들이 눈물을 흘리도록 만드는 명연설가였어요.

그 연설이 끝나고 내가 3년 동안 장학금을 줘서 라모스를 오스트레일리아 시드니에 있는 외교관 학교에 보내요. 1996년에 라모스는 벨로 주교와 함께 노벨평화상을 수상하고, 2002년 5월 20일에는 UN 감시하에 선거를 치른 뒤 드디어 동티모르가 독립을 하게 되어요.

동티모르의 제1수상이 된 사나나 구스마오에 관한 재미난 에피소드가 있어요. 동티모르는 국내의 통치 권력은 제1수상이 가지고 있고, 대통령은 외부의 대표권을 갖지요. 이원집정제와 비슷해서 구스마오가 실권을 가지고 있어요. 구스마오는 정글에서 오랫동안 인도네시아 군대에 대항해서 독립운동을 하다가 수하르토가 실각하기 수년 전에 그만 체포가 되었어요. 1996년인가, 자카르타의 감옥에 들어가요. 사령관이 잡혀가니까 독립운동이 좌절될 위기에 처했지요.

그러자 구스마오의 현 부인인 오스트레일리아의 간호사가 건강 체크를 위해 2주에 한 번씩 감옥으로 구스마오를 찾아가는데, 그럴 때마다 구스마오의 편지를 몸에 숨겨서 갖고 나와 동티모르의 정글에서 독립운동을 하는 대원들에게 전달하는 일을 비밀리에 하지요. 그렇게 비밀 편지로 구스마오가 감옥 속에서 독립운동을 지휘한 거예요. 결국 부정부패 등등으로 수하르토가 실각하고 1999년 11월 인도네시아 군대가 동티모르에서 완전 철수하지요. 그리고 UN 감시하에 자유선거를 실시하여 길고 긴 식민지 생활을 끝내게 된 거지요.

구스마오는 UN 감시하의 자유선거에서 제1수상으로 추대가
되지요. 그리고 광주항쟁을 기리는 광주인권상의 첫 번째 수상자가
됩니다. 그래서 광주에도 오고 그랬는데, 이 사람이 감옥에서 풀려
나서 오스트레일리아 간호사인 현 부인과 결혼을 해요. 결혼 후 이
여성은 동티모르에서 NGO를 하나 만들어서 어린아이들을 보육
보호하고 있는데 2008년 우리나라의 포스코 사회봉사상을 공동
수상해서 상금으로 1억을 받았어요. 그 축하 모임을 내가 이화여자
대학교에서 열었어요.

동티모르는 약 470여 년의 긴 식민 지배를 받으며 고생을 해서
100만 밖에 안 되는 인구가 다섯 갈래로 쪼개져 지금도 싸워요. 모
잠비크파, 앙골라파가 있는데 이 사람들은 다 아프리카에 있는 포
르투갈 식민지로 유학을 갔다 온 부류인 거예요. 그리고 인도네시
아파도 있고 포르투갈 본토파도 있고 국내파가 있어요. 그래서 통
합이 쉽지 않아 골머리를 앓고 있답니다. 서구 식민지 그리고 아시
아가 아시아를 식민지화해서 생긴 식민지 후유증이지요.

정근식   어떻게 그게 가능해요? 동티모르에 식민 본국이 아닌 아
프리카의 모잠비크파, 앙골라파가 있는 것이 이상하잖아요.

박경서   한 나라의 지배하에 있는 피식민지 국가들은 서로 인
적 교류를 하지 않아요? 그래서 포르투갈의 피식민 국가들은 식

민 기간 동안 포르투갈이 지배하는 다른 나라에서 살면서 교육도 받고 그러니까 당연히 그 나라화 되는 겁니다. 영국 연방(common wealth) 국가들이 제2차 세계대전 전까지는 한 나라처럼 산 것과 같지요. 그러니까 라모스 이야기가 식민 세력의 후유증이 말도 못 하게 심하고 정말 해결하기 어렵다는 거예요.

정근식　프란츠 파농이 말한 수준의 문제가 되었네요.

박경서　100만 명밖에 안 되는 인구가 그렇게 다섯 개 파로 나뉘어서 정치적 헤게모니를 다투는 거예요. 2002년에 독립했으니 이제 15년쯤 되었는데도 국민 통합이 되지 않아서, 라모스가 외교부 장관에서 대통령이 된 뒤 어떻게 해서든 국민통합을 해야겠다고 이화여자대학교에 와서 나한테 그랬어요. 그중에서 가장 강하게 분파를 주장하는 열다섯 명을 자기가 추렸대요. 그 열다섯 명을 없애버리면 온갖 사람들이 서로 통합이 되겠다 싶어서 그들을 직장에서 또는 군대에서 면직시켜 쫓아내버렸어요. 모든 사람들이 좋아하고 박수를 쳤어요. 그런데 일주일 후에 라모스가 아침에 조깅을 하는데 그 쫓겨난 사람들 중에서 군인들이 총을 가지고 와서 쏜 거예요. 총을 네 발을 쏴서 관통했는데 오스트레일리아 사람들이 자기를 살렸다고 말하더라고요. 경비가 뭐 그렇게 허술한가 하겠지만, 그 대통령 관저라는 데가 작은 천막집이에요. 나도 방문해서 두 번이나 저녁 만찬을 했는데 그냥 아름다운 숲속에 있는 작은 관저인 거예요. 그래서 그런 충격을 받았는데, 오스트레일리아 군대가 헬리콥터로 총상 입은 라모스 대통령을 동티모르에서 호주의 브리즈번으로 이동시켜서 긴급 수술을 해서 살아났다고 해요.

내가 이화여자대학에 있을 때 보니 오른쪽 발에 있는 총탄 때문에 무릎을 구부리질 못하고 스트레칭도 못해요. 2012년에 나와 헤어졌는데 떠나면서 하는 이야기가 자기는 국민통합을 위해 여생을 바치고 죽겠다 그래요. 동티모르의 한이 맺힌 이야기예요.

떠나면서 나에게 자기의 평생 은인이라고 고맙다고 해요. UN에서 10분간 연설을 하게 해주었고, 또 호주의 외교관 학교에 보내 공부를 시켜줬고 그 덕에 훗날 외무부 장관까지 하게 됐으니 내가 예견하여 교육시킨 것에 너무 감사드린다고 말하대요. 그렇게 교육을 받아서 자기는 외무부 장관, 후에 대통령이 되었다고 하면서 눈시울을 적시는 거예요. 더 큰 은혜는 노벨평화상을 추천해준 것이라며 나를 껴안더라고요. 공로를 나에게 정중하게 넘기고 오른쪽 다리를 절뚝거리면서 사라져가던 뒷모습이 눈에 선하네요. 아무쪼록 동티모르의 앞날이 순탄하기를 기원합시다.

세계에는 너무 슬픈 나라들이 산재해 있어요. 이제 우리나라도 많은 인재들이 선진국에서 장학금도 받고 공부도 하였으니 새 시대에는 우리보다 못한 나라들을 도와주어야 합니다. 그것이 우리나라의 책무예요.

4

2017년 3월 10일

북한 방문과 지원

정근식 지금까지 1982년 WCC의 아시아 국장으로 부임한 이후의 아시아 여러 국가들에 대한 사업과 지원에 관하여 말씀해주셨습니다. 우리의 관심 중 하나는 WCC의 북한 사업에 관한 것입니다. 언제 어떻게 북한을 방문하게 되었는지를 설명해주시지요.

박경서 북한 이야기를 시작해보지요. 1982년 WCC에 막 부임했을 때 제네바에 있는 북한 외교관 두 사람이 나를 찾아온 적이 있어요. 그중 한 사람이 박덕훈이란 외교관인데, 나중에 그는 뉴욕에 있는 북한 대표부 부대사까지 했어요. 당시 WCC에서 일하는 450명 중에 한국 사람은 나 하나였어요. 북한 외교관들이 와서 부임을 축하한다고 이야기하면서 북한에도 교회가 있는데 WCC의 회원 교회로 가입할 수 없냐고 묻는 거예요. 그래서 내가 "WCC의 회원 교회가 되려면 세례 교인의 수가 5만 명이 되어야 합니다. 북한은 내가 알기로 그렇게 많지 않지요." 했더니, 북한의 기독교 신도는 1만 명이 조금 안 된다고 말해요. 그래서 "참관 교회라는 지위가 있는데, 이 지위를 얻으려면 몇 년 후에 교회 신도가 5만 명이 된다는 보장이 있어야 해요."라고 알려주었더니 그들은 알았다며 떠났어요. 그런데 그다음부터 이 사람들이 자주 오더라고요. 그래서 나는 국제기구라는 데는 북한 사람도 오고 그러는 곳이구나, 생각했지요.

그러다 1986년에 북한 외교관 한 분이 비서를 데리고 내 사무실을 찾아왔어요. 그 외교관은 김정규라는, 파리에 있는 유네스코 부국장이었어요. 유네스코는 북한이나 남한이나 똑같이 가입한 국제기구였지요. 그 사람이 내 사무실을 사전 연락 없이 방문했어요. 그래서 내 보좌관과 비서들을 들어오라고 해서 같이 면담했는데, 이 사람이 김일성 주석의 초청장을 나에게 주는 거예요.

정근식 그때는 남북한이 UN에 동시 가입하기 전인데, 유네스코가 남북한 접촉 기회를 제공한 셈이군요.

박경서 북한이 세계보건기구(WHO)에는 옵서버로 참석하고 있었지만 유네스코에는 가입했고, UN 총회에는 들어가지 못했던 때예요. 그 사람이 나한테 김일성 주석의 초청장을 주기에 이상하다고 생각했는데, "김일성 주석께서 혹시라도 시간 있을 때 평양을 방문해줬으면 좋겠다고 하여 초청장을 전달하러 왔습니다."라고 말해요. 이 사람은 지금도 평양에서 살고 있는데, 자유주의 물이 많이 들었다고 그랬는지 지금은 내가 만날 수가 없어요. 지난번 북한을 방문했을 때도 만나지 못했지만, 활동은 하고 있다고 들었어요. 어쨌든 왜 하필 나에게 초청장을 주는지 의아해서 "왜 하필 나를 초청합니까?" 했는데 김정규 외교관이 그 이유까지는 잘 모르더라고요. 그런데 훗날 내가 북한에 들어가서 그 이유를 알게 되었어요.

캄보디아 주재 북한 대사가 "남조선에서 온 박경서 박사가 베트남, 캄보디아, 라오스에 대규모 인도주의적 원조를 주고 있는데, 그 사람을 조국으로 부르면 우리가 원조를 받을 수 있습니다."라고 보고했다는 거예요.

정근식 아, 캄보디아 주재 북한 대사가 원조를 받는 방법을 알고 본국에 보고하여 초청한 거군요. 국제기구에서 근무하는 한국인이 북한의 초청장을 받으면 곧바로 북한을 방문할 수 있나요? 아니면 한국 정부의 승인을 받아야 하나요?

박경서 정부의 승인을 받아야 하지요. 나는 알다시피 서울대학교에서 학생들을 가르치지 못하게 되어 조국을 떠난 상태였어요. 내가 일종의 블랙리스트에 올라 있는 상황이었기 때문에, 그 초청장을 복사해서 제네바 대표부를 통하여 전두환 대통령에게 탄원을 했지요. 당시 제네바 공사였던 정주년 씨, 국정원에서 파견 나온 이영길 씨가 내가 북한에 갈 수 있도록 많이 도와주었어요. 정주년 씨는 서울대 상과대학을 나오고 나중에 국정원의 해외국장과 태국 대사까지 지낸 분이지요. 이 사람들이 당시 노신영 국정원장에게 서류를 보내주는 등 많은 도움을 주었어요. 1988년 초가 되니까 내무부의 특별 명령으로 '박경서는 WCC의 국제기구에서 근무하는 동안 공산주의 국가에 출장 갈 수 있다'는 허가가 나왔어요. 이 허가를 받자마자 준비를 하여 1988년 6월 10일, 내가 평양 순안공항에 도착했지요. 원래 4월 꽃필 때 가려고 했는데 문제가 생겨서 늦어졌어요.

정근식 1986년에 초청장을 받고 실제 방문한 것은 1988년이니, 수속하는 데 2년이나 걸린 셈이네요.

박경서 2년이나 걸린 이유가 있어요. 처음에 북한에서 나에게 초청장을 줄 때는 WCC의 여권을 가지고 들어오라고 하는 거예요. 그런데 WCC는 여권을 줄 수 없어요. 증명서나 하나 줄 수 있는 거지요. 그걸 가지고 어떻게 북한을 가느냐 했는데, 분단 이후 북한은 남조선 여권을 한 번도 취급하지 않았대요. 그러니까 남조선 여권 말고 다른 여권을 가지고 올 수 없냐고 묻기에 그렇다면 나는 안 가겠다고 했지요. 결국 북한에서 3개월 후에 남조선 여권을 가지고 오라고 했어요. 당시 신문에 '분단 이후 최초로 북한 순안공항에서 남쪽 여권에 도장 찍고 들어온 사람이 박경서다'라는 기사가 났지요. 1988년 일이에요. 그렇게 처음으로 평양에 갔는데 시내가 너무 깨끗하고, 생각보다 잘살고 있어서 조금 혼란이 왔어요. 내가 묵을 곳이라며 초대소로 안내하기에 그대로 따랐지요. 그때부터 WCC에 있는 동안 북한에 총 27회 출장을 갔는데, 마지막 갔을 때만 호텔에 묵었고, 나머지는 전부 초대소에서 머물렀어요. 조국평화통일위원회(이하 조평통)에서 그렇게 하는 거예요.

정근식 묵은 초대소가 어디지요?

박경서 북한에는 외국인들이 묵을 수 있는 초대소가 여러 군데 있어요. 내가 처음에 묵었던 초대소는 평양 시내에 있었는데, 김일성 주석과 김정일 위원장 사진이 딱 붙어 있어요. 내가 머무는 곳은 VIP 일등 침실이라서 더블베드보다 더 큰 침대가 있고, 그 옆에 응접실이 있고, 서재도 있어요. 다음 날 회의를 하자고 해서 회의실에 갔더니 그들이 평양에 비누공장, 치약공장, 칫솔공장을 만들어달라고 하더라고요. 그래서 내가 WCC는 그런 거 하는 데가 아니라고 했어요. 그러자 북한 당국자들이 다른 나라는 다 원조해주면서 왜 그러냐고 하더라고요. 그래서 내가 "가난한 사람들이 스스로 자활할 수 있도록 하는 프로그램이 있어야 합니다. 비누공장 만들어주는 것은 안 됩니다." 하고 거절해버렸어요. 그리고 나서 북한에는 가난한 사람들이 없느냐고 물으니, 가만히 있어요. 그래서 "가난한 사람들을 내 눈으로 직접 보고 사진을 찍어야 합니다. 그것을 가지고 가서 우리 원조처 책임자들을 모아놓고 북한에 출장을 갔더니 이렇게 어려운 사람들이 많더라, 하며 설득을 해야 돈이 들어오고, 당신들을 도와줄 수 있습니다."라고 했더니 이 사람들이 당황해요.

정근식 당황할 수밖에 없겠네요. 북한에서는 항상 인민들이 평등하고 부러움이 없는 생활을 한다고 선전했으니……

평양의 초대소 내부 모습.

박경서 1988년 당시만 해도 모스크바에서 평양으로 가거나, 베이징에서 평양으로, 그리고 체코 프라하에서 평양으로 가는 비행기가 있었어요. 언젠가 한번은 동독 동베를린에서 북한 비행기를 타고 공짜로 들어간 적도 있어요. 왜냐면 사회주의 국가끼리는 돈을 거의 받지 않아요. 그런 경험도 나중에 했지요.

아무튼 내가 그렇게 설명했더니, 이 사람들이 가난한 사람들을 보시려면 상당히 먼 데를 가야 해서 고생일 텐데 가보겠냐 해서 내가 가자고 했어요. 그렇게 해서 작은 일제 마이크로버스를 타고 함흥을 가기로 했는데, 원산까지는 도로가 제법 좋아서 2시간 30분 정도 걸렸지요. 원산에서 잠을 자고 다음 날 금강산에 가자는 것을 나중에 가면 된다고 거절하고, 함흥으로 바로 가자고 했더니, 원산에서 함흥까지 가는 데 6시간이 걸린다고 해요. 210km밖에 안 되는데. 실제로 함흥에 도착하니 내가 거의 녹초가 되었어요. 도로가 일제강점기 때의 것으로 자갈 도로였기 때문이지요. 당시 아스팔트는 생각지도 못하는 상황이었어요.

정근식 지금도 원산 함흥 간 도로 사정이 그렇게 좋지 않은가요?

박경서 그렇지요. 돈이 없으니까 포장도로를 만들기가 어려워요. 평양에서 묘향산, 평양에서 개성, 평양에서 원산은 포장도로지만, 그 외의 지방 도시로 가는 길은 거의 비포장이지요. 예전 일제강점기 때랑 같아요.

함흥에 가서 내가 놀란 게 하나 있어요. 평양 중앙교육부의 대외국장이 나를 수행하고 함흥에 갔는데, 거기에 있는 공업대학의 총장이 이 대외국장을 막 야단치는 거예요. 귀빈이 올 때마다 함흥에서 주무시지도 않고 떠나게 한다며 불만이 많았어요. 그때 평양과 함흥은 관계가 나쁘다는 것을 내가 느꼈어요.

정근식 함흥의 대학 총장이 평양의 대외국장에게 호통을 칠 수 있어요?

박경서 호통치더라고요. 아무튼 자기들끼리 이야기한 것 같은데, 함흥공업대학의 모든 실험실 기자재를 최신형으로 바꿔달라고 하자고 한 거 같아요. 다음 날 함흥공대에 시찰 갔더니 그 기자재들이 전부 동독제(Made in East Germany)인데, 낡아서 쓰지 못하게 되었더라고요.

정근식 한국전쟁이 끝난 후 사회주의 여러 국가들에서 북한의 재건 사업을 도왔는데, 함흥 재건은 동독이 맡아서 했지요.

박경서 함흥공대 총장이 현미경도 바꿔주고 실험실 기자재도 바꿔달라고 그래요. 그래서 내가 그렇게 하는 데 얼마가 들 것 같은지 물었더니 전부 20만 불이면 된다고 그래요. 나에게 초청장을 가져다 준 김정규 씨가 그 물품을 유네스코에서 구매해서 보낼 수 있다고 하였기 때문에, 내가 "WCC에 물품 구매 담당처가 있으니 우리가 구매해서 보내주겠습니다." 했더니, 그들은 자기네가 물품을 구매한다는 거예요. 그래서 실험실 기자재 구매 자금을 유네스코로 보냈어요. 20만 불이었어요. 그것이 1989년에 이루어진 첫 번째 원조였어요.

그다음에 원산에 있는 수산대학에서 양어장 프로젝트를 도와달라고 요청해서 10만 불을 주었어요. 북한 사람들이 머리가 좋아요. 간부들이 다 짜고, 함흥공업대학에서는 낡은 실험 기자재를 보여주고, 원산에서는 양어장을 보게 한 거예요. 유네스코가 교육 관련 지원을 한다는 것을 알고 그런 시설만 선택한 것이지요. WCC가 교육 분야도 도와준다는 것을 알고 난 후, 그들은 비누공장 대신에 원산농업대학으로 안내했어요. 거기에서 총장을 만났는데, 이분이 아주 멋있어요. 모스크바대학에서 유학을 한 박사였는데 그때 나이가 일흔이었고, 담배를 아주 많이 피웠어요. 그래서 내가 총장님에게 담배를 그렇게 많이 태우시면 몸에 나쁘다고 했더니, 자기는 건강하다면서 보여줄 게 있으니 같이 가자고 해요. 따라가 봤더니 농대 뒤쪽에 어마어마한 뱀 농장이 있어요. 나는 그런 것을 처음 봤어요. 뱀을 기르는 거예요. 북한엔 뱀술이 많잖아요.

정근식 북한의 뱀술 원료가 자연산 뱀이 아니라 양식한 뱀이라구요?

박경서 총장이 "박 선생, 이걸 보시라요." 하더니 자기 서기를 불러요. 비서를 북한에선 서기라고 해요. 서기를 오라고 하더니, 담배의 니코틴 독을 묻혀 오라고 해요. 서기가 종이에 조금 묻혀서 막 움직이는 뱀의 코에 그걸 대니까 뱀이 수그리고 쓰러져요. 나한테, "보셨죠? 이 니코틴이 이렇게 독한 거예요." 하더니, 서기한테 "그걸 가져와라!" 해요. 서기가 가져온 것이 복숭아 즙인데, 그것을 종이에 묻혀서 쓰러진 뱀에 가까이 대니 뱀이 갑자기 일어나요. "나는 담배를 많이 피워도 복숭아 즙을 먹어서 괜찮아요."라고 하고는, 여름에 수확한 복숭아를 겨울까지 보관하는 창고를 보여줘요. 땅을 파서 만든 창고에 복숭아를 보관해서 먹는다면서 이를 보여주기에 내가 '허브 메디신, 즉 재래식 약용 기술에 일가견이 있구나' 생각했어요. 이 양반이 술을 많이 잡수시는데, 나에게도 술을 권해요. 그래서 먹긴 먹는데 죽겠더라고. 내가 힘들어하니까 좁쌀을 열 개씩 세서 나에게 생으로 먹으라고 해요. 그러면 술기운이 깨끗하게 깬다면서 줘요. 지금도 그 좁쌀을 가지고 있어요.

나름대로 북한 사회는 가난 속에서도 멋이 있었어요. 한번은 이 사람들이 초대하는 식당에 갔더니, 큰 조약돌을 뜨겁게 달구어서 그 위에 얇은 불고기를 얹었다가 익으면 먹었어요. 이런 것을 원산에서 많이 배웠어요.

원산농대 학장이 "평양 가도 별거 없으니 오늘 저녁 여기서 자고 금강산에 올라갑시다!" 해서 원산에서 하룻밤 묵고 이튿날 금강산에 갔어요. 어렸을 때 팔담선녀의 이야기를 들은 기억이 있어서 내가 겁 없이 팔담에 가자고 했더니 거기로 안내했지요. 그곳이 급경사인데, 내려오다가 삐끗해서 대외국장이 나를 업고 내려오느라 고생했지요. 그때 내 방이 원산에 있는 온정산호텔, 지금의 금강산 호텔 1호실이었는데, 거기 누워 죽겠다고 하니까 안마사가 왔어요. 간호사처럼 하얀 옷을 입고 모자를 쓴 여자가 와서 안마를 해줬어요. 내가 고향이 어디냐 물어도 한 마디도 대답하지 않고, 안마만 한 시간 하고 나가더라고요.

원산에서 재미있는 일도 있었어요. 내가 원산을 경유해 함흥으로 가기 전날 저녁에 농업대학 총장이 온정산호텔에서 크게 환영 만찬을 했는데, 내 생애에 그렇게 멋있는 상은 처음 받아봤어요. 농업대 총장과 교수들, 또 나를 수행하여 평양에서 온 공무원과 외교관들 모두 합해서 총 22명이 식사를 했어요. 김정규에게 이게 1인당 얼마냐고 물으니 2불이래요. 술은 공짜로 다 준다는 거예요. 그러면 22명 밥값이 44불밖에 안 되잖아요? 그래서 함흥에서 돌아와 금강산을 보고 떠나기 전날, "내일 금강산 다녀온 다음에는 내가 크게 내겠습니다." 하고 이들을 초대했지요. 마이크를 잡고 노래도 하고 장구 치고 난리였어요. 한 번은 북에서 냈으니 한 번은 내가 내야겠다고 생각하고 식사 대접을 한 것인데, 식사가 끝난 후 계산서를 가져오라고 했더니 거기에 1,200불이라고 적혀 있는 거예요. 많아야 100불이면 될 거라 생각했는데, 그렇게 비싸게 나와서 깜짝 놀라 김정규에게 어떻게 된 일이냐고 물었지요. 그랬더니 자기도 그 사이에 변한 것을 몰랐대요. 지난번에 낸 것은 사회주의 계산법이고, 이번엔 자본주의 계산법이 도입되었는데, 선생님은 자본주의 국가에서 왔으니 자본주의 계산법으로 계산했다고 하는 거예요. 그렇게 큰 액수의 돈을 내가 소지하지 않았고, 또 카드로 지불할 수 없어서, 어쩔 수 없이 보증을 세워놓고 평양에서 나왔어요. 나중에 제네바에서 파리의 김정규에게 송금해줬지요. 그 후론 내가 평양 가서 한턱낸다고 안 해요.

정근식 약간 기분이 안 좋았겠네요. 사회주의가 몰락한 직후에 몇몇 나라를 방문했을 때, 그 나라들에서 내국인과 해외 방문객을 다르게 취급하는 이중가격제가 시행되었던 것으로 기억합니다.

박경서 또 다른 얘기는 북한에서 교회에 갔던 일이에요. 원산에서 평양으로 돌아오는 자동차 안에서 내가 책임 지도원 동무한테, "내일이 일요일인데, 내가 예수를 믿는 사람이라 교회를 가야겠습니다."라고 말했어요. 그랬더니 책임 지도원이 초대소에 멈춰 서서 평양에 전화를 해요. 내일 일요일에 박경서가 교회를 간다고 하는데 어떻게 하면 좋겠느냐는 거지요. 그때는 평양에 교회가 지어지기 전이고, 아무것도 없을 때예요. 그런데 전화를 하고 나서는 내일 예배를 볼 수 있도록 해놓았다고 말해요. 신기하잖아요?

해답은 가정교회에 있었습니다. 평양에 도착해서 다음 날 10시에 만경대 구역 성천 가정교회에 예배를 보러 갔어요. 유네스코에서 온 비서진들과 같이 예배를 보는 거예요. 아파트의 맨 밑층에서

1988년 6월 만경대 구역 성천 가정교회에서 교인들과 함께.

예배를 보는데, 우리 일행을 제외하고 열세 명이 앉아 있더라고요. 젊은 사람이 절반 조금 못 되고, 노인들이 조금 더 많았어요. 젊은 사람들은 공산당원인 것 같았고, 노인들은 진짜 기독교인인 것 같았어요. 예배를 다 녹음기로 진행해요. 설교와 찬송가를 녹음해서 들려주는데, 찬송가 책은 곡이 있는 것이 아니고 가사만 있는 것이었어요.

할아버지 할머니가 일곱 분인가 오셨는데 예배 끝나고 내가 "할아버지가 갖고 계신 성경을 제가 좀 보겠습니다." 했더니 바로 보여주지 않고 지도원을 쳐다봐요. 지도원이 "보여드리라요." 하니까 그제야 줘요. "할머니, 찬송가도요." 그렇게 예배 끝나고 두 책을 살펴보았더니, 한 권은 두꺼운 성경이었는데 파란 글씨, 빨간 색연필로 곳곳에 많은 줄을 그어 표시를 해놨어요. 책장이 너덜너덜했어요. 그 장면이 잊히지 않아요. '이 사람들은 진짜 교인들이구나' 하는 생각이 들었어요. 나이 70~80대의 교인들이었어요.

전쟁 이후에 예수 믿는 사람들은 다 남으로 피난 왔고, 북에 남은 사람들은 다 죽였기 때문에 북한에는 기독교인이 없다던 주장은 거짓말인 걸 그때 알았어요. 그날 성천 가정교회에서 할아버지, 할머니 교인들과 같이 예배를 드리면서 북한에도 진짜 교인이 있다는 것을 알게 되었지요.

그렇게 북한을 방문하여 처음으로 교회의 실정을 알게 되면서, 북한 교회에 힘을 실어주어야겠다는 생각을 하게 되었지요.

정근식 WCC가 북한을 지원할 때, 아무래도 북한 기독교에 대한 관심이 없을 수 없었을 것 같은데, 혹시 북한 교회의 실정에 대해 그 이전에 알고 계셨나요?

박경서 북한 교회에 대해 이야기하려면 사실, 1986년 9월 열린 최초의 남북한 교회 지도자 모임 '글리온 회의' 이야기를 해야 합니다. 이 회의가 북한 대표들을 초대했던 첫 번째 회의인데, 그때는 북한 대표들이 거의 이야기를 안 하고 밥만 잘 먹고 고맙다 하고 가더라고요. 고기준 목사님, 김은봉 목사님, 김혜숙 여사 등이었습니다.

정근식 1986년이면 선생님이 북한을 방문하기 전이었군요. 북한 교회 지도자들과의 모임이 있고 나서 북한을 방문하여 교회 지원 사업이 시작된 것이지요?

박경서 그렇지요. 1986년에 내 동료인 캐나다의 에릭 바인카트너가 북한에 다녀왔는데, 그가 "경서, 거기는 교회가 힘이 없어."라고 해요. 완전히 공산당 아래에 있다는 거지요. 그때 나는 북한에 가기 위해 허락을 기다리고 있었어요. 북한의 교회 지도자들을 제네바에 초청했고, 북한 목사님들을 우리 집에 초대해 이야기를 하는데 북한의 김은봉 목사님이 감시하는 사람이 없을 때 쓱 지나가면서 나한테 "위대한 수령님을 만나야만 저희가 힘을 받습니다."라고 해요. 그래서 내가 처음으로 김일성 주석 면담에 대해 생각하기 시작했고, 인도에 갈 돈을 줄여 북한 교회에 힘을 실어주어야겠다고 생각했어요.

정근식 북한 교회 지원의 방향에 대해 좀 더 설명해주시지요.

박경서 나는 제네바에서 근무하는 동안 북한 목사님들이 외국을 돌아볼 수 있도록 하여 언젠가 북한이 개방 사회가 되었을 때 그들이 큰 역할을 할 수 있도록 하는 것과, 젊은이들 중에서 유능한 사람들에게 장학금을 주는 사업이 퍽 중요하다고 느꼈습니다. 결국 이런 인적 자원 개발 사업이 통일 과정이나 통일 이후의 한반도 발전에 큰 기여를 할 테니까요.

정근식 한국 교회가 처음으로 통일 문제와 북한 선교에 대해 논의를 시작한 것이 1984년 일본 도잔소 회의라고 알려져 있는데, 이 회의에 대해 설명해주시겠어요?

박경서 도잔소는 일본 후지산 밑에 있는 '동지사'라는 YMCA 이름이에요. 1984년에 처음으로 한국 교회 지도자들이 모임을 했어요. 원래 이 모임에 북한 대표들이 오기로 했는데 오지 못하고 전문만 보냈어요.

정근식　그럼 거기에 참석한 사람들은 누구예요?

박경서　필립 포터, 오재식, 강문규, 안재웅 등인데 북한 대표들이 안 왔기 때문에 이들을 "1986년에 제네바로 부릅시다!" 이렇게 된 거예요. 왜냐하면 일본만 해도 북한 사람들에게 비자를 잘 안 내줬어요. 그런데 제네바는 비자 받기가 퍽 쉬워요. 스위스는 중립국이니까 공산주의자들이 얼마든지 올 수 있어요.

정근식　도잔소 회의에서 북한 교회 대표를 불러 논의를 계속하기 위하여 스위스 글리온에서 모이기로 결정을 한 것이군요.

박경서　그래요. 1986년부터 매 2년 간격으로 8년간 글리온 모임에 큰 무게를 두고 모금하면서 성공리에 북한 교회 지원을 실천했습니다. WCC의 국제부 동료들과 같이 말입니다. 글리온 1, 2, 3, 4차 모임이 바로 잘 알려진 '글리온 회의'이지요. 북의 대표들을 초청해 스위스 곳곳을 보여주고 또 모스크바도 방문하게 했어요. 돈은 좀 들었지만 미래의 통일 한국을 위한 투자라고 확신하면서 실천했습니다.

글리온은 제네바에서 레만 호수를 끼고 차로 1시간쯤 가면 나오는 작은 산동네예요. 거기서 1986년에 1차, 1988년에 2차, 1990년에 3차 모임을 했고, 1992년에는 일본 교토에서 4차 모임을 가졌어요. 그렇게 8년간 모임을 했지요.

정근식 그래서 1986년도에 처음으로 북한 대표가 나왔어요? 역사적인 모임이 되었을 것으로 생각됩니다. 북한 대표는 누구였나요?

박경서 고기준 목사 이하 다섯 사람이에요.

정근식 글리온 회의에서 논의된 핵심적인 내용이 뭐예요? 한반도 평화와 북한 선교에 대한 것인가요?

박경서 아니에요. 처음에는 선교에 관한 내용은 없었고, 남북 화해와 한반도 평화를 위해 어떤 일을 할 것인가를 논의하였습니다. 남북이 서로 싸우지 않게 하기 위하여 무엇을 할 것인가, 이것이 모임의 목적이었지요.

정근식 거기에 필립 포터도 참석했어요?

박경서 물론이지요. 필립 포터가 직접 설교를 하면서 우리에게 '한반도는 프라이어티다(priority)'라고 말했어요.

정근식 북한의 고기준 목사를 어떻게 초대했나요?

1986년 9월에 열린 그리온 1차 모임. 앞줄 왼쪽에서 두 번째가 북한의 고기준 목사.

1993년 미국을 방문한 조선기독교도연맹 대표들과 함께.

박경서　북한의 교회 대표를 초대할 때는 제네바에서 전부 팩스나 전문을 보내지요. 그러다 나중에는 내 책상에 핫라인(hot line)을 설치하고 연락을 하였지요. 거기에서 바로 연락하면 북한 조평통 부위원장실이 나와요. 조평통을 통해서 조선기독교도연맹하고 연락했지요.

정근식　1986년에 회의하고 고기준 목사가 북으로 돌아가서 김일성 주석한테 보고를 한 거예요? 이런 문제들은 김일성 주석한테 보고하나요, 김정일 위원장한테 보고하나요?

박경서　김일성 주석한테 보고하지요. 김일성 주석이 사망하기 전까지는 김일성 주석에게 해야지요.

정근식　당시 북한 통치의 실권은 김정일 위원장이 쥐고 있다고 알려져 있었는데, 그렇지 않은 모양이지요?

박경서　그렇지 않아요. 김일성 주석은 김정일 위원장을 데리고 다니면서 지도자 교육을 시켰어요.

정근식　1988년에 북한 교회 대표들 초청한 이야기를 해주세요.

박경서　1986년에 3박 4일 회의를 위해 북한 교회 대표 다섯 사람과 남한 교회 대표 여섯 사람을 WCC 국제부가 초청을 합니다. 회의를 성공리에 진행시키기 위해서 남한 국적의 아시아 국장은 뒤로 숨는 겁니다. 역사적인 남북 첫 모임의 성공을 위해서지요. 또 북한 사람과 남한 사람을 한 호텔에 묵게 할 수가 없어요. 그래서 북한 대표들은 꼬나방(Cornavin)이라는 호텔에 묵게 하고 남쪽 대표들은 호텔 스위스라는 다른 숙소에 묵게 했지요. 1988년 모임 때이던가요, 나는 그해에 북한에 가서 원조도 약속하고 피아노도 기증하고 해서 북한 교회 대표들이 한국 사람인 나를 국제부의 다른 나라 출신보다 더 가깝고 친근하게 대하면서 모든 문제를 아시아국하고 먼저 상의하려고 했어요. 그때부터는 모금 문제도 있고 해서 아시아국이 전방에 나서고 국제부가 돕는 식이 된 거예요.

재미있는 얘기 하나 하지요. 1988년 제2차 글리온 회의 후 꼬나방 호텔에 가서 북한 대표들을 만났어요. 이들의 짐 보따리 중에 큰 자루가 있는데 그 자루에서 유리 소리가 막 나요. 이 사람들이 자루에 뭘 넣어서 가는가 미심쩍어하면서 그분들을 싣고 공항으로 갔어요. 자루를 들고 가는데 또 유리 소리가 나요. 이상하다 생각하면서 떠나보냈어요. 그런데 일주일 뒤에 꼬나방 호텔 경리부에서 아시아 국장 앞으로 1,300스위스프랑, 한국 돈으로 약 150만 원쯤 되는 청구서를 보냈어요. 호텔비는 이미 다 냈는데 이게 뭔가 했더니, 그 사람들이 4박 5일 묵으면서 호텔 안에 있는 냉장고의 미니 위스키 병을 다 가져간 거예요. 채워놓으면 또 챙기고 해서 4일간 방 세 개의 미니 위스키를 다 모아서 평양으로 가져간 거예요.

정근식　냉장고 속에 있는 위스키 병을 가져간 거군요! 하하하!

박경서　그것이 약 150만 원어치였어요. 무엇인가 딸각딸각하는 유리 부딪치는 소리가 났었는데 바로 그거였구나, 생각했지요. 나중에 북한 사람들에게 왜 그 술을 가져갔냐고 웃으며 물었더니 "우리는 공짜인 줄 알았습네다." 그러더라고요. 사회주의하고 자본주의가 그렇게 생각하는 것이 다르다는 것을 느끼면서 이것도 참 재미있는 이야기라고 생각했어요.

정근식　북한 교회 대표들이 참석한 글리온 회의를 하고 나서 교류를 위한 합의문도 만들었나요?

박경서　첫 모임에서는 분단 42년 만의 만남이니 감격이라는 말과 감사의 말, 매 2년마다 남북 교회가 정기적으로 만나자는 다짐, 한반도 평화 정착에 교회가 앞장서자 하는 얘기 등이 나왔어요.

정근식　글리온 1차 회의 후에 평양의 봉수교회가 새로 건축되어 예배를 보았다고 하는데, 봉수교회에 관하여 말씀해주세요.

박경서　평양의 봉수교회가 1988년에 정식으로 오픈해요. 그러고 나서 이듬해 초에 문익환 목사님이 평양에 가서 설교를 했어요.

문익환 목사님은 당시 정부의 허가를 받지 않고 갔기 때문에 다녀와서 고초를 겪었지요. 이후 1992년 1월에 권호경 목사가 정식으로 정부의 허가를 받고 북한 봉수교회에서 설교하고 내가 인사말을 했지요. 이는 WCC 아시아국이 주선했기에 가능했던 거예요.

봉수교회가 완공되었을 때 북한 당국자가 나한테 "우리는 우리의 노동력과 우리의 자재를 가지고 교회를 짓습니다. 그 안의 모든 물품은 WCC가 해주시면 좋겠습니다." 그래요. 그래서 피아노, 오르간, 카펫, 탁자 등등 모든 것을 WCC가 기증해줘요. 그때까지만 해도 WCC에 돈을 가장 많이 낸 나라들이 서구의 교회들이에요. 특히 독일 교회가 가장 많이 헌금했지요. 한국 교회는 김형태 목사님이 한국에서 모금한 2만 불을 내고 하용조 목사님이 5,000불, 곽선희 목사님이 1만 불 등을 냈어요. 나중에 김대중 대통령이 햇볕정책을 하면서 한국의 지원금이 북한에 들어갔지만, 이명박 대통령의 5·24 조치 이후에는 10원도 못 들어가는 게 오늘까지의 현실 아니에요? 그러나 국제기구들은 지금도 인도주의적 원칙에 의해서 북한에 원조를 하고 있어요. 현재도 원조가 계속 가지요.

정근식　봉수교회와 칠골교회 두 군데에 상당히 많은 남한 교회의 원조가 들어갔겠네요. 이 교회들도 한국의 교단과 특별한 관련이 있나요?

박경서　봉수교회를 완전히 수리해서 새롭게 다시 짓고, 옆 부속 건물을 현대식으로 건축하는 프로젝트를 한국의 예장 통합교단이 다 해줬어요. 칠골교회는 기장 교회들이 해줬어요. 2015년에 16년 만에 다시 WCC 대표단의 이름으로 평양과 다른 7개 지방에 출장을 갔을 때 봉수교회에서 주일 예배를 보면서 교회가 참 예쁘게 재탄생한 것을 내 눈으로 보고 왔습니다. 칠골교회는 봉수교회보다 사이즈가 약간 작아요.

나는 '햇볕정책' 나오기 전인 1980년대, 1990년대에 북한 교회를 가봤잖아요? 교회에 가보면 추수철 같은 때는 200~250명, 김장철에는 200명, 김장철도 아니고 추수철도 아닐 때는 350명쯤 참석해요. 봉수교회 주일 예배에 그렇게 와요. 거기서 내가 인사말을 하고, 조평통에서 "박경서 박사 동무가 이번에도 쌀을 3,000톤 가져오고 비료 얼마 가져왔습니다." 이렇게 소개를 하지요. 그런데 원조가 어마어마한 양이니까 교회가 그것을 컨트롤을 못해요. 기반시설이 없어요. 그러니까 국가에서 해요. 당시에 큰물대책위원회라는 게 있었는데 거기서 배급을 담당하지요.

아무튼 그렇게 주일 예배가 끝나고 "박경서 선생은 내일모레 떠납니다." 하면 모든 교인들이 섭섭하다고 웅성거려요. 그러면 강영섭 목사님하고 내가 가운데 서고, 교인들이 서로서로 손에 손을 잡고 찬송가 "우리 다시 만나 볼 동안 하나님이 함께 계셔. 훈계로써 인도하며 도와주시기를 바라네."를 불러요. 사실 이 노래는 남한 교회에서는 장례식 때 부르는 곡이에요. 남쪽에서는 죽은 사람들을 천당에 보낼 때 부르는 노래인데, 이 사람들은 헤어질 때 불러요. 노

평양 봉수교회에서 강영섭 목사와 함께 예배 보는 모습.

래가 다 끝나면 나더러 자유롭게 악수를 하시라고 해요. 어떤 손을 만지면 뜨겁고 어떤 손은 차갑고 한데, 차가운 손은 비기독교인들 손이고 그중 많은 사람들이 공산당원들이에요.

정근식 아, 그래요? 정말로? 따뜻한 손은 교인이고, 차가운 손은 공산당원이에요? 선생님도 묘한 믿음이 있으시네요.

박경서 평양 교회에서 출석 교인과 악수를 해보면 저 사람은 공산당이다, 저 사람은 진짜다 느낄 수 있어요. 북한 교인들은 교회 나오는 것부터 집에 가는 것까지 자유가 없어요. 예배가 끝나면 교회에서부터 줄을 서서 그대로 집으로 보내요. 외부 인사들을 못 만나게 해요. "이문영 여사님!" 하고 불러도 뒤도 돌아보지 않고 가버려요. 여사님은 제2차 글리온 모임 때 제네바 우리 집에서 식사도 하셨지만 당국의 허락 없이는 나를 만나지 못하는 거예요. 그래서 모른 척하고 가야 해요. 공산당 허락을 안 받고 나를 만나면 안 되는 거예요. 내가 김일성 주석 만나고부터는 자유를 좀 누리게 되었지만요.

정근식 아는 사람인데도 아는 척을 할 수가 없는 거군요!

박경서 그렇더라고요. 글리온 2차 회의 후에 우리들이 한 일 중에 의미 있는 일이 있답니다. 그 사람들이 북한으로 떠나고 나자 미국에서 온 이승만 목사님이 나한테 뭐라고 하냐면 "글리온 2차까지 했으니 미국을 한번 구경시키십시다." 그래요.

정근식 이승만 목사도 글리온 회의에 참석했어요? 글리온 2차 회의가 1988년이잖아요. 그때가 서울올림픽 앞이에요, 뒤예요?

박경서 서울올림픽 뒤예요. 북한 대표들을 미국 교회에서 한번 초청하자는 말씀이었어요. 저 역시 좋다고 생각하고 1990년대 초에 잘 준비해서 미국 교회들을 방문하게 해드렸지요. 북한의 목사님들이 움직이면 꼭 책임 지도원 동무라고 공산당원들이 따라와요. 그 사람들까지 해서 총 일곱 분이었던 걸로 기억해요. 그중 봉수교회 찬양대 여성 성악가 두 분도 포함되었지요. 남녀는 항상 동일해야 하는 국제기구들의 가이드라인을 어기면 안 되니까요.

정근식 글리온 2차 회의 이후에 북한 교회에 무슨 변화가 있었나요?

박경서 1990년에 출장을 갔더니 뭐라고 하냐면, "우리 봉수교회가 1989년부터 예배를 보기 시작했습니다."라고 하는 거예요. 앞에서 말했듯이, WCC도 많이 도와주고 미국과 영국에 있는 교포들도 도와주고 해서 평양 시내에 봉수교회를 재건했어요. 북한이 요구한 대로 WCC 아시아국이 피아노도 사주고 거기에 까는 양탄자도 전부 사주고, 에어컨, 선풍기도 사주었어요.

정근식 봉수교회를 지었으니 지원해달라는 요청은 누가 했어요?

박경서 그것은 조선기독교도연맹에서 고기준 목사 등이 했지요. 목원대 김흥수 교수가 WCC 아카이브에 가서 자료를 수집한 후에 책을 만들었는데, 그에 관한 자세한 설명이 있으니 참조할 수 있어요. 아무튼 봉수교회는 1988년 세워졌고, 앞에서 말한 것처럼 그 이듬해인 1989년 3월 26일에 문익환 목사님이 그곳에서 부활절 설교를 했지요. 그런데 당국의 허가도 없이 북한에 갔으니 난리가 났죠. 이 사람들이 이제 교회도 지었으니 남쪽의 목사님께서 오셔서 설교할 수 있도록 도와주겠다고 했어요. 김관석 목사님은 그때 이미 은퇴하셨고, 김소영 목사님이라고 NCC 예장의 총무가 계셨는데, 내가 한국에 출장을 와서 김소영 목사님 여권을 복사해서 북한에 보내 초청하도록 하였지요.

정근식 그때부터 본격적으로 북한 선교가 시작된 건가요? 제 생각으로는 선교라기보다는 종교를 앞세운 민족 화해라고 하는 것이 더 정확할 수도 있겠어요.

박경서 그런데 북한에서 박경서만 계속 들어오라고 하지, NCC

총무 오라는 소리가 없어요. 1989년에 김소영 목사님 여권을 보내 줬는데 소식이 없던 차에, 김소영 목사님은 임기가 만료되어 은퇴하고 권호경 목사님이 후임으로 취임했어요. 김소영 목사님은 북한을 방문하여 김일성 주석을 빨리 만날 줄 알았지만, 결국 가지 못했어요. 그런데 1991년에 이르러 드디어 북한에서 저에게 연락을 했어요. 권호경 NCC 총무 목사님을 초청할 테니 와서 설교를 하라는 거예요. 그래서 남한 교회 대표가 처음으로 북한 교회에 가서 설교하게 되지요. 그 이후 북한 교회 대표도 NCC 초청으로 서울에 와서 소망교회에서 설교를 했지요. 북한 대표가 소망교회에서 설교할 때 보수파 기독교인들이 야유하고 소리 지르고 약간의 갈등은 있었어요. 하지만 평양의 봉수교회 목사들이 남쪽에 와서 설교를 한 것은 남북 화해와 교류의 측면에서 엄청난 진전이라고 할 수 있지요.

정근식 아, 그랬어요? 평양에 있는 목사들이 남쪽에 왔어요? 왜 그런지 저는 그때의 기억이 없네요.

박경서 그런 일이 있고 나서 한동안 뜸하다가 1991년 10월에 내가 북한에 출장을 갔더니, 북쪽 대표가 "이 다음엔 좋은 소식이 있을 겁니다." 이러는 거예요. 나는 그저 "아하, 좋은 소식이요? 고맙습니다."라고 대답했어요. 그런데 그것이 바로 김일성 주석이 나를 초청한다는 의미였어요. 정말 말 그대로 구체적인 연락이 왔고, 지금도 잊히지 않는 1992년 1월 13일에 김일성 주석을 만났지요.

정근식 그걸 두 달 전에 알려줬군요. 그러니까 1992년 1월의 북한 방문은 사전에 김일성 주석을 만나는 것을 알고 이루어진 거예요? 아니면 북한에 간 후에 현지에서 면담 일정을 아신 거예요?

박경서 사전에 알고 갔지요. 김일성 주석과 만난 것이 1992년 1월 13일 아침 10시예요. 원래 조평통에서 연락 오기는 김 주석이 저녁식사를 하겠다고 했대요. 그런데 저녁을 먹으면 내가 평양에서 이틀을 더 있어야 해요. 그때만 해도 평양에서 베이징 나가는 비행기가 토요일 하루밖에 없었어요. 그래서 "안 되겠습니다. 나는 오후 비행기로 베이징으로 떠나야 합니다."라고 말했지요.

정근식 1980년대에는 베이징-평양 간 비행기가 주 2회였는데 1990년대 들어서서 주 1회로 줄어들었군요.

박경서 그래서 내가 저녁식사 대신 점심식사만 된다고 했어요. 그랬더니 약속시간이 바뀐 겁니다. 그 후에 김일성 주석을 만났더니 "내가 정한 약속을 변경한 사람은 박경서가 처음이다."라고 하더라고요. 아무튼 내가 바꾸자고 해서 점심식사를 하기로 했고, 10시 15분 전에 벤츠 500이 초대소 숙소로 왔어요.

그때 북한 일정이 뭐였냐면, 그 전 주에 예배를 보면서 권호경 목사가 평양 봉수교회에서 설교를 하고 내가 인사말을 했어요. 그리고 다음다음 날에 김일성 주석을 만나는 일정이었습니다.

정근식　권호경 목사도 평양에 있었네요? 그러면 권 목사님도 함께 만난 건가요?

박경서　네. 김일성 주석을 내가 두 번 만났는데, 1992년 첫 번째 만날 때 권 목사님이 함께 있었어요. 두 번째 만날 땐 그분이 없었고.

　　그때 북한에 가서 보니까 박경서와 권호경 목사만 김일성 주석을 만나게 되어 있더라고요. 그래서 내가 조평통 부위원장한테 "WCC는 북한과 남한을 똑같이 생각해야 하는데, 어떻게 남쪽 사람만 김일성 주석을 만나고 북한 사람들은 못 만납니까?" 하고 물었어요. 내가 조선기독교도연맹 대표를 주석 면담 자리에 데려가야 한다고 고집했는데 북한에서 안 들어주니까, 주석께서 왜 북한 사람을 만나주지 않는가를 물은 거지요. 그러니까 북측 담당자가 "그것이 뭐가 중요하십네까? 그냥 두 분만 가십시다."라고 대답했어요. 그래서 내가 "NO!" 했지요. 만약에 조선기독교도연맹 대표를 데리고 가지 못하면 나도 김 주석을 만나지 않겠다고 했더니, "박 선생, 참 복잡하시네요."라고 하더라고요. 그래서 내가 "남쪽 대표만 데리고 김일성 주석을 만나면, 내가 제네바에 가서 사표를 써야 합니다. 아시아 국장이라는 사람이 어떻게 분단 국가에서 한쪽만 데려갑니까. 차라리 안 만나겠습니다." 하면서 권호경 목사한테 눈짓을 했더니 권 목사도 "저도 안 가겠습니다."라고 말했어요.

그랬더니 다음 날은 아무 소식이 없다가, 그다음 날 저녁 11시에 "박 선생님 말씀대로 남과 북을 같이 데리고 들어가는 걸로 허가가 났습니다." 하고 연락이 왔어요. 그리고 두 시간 후인 새벽 1시가 되어 자려고 하는데, 안내원 동무가 문을 똑똑 두드려요. "내일 수령님 뵙는데 옷을 다려야 합니다. 입고 갈 옷을 전부 주세요." 그러는 거예요. 내가 털옷이라 다리지 않아도 된다고 해도 자꾸 다려야 한다며 가져가요. 나중에 정보 계통에서 일하시는 분들에게 그 얘기를 했더니, 다림질이 목적이 아니라 혹시나 독침을 가지고 있는지 조사한 것이라고 하더라고요. 우습지요.

다음 날 벤츠 500이 왔는데, 내가 키가 큰데도 절반쯤 서도 천장에 안 닿을 정도로 높은 차였어요. 그 안에서 옷을 갈아입을 수 있게 되어 있어요. 내 생각엔 김일성 주석이 타고 다녔던 차 같아요. 그때 평양의 주요 도로에는 길 한가운데에 노란색으로 두 줄이 그어져 있었고, 그 가운데 길로는 김일성 주석과 김정일 위원장 차만 다녔어요. 나중에 그런 사실을 알았는데, 지금은 그 노란 선을 없앴지요. 아무튼 우리를 태운 차가 노란 줄이 그어진 가운데 길로 가고 있더라고요. 앞에는 군인 차, 뒤에는 기자 차가 따라왔어요.

정근식 그 차에 권호경 목사와 선생님 두 분만 타고 있었어요? 조선기독교도연맹에서 나온 분도 함께 갔나요?

박경서　아니지요. 북한 교회 대표는 주석궁에서 만나자고 했지요. 김 주석이 주석궁으로 직접 오라고 했으니까. 내가 간 주석궁은 김일성종합대학 위에 있는 것인데, 문이 바위로 되어 있어요.

정근식　그럼 평양의 주석궁은 한 곳이 아니고 여러 군데에 분산되어 있는가요?

박경서　나는 모르지만 사람들이 말하기를 여러 곳이라고 해요. 내가 간 주석궁이 원조인 것 같았어요. 거기 가보니 바위 문이 있고, 그것이 전기로 열려요. 나랑 권호경 목사가 그 앞에 딱 서 있는데 문이 드등드릉, 하면서 천천히 열려요. 스위스에서 온 시골 사람이 깜짝 놀랐지요. 문이 열리니까 그 앞에 김일성 주석이 딱 서 있는 거예요. 그러더니 나를 보고 "열렬히 환영한다!"고 크게 말하면서 꼭 껴안아요. 내가 안기면서 보니까 김 주석은 나보다 키는 좀 작고 더 뚱뚱했어요.

정근식　권 목사도 껴안았어요?

박경서　그래요. 권 목사님도 껴안았지요. 그것이 일종의 독특한 환영 의례라는 것을 나중에 알았지요. 그러고 나서 김일성 주석이 다섯 보쯤 앞서서 걸어가는데 목 뒤를 보니까 혹이 거의 없어요. 그동안 보도된 사진으로 보기에는 김일성 주석의 뒷머리 혹이 상

1992년 김일성 주석과 남북 교회 대표.

당히 컸거든요.

정근식   그렇다면 그동안 보여준 김일성 주석의 혹은 일종의 포토샵이었던 건가요?

박경서   그래서 순간적으로 '서구 언론이 김일성 주석의 이미지를 사진으로 조작했구나'라고 느꼈어요. 그러고 나서 어느 방에 딱 들어갔는데, 사람들이 이미 다 배석해 있어요. 내 생각에 '저렇게 늙은 노인네가 우리 둘을 위해 이렇게 걸어 나왔구나!' 싶어 고마운 마음이 들더라고요. 그런데 아무리 둘러봐도 조선기독교도연맹의 대표들이 없어요. 이번에는 '아, 속았구나' 생각하고 두리번거렸는데, 이미 저 앞에 가서 앉아 있던 김일성 주석이 "박경서 박사 동무, 다 해결이 될 테니 앉읍시다."라고 해요. 조선기독교도연맹 대표가 보이지 않아서 내가 그들을 찾는 걸 알고 그러는 건지, 모르고 한 건지는 모르겠어요. 김국태 조평통 위원장이 나한테 오더니 큰 마이크를 가리키면서 "박사 동무는 입을 여기 마이크에 가까이 대고 크게 말해야 합니다. 위대한 수령님은 귀가 잘 안 들립니다."라고 말해요. 그래서 주석 귀를 보니까 보청기를 끼고 가슴에 배터리를 달고 있어요. 권호경 목사 앞에도 마이크가 있었는데 보니까 상표가 소니예요.

정근식   그때가 1992년이었으니 김일성 주석이 사망하기 2년 전이었군요! 흥미진진해요.

박경서 그렇지. 김일성 주석이 "아, 우리 박 선생은 조국에 상당히 많은 원조를 해줘서 참 고맙게 생각합니다. 오늘은 참 좋은 날이 되어야겠고, 그래서 저녁에 재밌게 식사를 하려고 했는데 박 선생이 너무 바쁘다고 해서 낮으로 약속을 바꿨습니다." 이래요. 나는 속으로 '아, 이거 실패구나. 북쪽 교회 대표 없이 남쪽 대표만 데리고 들어왔으니, 내가 4~5년 동안 원조한 것이 결실을 맺지 못하는 것은 아닌가'라고 생각하며 낙담했어요. 원래 힘없는 북쪽 교회에 힘을 실어주려고 김일성 주석을 만난 것이었는데 실패했다는 생각이 들었지요.

또 한 가지는 그때 노태우 대통령이 1991년 12월 13일에 남북기본합의서를 만들어 통과시키면서 정상회담을 추진했다고 해요. 판문점에서 남북정상회담을 열려고 추진했다는 것을 내가 제네바에서 들었어요. 그래서 "주석님, 제가 제네바에서 듣기로는 정상회담을 추진 중이라고 하던데 많이 진전되고 있습니까?" 하고 물었더니 김 주석이 "그 문제를 지금 심각하고 고려하고 있어요."라고 답했어요. 그런데 무슨 이유 때문인지 그 정상회담은 안 열렸어요. 당시 남쪽의 진보적 인사들 사이에서 정상회담에 대한 회의적 시각이 있었다고 해요.

그날 면담 자리에서 권호경 목사가 남북기본합의서 초안에 체육계·문화계의 교류와 경제 협력 이야기는 있는데, 종교 간 교류에 대한 이야기가 없으니 그걸 넣어달라고 요청했어요. 그러니까 김일성 주석이 "오, 그게 없나?" 하더니 큰 소리로 "박성철이 불러!" 그래요. 한 3분 지나니까 어딘가 마이크에서 "네, 박성철입니다." 하는 소리가 나와요. "지금 저는 어디어디에 있습니다." 하니까, 김 주석이 "지금 여기 박경서 박사하고 권호경 목사가 와서 이야기하는데 거기 남북기본합의서에 종교계 교류 이야기를 넣어야 해. 알았지?" 하니까 "네!! 알겠습니다!" 소리쳐요. 방이 전부 마이크 장치가 되어 있다는 것을 알게 되었고, 또 북한의 IT 기술 수준이 상당하다는 것을 알게 되었지요.

그다음 내가 "통일교 문선명 씨를 접견하셨다고 알고 있습니다. 그런데 문선명 통일교 교주는 반공에 앞장선 사람인데 어떻게 그런 분을 만나셨습니까?" 하고 물었어요. 그랬더니 "내가 왜 만났냐면, 저기서부터 무릎을 꿇고 잘못했다고 이야기하고 절을 하기에 일어나서 오시오, 하고 내가 만났어."라고 말했어요. 김일성 주석이 또 무슨 얘기를 했냐면, "내가 2주 후에 김우중 씨를 만나는데 대우라는 회사는 무슨 회사예요?" 이렇게 묻더라고요.

내가 평양에 가기 전에 언젠가 방콕에 출장을 갔다가 정주년 태국 대사와 대사관저에서 저녁식사를 했어요. 그때 정 대사의 고등학교 친구가 와서 같이 식사를 했는데, 그 사람이 당시 대우건설 홍 사장이었어요. 그 자리에서 홍 사장이 평양에 간다고 하더라고요. 그래서 대우의 북한 프로젝트를 약간 알게 되었지요.

정근식 그때가 언젠가요?

박경서 1990년도예요. 그때 그 사람이 말하길, 자기는 벌써 열 번 이상 평양에 출장을 갔다고 하더라고요. 대우가 중국에 냉장고 만드는 큰 공장도 짓고, 여러 가지 가전제품 공장도 지으면서 그 비용을 중국에서 원유로 받았는데, 그 원유를 북한에다 거의 무상으로 준다고 그러더라고요. 그래서 대우의 북한 진출 전략을 조금씩 이해하게 되었지요.

정근식 대우가 북한 진출을 위해 많은 노력을 하였군요.

박경서 그렇지요. 김우중 회장이 그렇게 한 거예요. 나는 당시에 참 좋은 일을 한다고 생각했고, 남과 북이 어떻게 하면 서로 잘 살 수 있는가가 중요하다고 생각했어요. 그다음에 김일성 주석을 만나러 베이징 공항에서 비행기를 기다리고 있는데, 같은 비행기로 평양에 가는 홍 사장을 만났어요. 내가 "아유, 홍 사장 반가워요!!" 했더니 홍 사장도 무척 반가워했어요. 같은 고려항공 비행기를 타고 평양에 가는데 홍 사장이 내 옆에서 말하기를, 대우는 중국에서 이익을 많이 내는데 그 이익의 거의 대부분을 미래를 위해 북한에 준다고 해요. 남과 북의 평화 정착을 위해 우리가 큰 일을 하고 있다는 말을 듣고 헤어졌는데, 김일성 주석이 공교롭게도 대우에 관해 물어보는 거예요. 그래서 나는 "대우는 참 좋은 회사입니다. 김우중 회장을 만나시면 큰 용기를 주세요. 이익의 상당 부분을 조국으로 환원하는 회사입니다. 대우 간부를 만났더니 조국에 준다고합니다."라고 말했지요.

그다음에 김우중 회장이 김일성 주석을 만나서 경제 협력을 진전시켰습니다. 김일성 주석 사망 당시에 북한에서 전세 비행기를 베이징에 보냈어요. 김우중 회장과 박경서 박사 등등은 베이징에 와서 전세 비행기를 타고 문상을 하라고 연락을 했지요. 그러나 나는제네바에 있었으니까 평양까지 가지 않고 제네바 북한 대표부에 가서 문상을 했는데, 김우중 회장은 당시 김영삼 대통령한테 물어봤다가 가지 말라고 해서 안 갔다고 하더라고요.

정근식 주석궁에서 김일성 주석과 면담을 할 때, 결국 북한 교회 대표들은 참석하지 못했나요?

박경서 어쨌든 나는 북한 교회 대표가 오지 못했기 때문에 마음이 착잡했지요. 그랬는데 비서실장이 김 주석에게 와서 귓속말로뭐라고 소곤거려요. 아마도 식사시간이라고 말한 것 같아요. 김 주석이 "자, 열두 시니까, 서기장, 이제 밥 먹자!" 하면서 보청기를 떼고 일어서자 거기에 있던 사람들이 모두 용수철같이 일어서요. 그러자 주석 자리 옆 커튼 문들이 자동으로 열려요. 거기는 그냥 벽인 줄 알았는데 알고 보니 문이었고, 그것이 열리자 거기에 조선기독교도연맹 간부 네 명이 차렷하고 서 있는 거예요. 나중에 알고 보니 북한의 내부 사정 때문에 조선기독교도연맹 대표들은 배석시키지 않았는데, 박경서의 소원은 들어줘야 하니까 회담이 끝난 다음에 이 사람들을 오라고 해서 식사를 같이 한 거예요. 그래서 식탁에 전부 30명쯤 둘러앉게 되었어요. 김일성 주석, 나, 권 목사, 그리고 북한 간부들이지요. 권 목사는 술을 입에도 대지 못하니까, 김 주석은 나랑 둘이서 술 한잔하자면서 식사를 시작한 거지요. 백두산 들쭉술을 석 잔쯤 마셨을 때 김일성 주석이 뭐라고 하냐면, "내가 일본 제국주의를 타파하기 위해 만주에서 빨치산 운동을 할 때 몇 번 죽을 고비를 당했는데, 그때마다 예수를 믿는 목사님들이 도와줬다."는 거예요. 그 목사님 이름을 말하면서 북한에 그를 자주 초청하고 있다고 이야기해요.

정근식 누군데요? 한국인 아니에요?

박경서 아주 유명한 재미교포 목사예요. 그 말을 하면서 김 주석은 자기도 교회를 다녔다고, 주일학교를 다녔다고 이야기해요. 저기에 고기준 목사가 앉아 있는데 "고기준! 기준아!" 하고 부르니 용수철같이 일어나서 대답해요.

"네! 고기준! 일어섰습니다!"

"야, 너 지금 몇 살이냐?"

"네, 작년에 고희를 지냈습니다."

"우와, 네가 고희야? 그럼 너나 나나 천당 갈 때가 되었구나."

천당이란 말을 쓰더라고요. 희한했어요.

"강영섭, 영섭아."

"네!!"

"춘심이, 약발 잘 들더냐?"

"네!! 그 약 먹고 잘 나았습니다."

그 말을 듣고 김 주석이 강영섭 목사님하고 친척이라는 것을 알게 되었지요. 김 주석의 어머니, 강반석 씨의 친척이 강영섭 목사예요. 외가 친척이지요. 춘심이라는 사람도 주석의 친인척쯤 되겠지요. 아파서 약을 주었는데 잘 들더냐고 묻는 거예요. 그러더니 이번엔 내가 데리고 들어간 김정규를 "정규!" 하고 부르니 "네!" 하고 일어서요.

"너 몇 개 국어 하니?"

"불어, 소련어, 중국어, 일본어 합니다."

"그런데 말이야, 요즘에 중국 사람들 하는 짓을 보니 재미없어." 그러면서 "중국말은 안 해도 돼." 그렇게 말했어요. 나는 그 말을 듣고 '아하, 중국하고 껄끄럽구나' 하고 생각했어요.

정근식　1992년은 남한하고 중국이 수교한 해로, 북한과 중국 관계가 악화되었고, 또 교차 승인 문제로 상황이 복잡했잖아요?

박경서　그래서 그랬는지, 김 주석이 그렇게 말했어요. 이어서 "야, 권 목사는 술을 못하고 박경서 박사는 술을 조금 하는 걸 내가 알고 있지. 의사가 3에서 끝내라고 했는데 말이야, 오늘은 예외로 5까지 가자. 1, 3, 5, 7, 9다."라고 해요. 백두산 들쭉주가 독해서 그런지 석 잔 먹으니까 나도 빙글빙글해요. 권 목사는 술을 입에도 안 대니까 북한 친구들이 나에게 술을 자꾸 따라줘요. 넉 잔이 딱 들어간 후에 내가 그랬지요. "아유, 위대한 수령님, 제가 술이 취해 말이 잘 안 되는데, 그냥 할아버지라고 그럴게요." 그랬더니 김일성 주석이 "좋지, 좋지. 나는 경서라고 할 테니 할아버지라고 해라." 했어요. 술이 약간 취해서 김일성 주석이 "박경서, 너는 말야. 감옥에 안 가냐? 나를 만나면 다 감옥에 가는데."라고 해요.

정근식 김일성 주석을 만난 문익환 목사가 평양을 다녀온 후에 투옥된 것을 알고 그런 말을 했나 보네요.

박경서 그렇지요. "저는 감옥 안 갑니다. 저는 여기서 제네바로 갑니다. 권 목사는 한국에서 허가받고 왔어요." 그렇게 대답하자, 김 주석이 "그런 말 마. 문익환이 그 자리에 앉아서 똑같은 이야기를 했어. 그런데 익환이가 지금 감옥에 간 지 1년이 되는가?" 그래요. 그러고 아무 소리가 없어서 옆에 앉은 주석을 보니, 밖에는 눈이 많이 오는데, 김 주석 눈에 눈물이 고여 있더라고요. 내가 그걸 보고 정신을 바짝 차렸지요.

"나는 말이야, 내 친동생이나 다름없는 문익환이가 보고 싶어서, 어제 익환이가 잠자던 초대소에 가서 두 시간 있다가 왔어." 그

문익환 목사님.

러더라고요. 그러면서 "익환이를 만나면 내 이야기를 해라. 그러고 범민련 이야기도 내가 다 알고 있다고 해라." 하는데, 그 말을 듣고 나는 범민련 이야기가 뭔지 몰랐지만 "네, 알겠습니다." 했어요. 그러자 그는 "WCC의 인도주의 원조에 대해서 깊은 감사를 드린다. 결국 우리나라는 고려연방제로 가야 한다. 그래야만 주변 4강을 뚫고 우리들이 할 수 있는 길이 있다." 이런 이야기를 해요. 나는 그 말을 듣고 현실적으로 어렵다는 생각을 했어요. 그러고 나서 김 주석이 "4강을 헤쳐 나가려면 연방제를 통해서 남북이 공동으로 대응해야 한다. 일본 사회당과 많이 협력해주길 바란다."라고도 말해요. 당시는 일본 사회당이 힘을 발휘하던 시기였지요.

그러고 나서 캄보디아 이야기를 해요. "시아누크가 오랫동안 나와 같이 살았는데, 언젠가는 자기 나라에 가서 다시 왕이 될 텐데, WCC가 지금처럼 많이 도와줘라." 이런 이야기도 하고 "박경서가 출장을 오게 되면, 내가 현지 지도를 하러 나가서 평양에 없더라도, 어디에 가 있든지 꼭 연락을 해서 만나야 한다."는 이야기를 부하들한테 했어요. 그날 김국태 위원장이 "박경서 국장 동무가 빨리 비행장으로 가야 합니다."라고 말해서 그때 면담이 끝났어요. 김일성 주석이 배웅을 하면서 한 사람 한 사람 악수를 하고 나와 권호경 목사와도 포옹을 했어요. 북한 사람들은 한결같이 한 사람, 한 사람 악수 대신 "위대한 수령님 만수무강하옵소서."라고 인사하면서 소리치는 것을 보고 우리는 주석궁을 떠나 순안비행장으로 갔어요.

권호경 목사는 베이징을 경유하여 서울로 돌아가고 나는 캄보디아에 갔다가 제네바로 돌아갔지요. 그런 과정을 거쳐 북한에 대한 원조가 증가했습니다. 1988년부터 1999년까지 WCC를 대표해서 내 책임하에 4,300만 불에 해당하는 인도주의적 원조가 북으로 흘러 들어갔지요. 그중에서 가장 많이 간 것이 쌀, 비료, 약품, 비닐, 모기장, 밀가루 등이었어요.

정근식 김일성 주석을 만나기 전과 후에 원조 금액이 달라졌나요?

박경서 김일성 주석 만나고 나서 많이 들어간 거지요. 특히 '고난의 행군' 시기에 북한 주민들이 많이 굶어 죽을 때, 가장 많이 원조해준 나라가 독일, 스칸디나비아 4국(스웨덴, 덴마크, 노르웨이, 핀란드) 그리고 네덜란드, 캐나다, 오스트레일리아, 홍콩, 뉴질랜드, 일본, 미국 이런 나라들입니다. 1999년까지 원조했고 2000년대에 들어와서는 남한이 상당히 많은 원조를 북한에게 주게 되지요.

인도주의적 원조의 예를 하나 들지요. 한번은 함흥시 제1도립병원에 내가 시찰을 갔어요. 거기 원장이 나와서 "수술하는 것을 좀 보십시오."라고 했어요. 밖에서 볼 수 있게 유리로 되어 있었는데, 어느 여자를 수술하는 광경이었습니다. 원장이 수술이 잘되었다고 나왔는데, 조금 후에 젊은 의사가 막 뛰어오더니 "혈압 올리는 약이 다 떨어져버렸어요." 하는 거예요. 원장이 "그거 있을 텐데?" 하니까 얼마 전에 환자가 많아서 다 썼다고 말해요. 그러니까 원장이 "약이 없으면 수술하지 말아야지." 하더라고요. 피를 많이 흘리는 환자가 수술이 끝난 다음에 혈압이 낮아지면 혈압 올리는 약을 주어야 하는데, 그 약이 없어서 그 여자가 10분 후에 죽더라고요. 내가 그 광경을 보고 통곡을 했고, 평양제약공장을 만들어주어야겠다고 결심한 거예요. 지금도 평양제약공장이 다섯 가지의 약을 WHO 기준에 맞게 제조하고 있어요. 멀티비타민, 진통제(페인킬러), 혈압 높이는 약, 아스피린, 그리고 또 한 가지 약. 이 다섯 가지를 세계보건기구의 기준치에 맞추어 생산해서 보급하고 있지요.

독일의 튀빙겐에 가면 기독교 의료재단이 있어요. 이곳은 못 사는 나라에 의료 병원을 지어주기도 하는 건강을 위한 재단이에요. 평양제약공장이 완전히 스톱 상태에 있을 때 독일의 '세계를 위한 빵'이라는 데를 소개했지요. '세계를 위한 빵'은 슈트가르트에 있다가 독일 통일 후에 베를린으로 옮겼는데, 거기에서 돈을 희사해서 튀빙겐에 있는 의료재단과 함께 운휴 상태에 있는 평양제약공장을 재가동시킨 거예요. WHO 기준에 맞추기 위해서 WHO 직원들까지 평양에 데려가서 검사한 후에 합격을 받아서 지금도 생산하고 있어요. 지난번 2015년에 16년 만에 평양을 갔더니 그 공장이 그대로 운영 중이더라고요. 평양제약공장이 돌아가고 있다는 거지요.

북한의 의료 사정은 형편없어요. 1990년대에는 주사기도 일제 강점기에 썼던 유리 주사기를 곤로에 끓여서 다시 쓰고 있더라고요. 요즘은 일회용 주사기를 쓰는데, 이런 물품들은 모두 세계교회협의회가 보내준 원조액 4,300만 불에 들어가 있는 것이지요.

정근식　두 번째로 김일성 주석을 만난 것은 언제였습니까?

박경서　그로부터 1년 후인 1993년 10월쯤이지요. 처음 만났던 그 주석궁에서 다시 만났는데, "와줘서 고맙다. 오늘은 바빠서 백두산 들쭉술도 못 마시겠다."고 그래요.

정근식　그즈음이면 1994년의 남북정상회담 계획이 이미 확정되어 있었나요?

박경서　아마 아닐 거예요.

정근식　그 시절에 가장 큰 문제가 남한은 소련 및 중국과 수교를 했는데, 북한은 미국이나 일본과 수교를 못했잖아요? 저는 이것을 비대칭적 탈냉전이라고 말합니다. 교차 승인을 통한 대칭적 탈냉전이 이루어졌거나 당시에 남북정상회담을 하여 화해로 나아갔다면, 북한이 개혁 개방으로 나아갈 수 있었는데, 유감스럽게도 그런 방향으로 나아가지 못했던 것이 결국 오늘날의 핵 위기를 만들어낸 핵심적 원인이 아닐까요?

박경서　노태우 대통령이나 김영삼 대통령이 김일성 주석을 만났으면 획기적인 변화가 일어날 수도 있었겠다고 생각해요. 김영삼 대통령하고 만나기 직전에 김일성 주석이 사망했는데, 그가 살아 있었을 때에 정상회담을 했으면 역사가 달라졌을 수도 있어요.

정근식 김정일 위원장은 선생님이 김일성 주석과 면담한다는 걸 알고 있었는지 궁금해지는데요?

박경서 아! 이런 일이 있었어요. 김일성 주석을 만나는 날 밤 1시에 안내원이 다림질한다고 옷을 달라고 해서 주고 잠을 자는데, 새벽 4시에 김정일 위원장이 전화했어요. 그래서 김정일 위원장이 4시에 일어난다는 걸 알게 되었어요. 일하는 친구가 나를 깨우면서 친애하는 지도자 동무께서 전화를 하셨다고 해서 파자마 바람으로 전화기가 있는 현관의 안내방으로 갔지요. 내가 "여보세요?" 했더니 "네, 저 김정일입니다. 오늘 위대한 수령님 뵈시죠? 준비 다 되셨습니까?" 해요. 그래서 "네, 준비 잘 되었습니다, 감사합니다." 했더니 "우리 위대한 수령님은 무슨 이야기든지 다 들어주십니다. 마음 완전히 놓으시고 마음껏 요구하십시오." 그래요.

사실은 내가 김일성 주석에게 이야기한 내용 중에 김정일 위원장을 의식하고 말한 것도 여러 가지 있었어요. 나중에 알고 봤더니 김정일 위원장은 자기가 잊어버리기 전에 항상 4시에 전화한대요. 김정일 위원장의 근무 스타일은 유명하잖아요. 김정일 위원장과 통화한 날, 벤츠 타고 주석궁으로 들어갔어요.

김정일 위원장하고는 나중에 또 한 번 통화했지만 만나지는 않앉어요. 그런데 북한에서는 가는 데마다 "박경서는 위대한 수령님이 가장 좋아하는 사람"이라고 말해요. 박경서를 태우는 자동차는 별이 달린 차가 나온다는 거예요. 별이 달린 차는 김정일 위원장이 직접 준 차를 말해요. 벤츠 350에 별이 붙어서 나오지요. 내가 개성에 다녀오잖아요? 개성까지 가는 동안 모든 자동차를 검문해요. 개성에 가면 7첩 반상 식사가 있는데 거기 먹으러 가요. 묘향산 갈 때도 그렇고 평양에 누가 들어오거나 나가거나 보위부에서 체크하는데, 김정일 위원장이 보내준 별 단 자동차는 스톱을 하지 않고 무사통과예요. 자동차 앞에 별이 붙어 있어요. 아마도 김정일 위원장은 자기 아버지가 좋아하는 사람, 만나서 기분 좋은 사람 리스트를 만들어 관리한 것 같은데, 그중에 내가 올라간 거지요.

김일성 주석 사망 후 6개월이 되었을 때, 내가 평양에 출장을 갔어요. 이 사람들이 나폴레옹 코냑을 잘 먹어서 네 병쯤 가지고 가서 늘 선물로 주면 아주 좋아해요. 1994년 12월 또는 1995년 1월이었는데, 앉으면 그분들은 저녁식사 테이블에서 큰 유리잔에 코냑을 가득 따라서 원샷으로 마셔요. 그러면 기분 좋아지지요.

내가 기다렸다가 이때로구나 싶어서 "자, 위대한 수령님께서 돌아가신 지 6개월이 되었습니다. 사실은 위대한 수령님께서 김영삼 대통령하고 정상회담을 준비하다가 돌아가시지 않았습니까? 우리나라 전통에 돌아가신 지 6개월이 지나면, 예전에 못한 것을 다시 추진하게 되어 있습니다." 그렇게 말하니 북한 사람들이 전부 의아하게 생각하면서 저를 주시하는 거예요. "제가 중간에 설 테니 우리 힘을 모아 친애하는 지도자 동무와 김영삼 대통령의 정상회담을 추진합시다." 했어요. 그러니까 "박 선생 지금 뭐라 하셨어요?" 그래요. "위대한 수령님이 추진 못하신 정상회담을 6개월 지났으니 우리가 추진해야 한다고 말했습니다." 그러자 조평통의 수석 부위원장이 그래요. "야, 위대한 수령님이 어떻게 돌아가셨는지 말씀 안 드렸어?" 그래서 내가 놀라 "수령님께서 어떻게 돌아가셨는데요?" 하니 "신문을 가져다 드려." 하면서 남쪽 우리나라 신문들을 읽으라고 주더라고요. 보니까 거기에 '우리의 원수 잘 죽었다' 이런 논조로 쓰여 있어요.

정근식 그때 우리나라에서 조문 파동이 났지요. 이부영 씨를 비롯한 일부 통일 운동 세력은 조문을 해야 한다고 했지만, 정부와 보수파는 강력히 반대하고 비난하고 그랬지요.

박경서 북한 조평통 간부들이 한결같이 "이런 사람들이 남쪽에 있는 한 우리는 영원히 안 만납니다."라고 말해요. 북한에서 이렇게 싫어하니 김영삼 대통령이 있는 동안에는 남북 관계가 얼어붙겠구나, 싶어 무거운 마음으로 제네바로 귀환했던 기억이 납니다.

정근식 김일성 주석의 사망 경위에 관하여 여러 가지 주장들이 있는데, 북한에서 공식적으로 설명하는 것은 무엇인가요?

박경서 김영삼 대통령과의 정상회담을 20여 일 앞둔 시점이라고 기억되는데요. 그때 당 간부가 들려준 얘기는 다음과 같습니다. 김 주석은 정상회담과 관련하여 주로 경제협력 분야의 위원장급 간부 30여 명을 데리고 회담이 예정되어 있는 묘향산 휴게소에서 정상회담 준비 회의 중이었답니다.

"우리가 무엇이 있나, 값싸고 성실한 노동력이 있을 뿐이니, 이번 정상회담은 남쪽의 기술과 자본을 동원하고 우리의 노동력을 합한 남북 경제협력이 주된 의제이니 그리 알고 준비하라."고 부탁하고는, "내 생각은 저쪽의 김 대통령 부부 그리고 응접실을 사이에 두고 내가 묵겠으니 준비를 잘하도록……." 하면서 그 자리에서 쓰러졌답니다. 평소 김 주석은 몸에 이상이 없었기 때문에 주치의를 동반하지 않았다고 해요. 그래서 급히 평양에 연락해 헬리콥터로 의사와 간호사 열여덟 명이 타고 출발했는데, 묘향산 상공에 도착할 즈음 날씨가 좋지 않아 헬기가 벼락을 맞고 공중 폭발해 의료진 전원이 목숨을 잃었다는 얘기였습니다. 그러니 김 주석도 의사의 치료를 받지 못하고 운명하였다는 얘기였어요.

그러나 그들은 "그 벼락은 백두산의 정기를 받은 것이었고, 위대한 수령님의 숭고한 삶과 정기는 번개를 통해 친애하는 김정일 지도자 동무에게 전승되었습니다."라고 말하더군요. 그들이 보기에 의사의 치료도 받지 못한 김 주석의 숭고한 죽음을 두고 남쪽은 잘 죽었다고 말하고 있는데, 이제 자초지종을 들었으니 정상회담 얘기는 꺼내지도 말라는 당부였습니다.

지금 생각하면 김일성 주석과 김영삼 대통령의 정상회담이 성사되었다면, 남북의 운명이 오늘처럼은 되지 않았을 것 같다는 생각도 들어서 아쉬운 점이 있습니다. 당시에 남북이 경제협력을 시작해서 서로 윈윈(win-win)하는 정책을 폈더라면, 오늘의 심각한 대치 국면은 없었을 것이며 한반도는 평화 공존이 이루어질 수도 있었겠구나 하는 생각이 가끔 드는 것도 사실이니까요.

정근식 나중에 김대중 대통령이 정상회담을 했지만, 좀 더 일찍 김영삼 대통령과의 정상회담이 성사되었더라면, 더 큰 변화가 가능했다는 생각이 들어요. 1990년대 중반이 세계적 탈냉전기여서 본격적인 개혁 개방 정책이 가능했고, 또 북한의 고난의 행군이 일어나기 전이어서 위기감도 덜했을 때니까요. 김일성 주석이 사망한 다음에 한국에서 조문 논쟁이 일어났는데, 제네바에서는 어떻게 하셨나요?

박경서 1994년 7월에 나는 제네바에 있었는데 김일성 주석의 사망 발표 다음 날 새벽 5시에 전화가 왔어요. 당시 리철 제네바 주재 북한 대사(나중에 이름을 리수용으로 바꿨어요)가 전화로 김일성 주석님께서 세상을 떠났는데 평양으로 문상을 갈 수 있는지 물어요. 새벽이라 당황했을 뿐만 아니라 다음 날 이집트 카이로 출장이 잡혀 있었기 때문에 평양까지 갈 수 없다고 했어요. 그러자 리철 대사가 "우리 대표부에 문상을 드릴 수 있도록 영안실을 꾸며놓았으니 이쪽으로 오십시오." 했어요.

정근식 북한 제네바 대표부에요?

박경서 제네바에요. 그래서 8시 20분에 비서들 세 명을 데리고 문상을 했어요. 내가 문상 간 첫 번째 인사니까 북한 대사관에서 그 사실을 평양에 보고하고, 곧바로 평양에서 방송으로 내보냈어요. 그리고 그걸 MBC가 제일 먼저 받아서 남쪽에서 방송했는데 그 방송을 강원룡 목사님이 들으셨나 봐요. 강 목사님이 돌아가시기 전에 뵈러 갔더니 "자네가 제네바에서 1등으로 김일성 주석 문상을 갔다고 MBC에서 이야기하더라."고 알려주셨어요. 그런 연유로 김일성 주석이 돌아가신 지 6개월 후에 평양에 가서 내가 다시 한 번 정상회담 추진을 제안했는데, 북한이 거절한 것이지요.

정근식 그때가 김영삼 전 대통령 시절이었고, 정상회담 추진 중에 김일성 주석이 사망했기 때문에 장례식에 가서 문상을 해야 한다고 주장하는 분과 이에 반대하는 분들 간에 논쟁이 있었잖아요. 남북 관계 개선을 위한 과정을 길게 보면서 그때 정부가 공식적으로 조의를 표해야 했다는 생각이 드는데, 선생님 생각은 어떠세요?

박경서 당연히 문상을 했어야 해요. 김영삼 대통령이 처음엔 문상한다고 했다가 안 했지요. 우리나라 신문이 문제예요. 보수적인 신문들에서 '우리의 원수 잘 죽었다'는 논조로 기사를 내보내니까, 평양에서 감정이 상했지요. 김일성 주석은 한국전쟁을 일으킨 장본인이지만, 김영삼 대통령과의 회담을 준비하다 갑자기 쓰러져 사망한 거 아니에요? 당시에 조문 사절을 보냈더라면 사정이 달라졌을 겁니다. 그래서 사망 6개월 후 내가 북한에 가서 다시 회담을 진행하자고 조평통을 통해 제안하니 단칼에 거절을 하잖아요. 당시 남쪽의 신문들을 다 보여주면서 "남쪽이 이러는데 무슨 정상회담이냐. 우리는 김영삼 정권이 있는 한 죽어도 정상회담을 안 하겠다." 하더라고요. 결국 우리가 하고 싶어도 할 수 없는 상황이 되어버린 것이죠. 한국 정부는 항상 긴 안목으로 정책을 추진해야 합니다.

정근식　김영삼 정권이 남긴 역사적 유산 중에는 밝은 것도 있고 어두운 것도 있는데, 어두운 유산 중 하나가 탈냉전을 적극적으로 추진해야 할 시기에 그것을 하지 못한 것도 포함될 수 있겠어요. 세계화와 민족 화해가 같이 갔더라면 좋았을 텐데, 그렇게 하지 못하고 세계화만 강조했고, 불행하게도 IMF 사태를 불러왔지요. 선생님 말씀을 들으니 1994년 겨울은 그런 숨겨진 비화를 간직하고 있었군요. 그렇지만 WCC 차원에서의 북한 원조는 지속되는 것 아닙니까?

박경서　그래서 북한의 목사님들을 초청해서 미국의 큰 도시들을 돌게 했어요.

정근식　정확히 몇 년도의 일인가요?

박경서 1993년이에요. 일곱 분의 차비를 WCC가 다 내고, 내 책상에서 비행기 표를 전부 내고, 이승만 목사님의 미국 교회에서 체재비를 전부 댔어요. 그래서 내가 뉴욕 출장을 마치고 시카고로 북한 목사님들을 만나러 갔어요. 시카고에서 열린 한국 목사님들의 사경회에 갔는데 목회에 성공한 목사님들이 다 모이셨더라고요. 한 300명쯤 됐어요. 내가 단상에 올라가서 고기준 목사님을 단장으로 하는 다섯 분의 조선기독교도연맹 목사님들을 소개했어요. 먼저 고기준 목사님이 단상에 올라오셨는데 갑자기 맨 뒤에 있던 한국계 미국 목사님이 소리를 질러요. "고기준 네가 목사야, 공산당이야? 그것부터 밝히고 말해라." 반말로 그렇게 소리를 질러요. 고기준 목사님 얼굴을 봤더니 너무 당황했더라고요. 이민 가서 미국 목사가 된 한국 사람이 그랬어요.

정근식 그 사람이 누군지 기억나요?

박경서 감리교 목사인데 얼굴을 못 봤어요. 그런데 고기준 목사님이 마이크를 잡더니 "네. 저는 둘 다입니다. 저는 공산당이면서 목사입니다. 그런데요 목사님! 이 둘 다 하기가 참 힘드네요. 저를 위해서 기도해주세요." 이렇게 말해요. 그러자 바로 맨 앞 둘째 줄에 있던 목사가 "할렐루야!" 하고 외쳐요. 그것을 신호로 모든 목사님들이 "할렐루야!" 하고 외치니 질문한 목사가 우습게 된 거지요.

그래서 회의가 잘 끝났어요.

정근식 고기준 목사가 참 대단하네요.

박경서 제네바로 돌아오는 비행기 안에서 이런 생각을 했지요. 나도 예수를 믿는 사람인데 만약에 하나님께서 두 사람의 신앙 고백을 들으시면 어떤 신앙 고백을 받으실까. 고기준 목사님의 '둘 다 어렵습니다, 저를 위해서 기도해주십시오' 하는 신앙 고백과 '너는 공산주의냐, 목사냐' 하는 목사님의 입장, 이 두 사람의 신앙 고백 중에서 하나님은 분명 고기준 목사님의 신앙 고백을 택하실 것이다, 이런 생각을 했어요. 가끔 교회의 집회에서 내가 이 간증을 합니다. 그러면 사람들이 굉장히 감명을 받아요.

그 이후에 북한에 갔다가 고기준 목사님을 한 번 더 만나요. 1995년쯤이었나, 내가 출장을 갔는데 평양 순안비행장에 황시천 목사라는 분이 저 멀리 서 계세요. 나는 조평통 손님으로 가는 거니까 그 목사님은 가까이 못 오시는 거예요. 내가 VIP 룸에서 나와 보니 계속 저기 서 계셔서 "이리로 오세요." 했는데도 안 오셔요. 그래서 조평통 관계자에게 "황시천 목사님이 오라고 해도 왜 안 오십니까." 했더니, 그 사람이 "오시오." 해요. 그러니까 오더라고요. 그걸 보면서 '아, 아직도 교회가 자유가 없구나!' 생각했어요.

황 목사님이 가까이 오셔서 내 귀에 대고 "고기준 목사님이 폐암에 걸렸어요. 주을온천에서 요양을 하고 계시니 문병을 한 번 가십시다." 그래요. 그래서 조평통 사람들에게 요청해서 고기준 목사님을 만나러 갔어요. 온천 요양소에 갔더니 고기준 목사님이 피골이 상접한 모습으로 있어요. 많이 어렵겠구나 하고 금방 느껴지더라고요. 손으로 나를 오라고 해요. 가서 손을 붙잡고 "하나님, 고기준 목사님을 살려주십시오." 하면서 간절하게 기도를 했어요. 고기준 목사님이 나를 보며 "박 선생, 나 천당에 가겠지?" 그러시더라고요. "물론이시지요. 천당에 가시지요." 그렇게 만나 뵙고 나는 평양으로 왔어요. 기차 시간이 있고 밖에서 사람들도 기다리고 해서 오래 머물 수가 없었지요. 그런데 다음다음 토요일인가, 스위스로 떠나려는데 황시천 목사가 공항으로 왔어요. 그러고는 "고기준 목사님이 박사님 방문하신 다음 날 돌아가셨어요."라고 전해요.

가끔 고기준 목사님을 생각하는데, 그분은 참 훌륭한 목사님이었다는 생각이 들어요. 특히 시카고에서와 비슷한 일이 교토에서도 일어났는데 이런 해프닝에 현명하게 대처하시는 것이 늘 기억에 남아요. 목사님은 참 훌륭한 분이에요.

반면에 북한 교회와 그 사회를 보며 이런 걸 느낀 적이 있어요. 내가 제네바에 있는 동안 27회 평양에 공무 출장을 갔잖아요? 그런데 한번은 비행기를 타고 베이징으로 나오려는데 비행기가 뜨질 않아요. 아무 방송도 안 하고 움직이질 않으니까 이상하다 생각하고 있었지요. 그런데 일주일 전에 베이징에서 평양 들어올 때 나와 비행기를 같이 탔던 한국의 곽선희 목사님이 타시는 거예요. 목사님이 자기 자리로 가는데 얼굴이 하얘요. 그래서 비행기가 공중에 뜬 다음에 내가 곽 목사님한테 가서 "목사님, 무슨 일이 있으셨어요?" 하고 물으니까, "조사를 받았습니다." 그래요. 평양 공항에서 조사를 받느라 늦게 탄 거예요. 그러고는 "김진경 총장은 못 탔습니다." 해요. 일주일 전에 나하고 곽선희 목사님하고 연변과기대의 김진경 총장 셋이 베이징 공항에서 고려항공을 기다리는 라운지에서 만났었거든요.

정근식 같이 평양에 들어가셨던 거예요?

박경서 같이 평양에 들어갔는데, 그때 곽선희 목사님이 뭐라고 했냐면 "박 선생, 어떻게 하면 교회를 갈 수 있습니까?" 하고 물어요. 그래서 "그건 제가 해결해드리겠습니다. 평양에서 교회도 보셔야죠." 하고는 조평통 부위원장한테 "곽 목사님은 남한에서 유명한 목사님이신데 일요일에 교회를 못 가게 하면 안 됩니다. 교회 꼭 가게 하세요." 했어요. 조평통 부위원장도 알겠다고 했지요. 그런데 교회에 가서 곽선희 목사님이 어디 계신가 하고 단상에서 아무리 찾아도 없어요. 예배에 안 오셨나, 이상하다고 생각하면서 단상에 앉아 있는데, 한 15분쯤 늦게 곽 목사님이 2층으로 조용조용 들어오셔요. 2층 구석자리에 들어와서 예배만 보게 하고 데리고 나가더라고요. 북한의 시스템이 움직이는 거예요.

지난번에 얘기했듯이, 김일성 주석을 만날 때도 북한 교회 사람들은 처음부터 배석하지 않고 늦게 들여보내서 밥만 먹게 하는 식

고려항공 기내에서 곽선희 목사님과.

이에요. 지금도 북한이라는 나라는 자기들을 위한 국내용 다이너미즘(dynamism)하고 외부의 다이너미즘이 달라요. 또 내가 늘 이야기하는 것이 북한의 사람들은 남쪽 연구를 많이 해요. 우리 식으로 북한을 연구하면 북한이 번번이 이기게 되어 있어요. 남한은 깊이 연구하는 사람들이 길어야 10년 하다가 없어져요. 더군다나 공무원은 2~3년 하고 다른 데로 가요. 저기는 분단 72년 동안, 근 70년간 그 자리에서 그것만 한 사람이 연구하는 거예요.

정근식 그래서 북한이 우리를 속속들이 연구하고 우리의 생각보다 우리를 잘 알고 있는 것 같아요. 그렇지만 또 어떤 측면은 의외로 잘 모르는 경우가 많지요. 자기 식대로 생각하는 것이 강하잖아요?

박경서 이런 기억도 나요. 우리의 초청으로 북한 목사 대표님들이 미국 여러 곳을 방문하실 때 재미 교포 교인들이 북한에서 목사님들 오셨다고 얼마나 울면서 오는지 몰라요. 자기 가족들이 북한에 있는데 기도해달라고 하면서 호주머니에서 현금을 꺼내 정성껏 북한 목사님들께 드려요. 한 군데 갈 때마다 10불인지 20불인지 100불인지, 얼마가 들었는지 몰라도 헌금 봉투가 쌓여요. 그래서 내가 목사님들께 "앞으로 많이 돌아다니실 테니까 헌금 봉투에서 돈을 꺼내 이름을 적으시고 돈은 평양으로 갖고 가세요." 했어요. 그것이 나의 실수였던 것 같아요. 나는 그때 제네바에 돌아가 있었고 미국의 빅터 슈 선생과 미국 NCC 직원들이 그분들을 배웅했어요. 그런데 샌프란시스코 공항에서 체크인을 하고 들어간 후, 미국의 출입국 세관 관리들이 북한 목사 대표들을 완전히 옷을 벗겨서 몸수색을 한 다음에, 교인들의 그 정성스런 헌금을 다 빼앗아버렸어요. 신고하지 않았다고.

정근식　그것은 신고를 해야 하는데, 몰랐나 보네요. 북한 사람들이 아무래도 그런 복잡한 출입국 절차를 잘 몰랐겠지요.

박경서　미국 직원들이 북한 목사님들의 특수한 사정을 이해하지 못한 거지요. 그런데 북한 목사님들은 부끄러워 그랬는지 화가 나서 그랬는지 알 수 없지만, 그 이야기를 숨기고 말을 하지 않았어요. 그래서 그런 일이 있었다는 걸 몰랐는데, 내가 그 후 평양에 출장 갔더니 그제야 이야기를 하는 거예요. 그 헌금을 10원도 못 가지고 왔다고. 그 말을 들으니 너무 안됐어요. 미국 사람들과의 언어 문제, 북한 사람들의 국제적인 관행에 대한 이해의 부족이 빚어낸 에피소드가 안타까운 추억으로 남았어요.

　또 1995년에 판문점에서 남북 교회가 모여 희년 예배를 드리자고 했던 것을 이루지 못한 것도 참 안타까워요. 북한 교인들 220명이 판문점 북쪽에서 기다렸고 남쪽에서는 한국 NCC가 노력했지만 허가를 얻지 못했지요. 왜냐하면 판문점이 미 8군 사령관 관할이라는 것을 몰랐던 거예요. 북한과 같이 일을 할 때 남쪽에서 모든 것이 OK 되면 그걸로 OK인 줄 착각하면 안 된다는 거예요. 이것도 우리들이 앞으로의 남북 교류를 위해서 알아야 해요.

정근식 중국의 연변에도 조선족 교회가 있을 텐데, 혹시 연변 조선족 교회와는 별다른 접촉이 없었나요?

박경서 연변 교회는 북한에서 초청을 하지 않았어요. 아마도 마음대로 하지 못할 겁니다. 박경서가 글리온 미팅을 조직한다고 하더라도 혼자 마음대로 하지 못해요. 남쪽은 내가 이야기할 수 있지만, 북은 그게 안 돼요. 북한 당국의 요구를 들어주지 않으면 북한 교회 대표들이 나오지 못합니다. 남쪽 사람들은 왜 WCC가 계속해서 북한의 요구를 이것저것 들어주느냐고 핀잔을 줄 때도 있는데, 만약 북한 당국의 요구를 안 들어주면 교회 대표들이 나올 수가 없으니 모임이 무산되잖아요. 남쪽 사람들은 박경서가 하라는 대로 북이 한다고 생각하지만, 아닙니다. 북의 교회는 김일성 주석, 김정일 위원장이 하라는 대로 한다는 걸 알아야 해요. 이래저래 남북을 같이 모이게 해서 토론을 시키는 일은 여러 가지 섬세함이 따른다는 것을 8년간 모임을 조직하면서 느꼈네요.

정근식 그러면 북한 목사님들은 1993년에 미국을 방문하시고 그다음엔 못 가신 거예요?

박경서 내가 또 한 번 김운봉 목사님과 고기준 목사님, 조선기독교도연맹 간부들을 미국 교회와 같이 초청해서 미국을 여행하게 했어요. 백악관까지 전부 구경하고 같이 찍은 사진도 있어요. 백악관을 배경으로 찍은 역사적인 사진이에요.

그 후에도 북한 출장을 1년에 두세 번씩 갔지요. 내 비서 말로는, 1999년 제네바를 떠날 때까지 북한을 27회 출장 갔다고 해요. 그래서 내가 1980년대와 1990년대에 북한을 가장 많이 방문한 남쪽 사람이 되었지요. 특히 1996년부터 1999년 사이에는 더 자주 갔어요. 원조를 많이 주게 되니까 원조의 대상이 되는 현지를 가봐야지요.

수산대학 양어장도 지원하고, 북한 교회 대표들을 초청하여 미국과 캐나다 일주를 하게 했지요. 일본에 초청하여 일본 NCC 분들을 만나게 했고, 오스트레일리아, 뉴질랜드, 독일 등을 돌아보게 했어요. 이 모든 프로그램들은 북으로 하여금 세계를 알도록 하고 북한도 세계 속의 하나가 되도록 고무시키는 것이었지요. 또한 장기적으로 북한으로 하여금 무리한 시도를 하지 않도록 하기 위한 것이었습니다. 이런 일을 1991년부터 1999년까지 10년간 중점적으로 실천했습니다.

1999년 말부터는 남쪽의 교회에서 큰 원조를 시작하게 되어요. 한국 정부에서도 인도주의 원조가 크게 들어가지요. 식량, 비료, 약품 등 모든 물자가 망라되니까요. 내가 1999년 12월 31일 부로 제네바를 떠나는데, WCC 대신 남쪽이 원조를 시작하니 참 다행이라 생각하면서 귀국했지요.

5

우리가 몰랐던 북한의 속살

정근식 선생님, 1980년대와 1990년대에 북한을 여러 차례 방문하면서 일종의 문화 충격을 경험한 사건들이 많았을 것으로 생각합니다. 특별히 기억에 남는 이야기를 남기는 것도 30~40년 전의 북한을 되돌아보는 데 도움이 될 것 같습니다. 우선 처음으로 평양을 방문하셨을 때, 어디에서 어디로 들어가신 거예요?

박경서 제네바에서 베이징을 거쳐 들어갔어요. 내가 북한에 출장을 다닐 때에는 화요일과 토요일에 베이징에서 평양으로 출발하는 고려항공 비행기가 있었어요. 지금은 UN에서 경제 제재의 일환으로 고려항공이 블랙리스트에 들어갔는데, 2015년 10월에 평양갈 때 보니 고려항공은 중국 사람들하고 북한 사람들만 타더라고요. 우리는 전부 차이나 에어라인을 타고 들어갔어요. 고려항공을 타면 지금은 서구의 보험이 적용되지 않아요.

그때 1980년대에 한 가지 어려웠던 점을 이야기하겠습니다. 국제기구라는 곳은 하루하루 분초를 다투는 곳이라, 매주 출장 나가는 직원 이름을 프린트해서 공람해요. 그런데 평양이나 서울이나 모두 코리아로 표기되는 거예요. 동경은 일본, 평양은 코리아, 이렇게 하잖아요. 그때만 해도 서구에서는 내 동료들조차 남과 북이 나누어져 있다는 것을 많이 몰랐어요. 그러니까 "당신은 왜 당신의 나라를 자주 가느냐?"라고 묻는 거예요. 그런 것도 나름 고민이었고, 또 하나는 비행기 문제예요. 보통 출장을 가면 실제 업무는 하루면 다 끝나요. 화요일에 가면 수요일에 일이 끝나는데, 곧바로 돌아오지 못하고 토요일까지 기다려야 해요. 북한에 들어가면 꼭 일주일이 걸리는 거예요. 그나마 나중에는 화요일 비행기가 없어지고 토요일에만 비행기가 있어서 참 어려움이 많았어요. 저 사람은 왜 코리아만 가느냐는 오해도 있었고, 또 북한 방문을 하면 두 번째 날부터는 할 일이 없어요. 제일 고민이었던 것은 저녁에 할 일이 없다는 것이지요. 북한 사람들은 6시에 저녁을 먹고, 아무리 큰 만찬이라도 7시면 끝나는데, 그때부터 다음 날 아침식사까지 할 일이 없어요. 노동신문을 계속해서 볼 수도 없잖아요? 나중에 김일성 주석을 만나고 난 다음부터는 박경서는 VIP이니 책을 가지고 와서 읽어도 좋다고 허용해줘서 조금 나아졌어요. 희한한 것은, 가지고 간 책은 도로 가져가지 않는다는 조건이었어요.

정근식 북한에 처음 원조를 한 것이 함흥과 원산의 대학 기자재를 바꾸는 것이었죠? 평양에는 따로 원조를 안 주었나요?

박경서 1988년 북한에 처음 갔을 때, 평양에서 느낀 것은 북한이 상당히 잘살고 있다는 것이었어요. 사회주의를 채택하고 있었지만, 그런 상황에서도 '이렇게 잘살 수 있구나'라고 생각할 만큼 평양 주민들은 잘살고 있었어요. 그것은 1985년에 내가 동독에 가서 느낀 것과 비슷한 느낌이었습니다. 평양에서 북한 사람들이 나에게 원조를 달라고 하는데, 내가 직접 보니 그럴 필요가 없을 정도로 잘 사는데 왜 원조를 달라고 하는가, 의아하게 생각했어요. 그래서 원조를 받으려면 가난한 사람들을 직접 보여달라고 말했던 것입니다. 그래서 그때 함흥과 원산을 가봤지요.

북한의 자갈길을 일본 시바룬가 하는 낡고 가벼운 마이크로버스를 타고 갔는데, 목이 어찌나 아픈지 나중에는 고개를 들 수 없을 정도였어요. 그렇게 시골에 가보니 사정이 평양과 완전히 달라요. 평양은 잘살고 있었고 원산과 함흥 시내도 평양보다는 못해도 그래도 잘사는 곳이었는데, 시골은 정말 비참했습니다. 안내원이 진짜 가난한 곳으로 나를 데리고 간 거예요. 그 집이 어찌나 오래되었는지, 일제강점기 시절 지은 뒤 한 번도 고치지 않은 것 같아요. 할머니들이 깊이 쑥 들어간 부엌에서 가마솥에 밥을 해먹는 모습을 눈앞에서 보니까, '사회주의에서도 이렇게 빈부 격차가 크구나, 칼 마르크스의 평등주의 이론은 현실에서는 찾아보기 어렵구나'라는 걸 느꼈지요.

그때 한편으로는 재미있는 경험도 했습니다. 평양에서 원산으로 갈 때였어요. 내가 타고 가는 자동차 앞뒤로 22명이 동행했습니다. 웬 수행하는 사람이 그렇게 많은지, 나를 잘 대접한다기보다는 그런 게 내 눈에는 일종의 사회주의의 비효율성으로 느껴졌어요.

원산으로 가는 도중에 몇 군데 휴식처가 있어요. 경치 좋은 강

옆에 초대소가 있고, 거기에 고속도로 휴식처가 있어요. 거기를 들어갔는데 휴게소 책임자가 딱 모자를 쓰고 나오더니 경례를 붙이면서 이리로 들어오시라고 해서 앉았어요. 그런데 저기 큰 유리병 속에 어마어마하게 큰 구렁이가 빙빙 똬리를 틀고 들어가 있는 게 보여요. 몸이 오싹했어요. 거기에서 인삼차를 마시고 과일 몇 개를 먹고 있는데 나를 수행한 지도원 동무들이 그 휴게소 책임자에게 "말씀하시라요." 해요. 그러니까 그 책임자가 "조국에 오신 것을 환영합니다. 우리를 도와주시겠다는 뜻을 가지고 오셨다고 알고 있습니다." 하더라고요. 난 아직 원조를 줄 계획 없을 때인데. "다음에 조국을 방문하실 때는 저 구렁이술을 대접하겠습니다. 구렁이술은 10년이 넘어야만 틀 수 있는데 다시 오신다면 저희가 환영의 뜻으로 개봉하겠습니다." 하는데, 마음속으로 절대 안 먹으리라 다짐을 했어요.

그런데 1년 후인 1989년 10월에 두 번째 출장을 가서 이 초대소에 또 들렀어요. 그러니까 거기 소장이 "오늘은 구렁이술을 개봉하겠습니다." 그러는 거예요. 나는 속으로 '야, 이거 큰일 났구나.' 했지만 별 도리가 없잖아요? 접대원 동무들까지 다 불러서 죽 둘러 있는데 그 큰 유리병 꼭지를 풀어 공기를 빼니까 그 안에서 돌돌 말려 있던 구렁이가 갑자기 팡 튀어 오르더니 가루가 되어 춤을 추는 거예요. 그런 건 난생처음 경험했지요.

정근식 아, 그래요? 구렁이술이 그렇게 되는 건가요?

박경서　빵, 하고 공기를 빼니까 터져버리면서 뱀이 가루가 되어서 돌아다녀요. 10년 동안 유리병 속에 있던 것이 순식간에 형체가 사라지고 뿌옇게 돼요. 그러고 나서 술을 큰 컵에 따라 제일 먼저 나한테 주는 거예요.

정근식　옛날에 그런 말을 들은 적이 있어요. 구렁이술은 너무 진해서 그냥 마시면 잇몸이 다 상하니까 빨대로 조금씩 빨아먹어야 잇몸을 다치지 않고 먹을 수 있다고요. 그런데 북한에서는 그렇지 않은가 보네요.

박경서　그래요? 나는 몰랐어요. 내가 안내하는 김 동무한테 "나는 이거 못 먹겠다." 했더니 "인사가 아니지요. 조금이라도 잡수셔야 합니다." 그러는 거예요. "먹기는 먹는데 이렇게 많이는 못 먹어. 오늘 일이 있는데." 하니까 "오늘 온천욕하시고 청진으로 가시면 되니까 조금 마시세요." 그래요. 내가 컵의 10분의 1 정도만 달라고 했더니 자기가 좀 마셔요. 그래서 소주잔의 2분의 1가량 마셨는데, 와, 얼굴이 말도 못하게 붉어지는 거예요. 얼굴이 빨갛게 달아오르고 그런 상태가 일곱 시간이나 지속되는데 죽을 뻔했지요.

정근식　그렇게 독해요?

박경서 그렇더라고요. 제네바에 있을 때는 매년 구구절이나 또는 쌍십절, 말하자면 북한의 국경일에 평양에서 우리 집으로 뱀술이 선물로 배달되어 와요. 제네바 대표부가 뱀술을 가지고 오면 우리 집에서는 기겁을 해서 지하실에 넣어두는데, 한국에서 오는 관광객들이 그걸 그렇게 잘 먹더라고요. 그런 추억이 있었지요.

다음으로 넘어가서 개고기 이야기를 해볼게요. 한번은 외국인 책임자들을 데리고 북한에 출장을 갔어요. 북한에서 '고난의 행군'이 시작되기 전이니까 1993년에서 1995년 사이일 거예요. 금강산에 온정온천이라는 데가 있는데, 방마다 자갈을 바닥에 깔고 온천을 하도록 만들어놓은 곳이에요. 열다섯 개쯤 되는 방에 서양 친구들이 남녀 각자 방 하나씩 차지하고 목욕하게 되어 있고, 그 외에 가족 온천탕도 있어요. 거기에서 온천을 하고 나왔는데 식당 주인이 나에게 "오늘은 맛있는 개고기로 했습니다." 그러더라고요. 그래서 내가 그때 '이 서양 사람들은 개고기를 안 먹는데 어떡하나?' 하다가 나를 데려간 김정규 외교관에게 의논했어요. 그러니까 그이는 "그냥 모른 체하시고, 나중에 소고기라고 적당히 둘러대시지요." 그러는 거예요. 그래서 나도 아무 말 안 하고, 다들 잘 먹었어요. 여덟 명의 외국인들도 다 잘 먹어요. 그중에 아드목(Ad mook)이라는 네덜란드인이 "이게 무슨 고기냐?" 하고 물어서 "모르겠다. 그런 건 중요하지 않다. 맛있게 먹었으면 된 거 아니냐." 했지요. 그런데 "아니, 중요한 문제다. 북한하고 남한에서는 개고기를 먹는다고 들었다." 하면서 끈질기게 묻는 거예요. "나는 남한 사람인데 절대 개고기를 안 먹는다. 그러니 안심해라." 하면서 적당히 둘러댔는데, 이 친구가 갑자기 주인한테 달려가요. 주인이 영어를 못하니까 "멍멍멍 이거냐?" 했는데 그 사람이 "멍멍멍이다." 이렇게 대답한 거예요. 그때부터 문제가 생겼어요. 그 친구가 울기 시작하는 거예요. 남자인데 밤새 울어요. 자기가 집에서 개를 세 마리 키우는데, 어떻게 개고기를 먹으라고 주느냐는 거예요.

그런데 북한에서 개고기를 준다는 것은 굉장히 귀한 사람에게 대접한다는 뜻이에요. 나 역시 개고기를 먹는 사람이 아님에도 불구하고 북한에 출장 가면 어쩔 수 없이 먹었어요. 1996년부터 1년에 서너 번씩 출장 가면 현지 시찰을 직접 해야 합니다. 원조해주는 쌀이 진짜 그 집으로 할당되었는가를 조사하는데, 사진을 찍어서 제출하면 그걸 근거로 또 돈을 걷어서 원조를 주지요. 고난의 행군 때는 외부에서 귀빈들이 오면 줄 것이 개고기밖에 없어요. 개고기를 사흘 먹으면, 인도에 가서 카레를 이틀 내리 먹었을 때 목구멍 막히는 것과 똑같지요. 개고기 냄새가 나고 역겨워져서 먹기가 싫어요. 그것이 개고기에 대한 나의 추억인데 배가 고프니까 먹을 수밖에 없었지만, 기분은 늘 유쾌하지 않았어요.

정근식 아까 말씀하신 아드목이라는 네델란드 친구는 밤새 울고 어떻게 되었어요?

박경서 손을 넣어서 토하고 난리가 났지요. 어쩌겠어요. 미안하다는 말밖에 할 수가 없지요. 그 친구가 아직도 나에게 그 얘기를 해요. "경서, 나는 아직도 그 개고기를 기억하고 있어."

제네바에서 지낸 18년 동안 많은 동료들이 "너희들은 개고기를 먹지 않느냐." 하며 우리나라를 폄하했는데, 나는 그때마다 어쩔 수 없이 왜 스위스는 말고기를 파느냐고 반박했어요. 스위스는 말고기를 팔아요. 불어로 '슈발(cheval)'이라고 하는데 그 말고기를 맛있게 먹어요. 이처럼 음식 문화에 대해서는 논란이 많아요.

정근식 개는 원래 여러 가지 종류가 있는데 한자로는 이를 모두 구별하지요. 크기가 석 자 이하면 '구(拘)'라고 부르고, 다섯 자 이하면 '견(犬)'이고, 그것보다 크면 '오(獒)'라고 한다고 해요. 식용은 '구'이고, '견'은 집 지키는 동반자이거나 애완용이어서 애완견이라는 말은 있지만, 애완구라는 말은 없잖아요. 전라도 오수에는 개가 주인을 지켜준 전설이 있는데, 그 개는 '오'입니다. 한국에서도 애완견과 식용 개를 구분해서 사용했다고 주장하는 학자들이 있어요. '오'란 크기가 4척이 넘는 사냥개를, '방(尨)'은 삽살개 또는 작은 사냥개를 의미한다고 풀이하기도 합니다. '술(戌)'도 개를 의미하는데, 그것은 통칭하는 표현인지 모르겠어요.

다시 질문으로 돌아가자면, 선생님이 북한에 가셨던 1988년은 서울올림픽이 있던 해였지 않습니까? 그때 북한 분위기는 어땠나요?

박경서 그때 평양에 갔더니 '건설 붐'이 일고 있었어요. 올림픽 공동 개최국이 된다는 말도 여기저기 붙어 있었어요. 평양에 아파트를 건설하는 것은 '전 세계 올림픽을 남과 북이 같이 한다!'는 거예요. 북한이 서울올림픽에 대해 어떤 태도를 취했는지, 그 태도가 어떻게 변화했는지 연구할 필요가 있는데, 공동 개최가 얼마나 심각하게 논의되었는지는 모르지만, 전두환 전 대통령이 공동 개최를 안 한 거지요. 노태우 전 대통령은 긴장완화(detente) 정책을 했잖아요. 이미 그럴 상황이 아니었지요.

정근식 북한이 1986년과 1987년 무렵에 적극적으로 공동 개최를 요구했었나요? 북한은 서울올림픽에 대한 대응으로 세계청년학생축전을 유치했지 않습니까?

박경서 내가 북한을 방문했을 때는 확성기로 "우리는 남쪽과 함께 올림픽을 공동 개최한다."고 난리였어요.

정근식 그렇게 선전을 했는데 안 되었으니 북한에서는 굉장히 당황하고 실망했겠군요.

박경서 몹시 실망했지요. 김일성 주석 때인데 아주 하고 싶어했어요. 1989년에 갔더니 올림픽 공동 개최를 희망하며 지은 아파트들의 건축이 거의 다 끝났어요. 그것으로 평양축전을 치렀지요.
　또 한 가지 올림픽과 관련하여 재미있는 얘기가 떠오르네요. 서울올림픽 기간에 나는 인도네시아 출장 중이었는데, 자카르타의 호텔에서 아침 신문이 배달되어 읽어보니 너무 재미가 있었어요. 제목은 '한국인들의 영어는 믿지 마라'로, 인도네시아 기자가 쓴 글인데, 한국 사람들을 만나면 누구나 하는 영어가 "헬로, 웰컴 투 서울!"이고 그다음은 "땡큐." "굿바이." 세 마디라는 거예요. 길을 묻거나 다른 질문을 해도 웃으면서 또 이 세 마디만 되풀이하니 그들의 영어를 믿지 말라는 거예요. 그 무렵 정부에서 교육을 시키면서 헬로, 웰컴을 가르친 거로구나 하는 생각이 들었어요. 지금 우리 젊은이들의 잘하는 영어를 보면, 만시지탄(晚時之歎)이라는 생각이 드네요.

정근식 1990년대 초반에 북한에 가서서 김일성 주석을 만나셨지요? 그때 숙소는 어떠했나요?

박경서 1989년 평양에서 세계청년학생축전을 한 후에 북한을 방문한 이야기부터 하지요. 평양 만경대 구역에 조선청년호텔이라는 30층 건물이 있는데 여기 27층이 VIP실이에요. 1990년대 초반인데, 저를 여기에 묵게 했어요. 그때만 해도 엘리베이터를 평양에서 직접 만들었어요. 엘리베이터가 속력은 느린데 견고해요. 그걸 타고 27층까지 올라갔어요. 안내원이 나를 방까지 인도하고 이런저런 설명을 한 후 내 짐을 놓고 갔어요. 27층 전부가 내가 사용하는 공간인데, 자기들이 와서 물도 다 틀어주고 갑니다. "목욕하시고 한 시간 후에 내려오세요." 하기에 목욕을 하고 옷을 갈아입고 엘리베이터를 눌렀는데, 신호가 안 오는 거예요. 타고 올 땐 좋았는데 그 사이에 고장이 난 거예요. 소리를 질러도 안 들리고 밑에서도 어떻게 못하고. 그때 조평통 위원장이 만찬에 오는데 이거 큰일이구나 싶었지요. 허담 위원장은 1990년 5월 노동당 대남 담당 비서에서 물러났다가 1991년 5월 11일에 사망했고, 후임 조평통 위원장이 김국태 였지요.

정근식　김국태는 예전에 조선노동당 비서를 한 사람인데요?

박경서　김국태 위원장이 1992년 1월에 나를 김일성 주석과 만나게 한 사람이에요. 김국태 씨가 조평통 위원장을 했어요. 다시 엘리베이터 얘기로 돌아가면, 어쩔 수 없이 27층부터 컴컴한 계단을 걸어 내려가는데 총 35분이 걸렸어요. 자기들도 미안하다고 그러더라고요. 테크니컬 노하우라는 것이 문제였을 때 얘기지요. 2015년 10월에 다시 평양에 가서 보니 이제는 엘리베이터가 쑥쑥 올라가더라고요.

정근식　1980년대 중반에도 북한이 큰 자연재해를 당해서 경제에 심각한 타격을 받았다는 말이 있습니다. 1995년 홍수를 만났을 때 어떤 지원을 했나요?

'고난의 행군' 시기에 북한 들녘에서 식사하는 모습.

박경서　진짜 북한 전역에서 가난과 기근이 넘치던 때는 1995년이었어요. 대체로 북한은 10년마다 큰 홍수를 당해요. 이 때 고난의 행군이 시작되었지요. 1995년 홍수가 났는데, 백두산에서 홍수가 터져 그 큰 나무들이 다 쓰러지고 벼농사를 할 수 있는 모든 농토를 다 덮어버린 거예요. 북한 정부가 1995년 대홍수가 난 후 '큰물대책위원회'를 만들었어요.

북한은 1995년도에 대홍수가 두 번 나고, 1996년에는 해일과 함께 대기근이 덮쳐서 자연은 피폐해지고 사람은 굶어 죽기 시작했어요. 1995년부터 1999년까지 북한에서 이야기하는 '고난의 행군' 기간 동안 UN을 포함한 어떤 국제기구도 북한에서 몇 명이나 굶어 죽었는지 정확히 알 수가 없었어요.

1998년 WHO와 유니세프가 주동이 되고 WCC도 같이 참가해 북한 역사상 최초로 과학적인 방법으로 북한의 어린아이들이 몇 사람쯤 굶어 죽었는가, 그리고 영양 실태는 어떠한가를 조사해서 전 세계에 알린 바 있습니다. 1995년 홍수 때부터 3년 동안 약 3,000명의 어린이를 대상으로 영양 실태 조사를 했고, 부모 모두 또는 둘 중 어느 한 편이 세상을 떠났는지 여부를 조사하는 설문도 있었는데, 조사 결과 세 명 중 한 명의 어린이가 부모 둘을 잃어버렸거나 한쪽 부모를 잃어버린 걸로 나왔어요. 이 결과를 가지고 유추해볼 때 1995년부터 1998년 사이에 약 50만 명의 북한 주민이 가난으로 목숨을 잃었다고 추정할 수가 있습니다.

이듬해인 1996년에 방문했을 때, 내가 헬리콥터를 타고 북한의 홍수 지역을 돌아보았어요. 피폐한 북한 농토를 보면서 이 나라에 인도주의 원조를 늘려야 한다고 결심했어요. WCC의 기록을 보면, 아시아국이 인도주의 원칙에 따라 북한 한 나라에 1988년부터 1999년까지 12년 동안 약 4,300만 불의 무상 원조를 주었다고 기록되어 있어요. 그중에서 약 3,500만 불이 소위 '고난의 행군' 시기에 무상 원조로 들어간 겁니다. 내가 그렇게 할 수 있었던 데는 1982년 베트남 하노이와 캄보디아에서 본 어린아이들의 눈동자와 눈곱이 큰 영향을 미쳤다고 생각해요.

대북 원조 사업을 전개할 때, 소위 사회과학적으로 원조를 받을 수 있는 타깃 그룹이 있었습니다. 위원회의 전문가 그룹은 제1순위 타깃 그룹으로 임산부와 세 살 이하의 어린이들로 정했고 그들에게 먼저 식량을 원조했습니다. 그런데 WCC 현지 파견관의 보고와 내가 직접 북한 가정을 방문해서 조사한 결과에 의하면, 그게 잘 이루어지지 않았어요. 먹을 게 있으면 부모에게 먼저 드리는 게 우리 한국인들의 전통적인 사고방식이잖아요? 그런 문화가 북한에도 그대로 존재하고 있었어요. 그래서 임산부인 며느리에게 제공된 식량을 임산부가 시아버지, 시어머니에게 주고 본인은 여전히 굶는 예를 빈번하게 보았습니다. 그런 것을 볼 때 중국 공산주의가 봉건주의를 그대로 유지하면서 모택동의 사회주의를 가미시킨 것과 마찬가지로, 북한에도 한국의 전통문화가 그대로 존재하고 그 위에 주체사상이 부가된 것으로 해석하는 것이 옳다는 생각을 하였습니다.

정근식　선생님께서 김일성 주석 사망 후에도 북한을 자주 방문하셨는데, 금수산궁전에도 가보았을 것으로 생각됩니다. 많은 북한 주민들도 그곳을 참배하고, 외국인들도 참배 권유를 받고 있는데, 선생님은 어떻게 하셨는지요?

박경서　평양의 금수산궁전은 김일성 주석이 세상을 떠난 다음에 아들 김정일 위원장이 만들었어요. 잘 아시겠지만 지금은 김일성 주석과 김정일 위원장의 사체가 밀랍으로 보관되어 있고, 각각의 방에 동상이 세워져 있어 많은 사람들이 경의를 표하는, 북한이 자랑하면서 성스럽게 유지하는 북한 최고의 성전이지요. 김 주석 사후 6개월 후에 내가 평양에 출장 갔을 때는 아직 공사가 다 안된 상태였어요. 그때만 해도 자갈, 흙이 그대로 있고 잔디도 심는 중이었지만 참배객들은 맞이할 때였습니다. 나는 김 주석 사후 6개월이 되던 때에 그곳에서 문상을 했고, 6개월 후에 다시 가보니 금수산궁전이 완성되었더군요.

　　그때 베이징에서 평양으로 들어가면서 공항에서 연세대 교수였던 함성국 박사(신학을 하신 분으로 지금 뉴저지에 살고 계세요)를 만났어요. 북한 주재 케냐 대사를 포함해 아프리카 대사 서너 명도 북한에 같이 들어갔어요. 화요일에 비행기를 탔는데, 스케줄을 보니 목요일 아침에 금수산궁전에 가서 참배하는 일정이 있더라고요. 우리 직원들도 그렇고 함성국 박사도 금수산궁전에 간다고 그곳에서 만나자고 얘기했지요. 목요일이 외국 사람들만 금수산궁전을 가는 날이었어요.

정근식 아, 참배객들에 따라서 요일이 별도로 정해져 있군요!

박경서 그날 수백 명이 줄을 길게 늘어서 있는데, 나는 늦게 도착해서 맨 끝자락에 서 있었어요. 10시가 되니까 총을 멘 군인 의장병 둘을 거느리고 새카만 양복에 넥타이 멘 사람이 저 앞에서 타닥타닥 걸어와요. 그 사람들이 내 앞으로 오는 거예요. 군인 두 사람이 총대 메고 차렷하면서 내 앞에 멈춰 서더니 외교부 직원이 깊게 인사하면서 "오늘 금수산궁전은 박경서 박사 동무께서 열게 되어 있습니다." 그래요. 1995년 1월쯤 되었을걸요. 저 앞에 아프리카 대사, 함성국 박사, 북한 TV가 취재진들이 많이 서 있는데, 내가 외국 사람들을 대표해서 금수산궁전의 테이프를 끊었어요. 문상이 끝나자 나더러 방명록에 소감 글을 쓰라고 해요. 그때 무슨 글을 써야 할까 한참 생각하다가 '한반도의 평화 통일 사업에 더욱더 매진하겠습니다'라고 썼어요.

정근식 초창기 북한 방문에서 원산이나 함흥뿐 아니라 청진에도 가신 것으로 언급하셨는데, 청진을 어떻게 보셨어요? 청진은 일제 강점기부터 제철 산업이 발전하였고, 지금도 철강 도시로 알려져 있습니다.

박경서 함경도를 방문했던 1988년에는 일본 자동차 회사 도요타가 만든 시내 운행용 마이크로버스를 타고 갔어요. 얼마나 흔들리던지 함흥에 갈 때 고개를 들 수 없을 정도로 병이 났다고 얘기했지요. 아무래도 좀 더 튼튼한 차가 필요하다 싶어서 제네바에 가자마자 일본 NCC를 통해 자동차 세 대를 사서 기증했어요. 말도 못하게 험악한 산악길도 달릴 수 있는 산악 차 한 대, 승용차 한 대, 그리고 픽업트럭 한 대를 선물하고 북한에 출장 갈 때마다 내가 그 차를 타고 다녔어요. SUV 비슷한 차인데, 그것을 타고 다니니까 아무리 울퉁불퉁한 거리라도 옛날처럼 고생 안 했지요. 출장 갈 때마다 많이 이용했어요.

정근식 함흥에서 청진까지 시간이 얼마나 걸려요?

박경서 그때만 해도 7시간쯤 걸렸어요. 지금도 아무리 빨리 가도 6시간은 걸릴 거예요. 북한의 교통 사정은 열악해요. 북한 방문 당시에 평양에서 신의주까지 4시간 30분 정도 기차를 타봤어요. 고난의 행군 때니까 아마 1996년쯤일 거예요. 미국인, 홍콩인, 나 이렇게 셋이 출장을 갔는데, 책임 지도원 동무한테 이야기해서 신의주까지 갈 때 기차를 탔어요. 당시 평양의 기차는 맨 뒤 칸이 중국 관광객 전용 칸이고, 앞쪽 약 7칸은 평양 사람들이 타게 되어 있어요. 우리 일행은 중국 사람들하고 같이 앉아서 갔어요.

미국 대표가 "우리는 북한 인민들의 생활을 알아야 하는데 어찌 이리 고급 칸을 타느냐."라고 물어요. 그래서 내가 책임 지도원 동무한테 이 사람들이 평양 인민들과 똑같은 칸에 타고 싶어 한다고 말하니까, 안 된다고 그래요. 만약 앞 칸이 만원이면 몇 사람을 이리 옮기고 우리가 그리로 가면 된다고 말했지만, 과장이 아주 싫어하면서 "안 되는데요, 못 견디세요." 그래요. 나도 순수한 마음에 괜찮으니 타보겠다 했어요. 그래서 결국 평양을 떠나기 5분 전쯤 일반 객실로 옮겼어요. 우리를 위해 가운데 자리를 비워놨는데 차량에는 유리창이 없고 사람들이 서 있어요. 그때가 11월이어서 몹시 추워요. 기차가 출발하자 석탄 가루가 안으로 다 날아 들어와서 30분쯤 지나니까 눈이 이렇게 부어서 뜰 수가 없었어요. 미국 대표, 홍콩 대표, 나 전부 울지도 못하고. 내가 "당신 때문에 이렇게 되었다."고 말하면서 아예 눈을 감고 간 적이 있어요.

내 고향이 전라도 순천인데 북한 평안도에도 순천이 있어요. 그래서 순천하고 정주를 보고 싶다고 운전사한테 미리 말해서 정주에도 기차가 섰어요.

정근식　정주는 김소월의 고향이지요. 거기 기독교인이 많아요.

박경서　아, 그렇군요. 그런데 눈이 그렇게 부었으니 차에서 내려도 경치를 볼 수가 없잖아요? 정주에서 겨우 내려서 중국 사람들 칸으로 옮겨 탔는데, 눈이 말도 못하게 아파요. 신의주에 도착해서 초대소 호텔 같은 데 들어갔는데, 눈은 이미 충혈되어서 떠지지 않았고, 눈곱도 끼고 굉장했어요. 그래서 약을 찾았지요. 안티 바이오틱, 흔히 '마이신'이라고 부르는 항생제 같은 약을 찾았는데, 없어서 결국 그 사람들이 중국 단동까지 가서 사다 줘서 사흘 후에 겨우 가라앉았어요. 이틀 동안 항생제 먹고 눈을 알코올로 닦고 그러니까 눈이 떠졌어요.

그 후로 나는 북한 기차는 영원히 안 탄다고 마음먹었는데, 문제는 돌아가는 길이에요. 기차를 타지 않으면, 평양에서 자동차가 신의주까지 와서 우리를 태워 가야 하는 거예요. 그 때문에 출장이 이틀에서 5일로 늘어났지요. 평양 출장은 화요일에 들어가면 토요일에 나오는 것이 제일 좋아요. 그래야 베이징에서 제네바로 돌아가서 일요일 하루 푹 쉬고 월요일에 출근할 수 있거든요. 그런데 기차 때문에 눈병이 나는 바람에 월요일까지 연장해서 출장이 길어진 기억이 있어요. 유리창도 없고, 지붕에까지 사람들이 타고 가는 고난의 행군 기차를 그때 직접 경험했어요. 그 기차 안에서 공안원이 북한 사람들을 검문해서 여행증명서 없는 인민은 하차시키는 것을 보면서 고생하는 북녘 동포의 생활을 하나둘 배웠지요.

정근식 선생님, 평양을 방문하셨을 때, 6·25 전쟁을 보여주는 조국해방전쟁승리기념관이나 해방탑, 또는 우의탑 같은 역사적인 기념비들은 보셨나요?

박경서 옛날에는 역사적으로 민감한 장소는 이 사람들이 안내를 하지 않았어요. 2015년에 가서 김정은 위원장이 만들어놓은 신천학살기념관이나 그 밖의 기념비들을 가보았지요.

정근식 선생님, 또 인상적이었던 일화가 있으면 말씀해주세요.

박경서 북에 처음 들어갔던 1988년에 열흘간 북한에 머물렀는데, 지방에 갔다가 평양에 들어오니 저녁에 약속이 있다고 그래요. 제네바로 돌아가기 이틀쯤 전이었던 것 같아요. 자동차가 6시에 나를 태우러 왔어요. 자동차가 오면 보통 수행원이 같이 오는데, 그날은 운전사 한 사람만 왔어요. 그래서 이상하다고 생각하고, 왜 동무들은 나와 같이 안 가느냐고 물으니 "가보시면 알아요." 하고 가버려요. 운전사가 아무 말도 안 하고 운전대만 잡고 가니까 슬쩍 겁이 나기 시작했어요.

한 50분이 되니까 이 차가 산으로 올라가요. 그때부턴 겁이 많이 났어요. '아하, 내가 여기서 이제 죽는구나!' 했지요. 주위는 이제 산속이라 어두워지기 시작했는데, 출발한 지 1시간 20분쯤 지나니까 숲속에서 집이 하나 나타나요. 안가예요. 그것을 보고 '아, 집이 나타났구나!' 우선 내가 안도의 숨을 쉬었어요. 운전사가 문을 열어주면서도 아무 소리 안 해요. 거기에 근사하게 생긴 사람이 서서 "열렬히 환영합니다." 그래요. 그 사람이 인도하는 대로 들어가니까 6월이라 더워요. 안가에 방마다 에어컨이 있는데 전부 '소니'예요. 그래방으로 들어갔더니 상이 거나하게 차려져 있는데 이 상을 어디서 누가 차렸는지는 모르겠어요. 그 사람이 "앉으시오, 박사 동무." 하면서 나를 안쪽에 앉히고 자기도 앉더니 술을 한 잔 따라 줘요. 평양 술이 보드카 비슷하게 독하지요. 그래서 반 잔만 마시니 "잔 비우시지요." 그래요. "1, 3, 5, 7, 9 하십시다." 그래서 첫 잔을 비우고 가만히 있었지요. 그러자 "긴밀하게 회담을 해야겠습니다." 그래요.

정근식 누구라고 말도 안 하고요? 그런 결례가 있어요?

박경서 보위부 사람인 거 같아요. 그 사람이 "제가 앞으로 박사 선생을 암호로 부르겠습니다." 그래요. "박사 선생은 제네바에 사시니까 남조선에서 평화와 통일을 꿈꾸는 인물들이 다 박사 동무 사무실이나 집에 왔다 가는 걸로 알고 있어요. 그분들을 조금 오래 머물게 해서 제네바에서 평양까지 한 3박 정도 일정으로 초청할 수 있지 않겠어요? 그분들이 평양에 왔다 간 것은 쥐도 새도 모르게 책임지고 하겠습니다." 그 말을 듣는 순간, 내가 '아, 공작이다' 느꼈지요. 그래서 내가 "선생, 나는 국제공무원이에요. 국제공무원이 이런 일을 하게 되면, 그 자리에서 파면이에요. 그걸 꼭 아셔야 합니다. 내가 여기 출장 와서 일주일 동안 함흥공업대학, 원산수산대학을 다니면서 원조해주기로 결정하고, WCC 등에 이야기해서 원조를 더 하려고 생각하고 있는데, 이런 방식으로 나를 대하면 모든 것이 끝나게 됩니다. 앞으로의 일이 심각해집니다." 그랬어요. "아, 그렇습니까? 제가 잘못 생각했습니다. 원체 박사 동무께서 개방적이시고 중요한 직책을 맡고 있고, 남조선분이니 저희가 이런 생각을 했습니다. 없는 걸로 하겠습니다." 그래요.

조평통에서 "박 선생은 자본주의를 신봉하지 사회주의를 신봉하는 사람이 아니라는 걸 확신하는데, 다만 민족주의자라는 것은 보증합니다."라는 이야기를 했었는데, 아마도 그래서 그런 제안을 한 거 같아요. 북한이 나한테 지어준 별명이 '자본주의 신봉자이며 남북 협의의 평화 통일을 추구하는 민족주의자'라는 거예요.

정근식 문익환 목사님의 방북에 대해서 말씀해주실 수 있나요? 1989년에 방북하였지요?

박경서 문익환 목사님의 방북은 재일동포들이 주석궁하고 연결하여 이루어진 것으로 생각됩니다. 자세한 것은 모릅니다.

정근식 1989년에 베를린 장벽이 무너지고 이듬해에 독일이 통일되었어요. 이어 1992년에는 한중 수교도 이루어졌고요. 이런 일련의 변화에 대해 북한은 매우 큰 위기감을 느꼈을 것 같은데, 긴박한 정세에 관해 김일성 주석은 뭐라고 이야기했습니까?

박경서 그 문제에 대해서는 특별히 언급하지 않았어요. 다만 내가 1992년 1월, 김일성 주석을 만나는 장소에 북한의 목사님들을 데리고 들어가느냐 마느냐를 두고 사흘 동안 조평통하고 싸웠지요. 당시에 북한의 초청장을 제네바로 가져온 사람이 파리에 있던 북한 외교관 김정규 씨예요. 나는 그를 친동생처럼 생각하고 있었는데, 나중에 북한에서 큰 벌을 받아서 교화를 당했어요.

정근식 책벌된 것이 언제인가요?

박경서 1997년입니다. 그 친구는 제네바에 있는 유네스코의 직원으로, 리종철 과장의 선임이었어요. 나중에는 베이징 유네스코 사무실 부책임자까지 했어요. 그 사람이 "박 선생님, 저도 주석님 뵙게 해주세요."라고 해서 내가 데리고 김일성 주석궁에 들어가기로 했어요. 김일성 주석을 만난다는 것은 북한 사회에선 굉장히 어려운 일이고, 만났다 하면 소위 '뜨는' 거예요.

정근식 북한 사람이 오히려 선생님한테 로비를 했네요.

박경서 그렇지요. 그래서 내가 북한 목사님들과 같이 들어가는 것을 조평통으로부터 동의를 받은 다음에 김정규 동무도 같이 가겠다 했더니, "김정규 동무가 왜 같이 갑니까?"이래요. 그래서 내가 "얼마나 고생한 사람입니까? 그동안 내가 바빠서 나 대신 많은 일을 정규 동지에게 시켰잖아요. 일을 시작한 지 3년 만에 김일성 주석을 만나게 되었으니 내가 데리고 들어가겠습니다." 했어요. 그랬더니

"우리 조국은 조국대로의 법이 있습니다."라고 해요. 나는 "조국의 법이고 뭐고 잘 모르겠는데, 하여튼 김정규 동무를 데리고 들어가겠어요." 하며 실랑이를 했지요. 다음 날 결국 허락이 나서 같이 들어갔는데 그것이 1992년 1월 13일이거든요. 김정규 씨가 그래서 나를 믿었을 겁니다. 김일성 주석과 회의를 할 때 김 주석이 "정규, 너 큰일 많이 한다. 박 선생을 많이 도와라." 그런 말도 하지 않았어요?

내가 또 하나 배운 것은, 해외에 있는 북한 사람은 자기 나라에 들어갈 때 비자를 다시 받아요. 비밀사회라는 것이 참 대단해요. 북한 국적을 가진 사람은 북한에 자유롭게 왔다 갔다 하는 줄 알았는데, 그것이 아니고, 들어올 때 나갈 때 모두 허가를 받아요.

김정규는 말하자면 북한 로열 패밀리 집안의 장남이에요. 부친은 모스크바 대사를 했는데, 평양에 있는 그 집에 가면, 나는 늘 그 부친하고 겸상해서 밥을 먹었어요. 정규가 큰아들이지만 정규는 그 옆에서 동생들과 어머니와 밥을 먹고, 아버지와 나 둘이만 따로 먹는 거예요. 그렇게 조상들이 지키는 법도를 북한도 잘 지켰어요.

김정규하고 관련된 또 하나 기억나는 일이 있어요. 얼마 후에 북한을 방문하여 열사 묘지에 갔는데, 그 사람이 같이 갔어요. 열사 묘지에서 나는 허담이라든지 조만식이라든지 그런 사람들의 묘소를 보고 있는데, 김정규가 저쪽 어디로 가서 오지 않는 거예요. 내가 조평통 부위원장한테 "정규 동무는 저기서 뭐해요?"라고 물으니 "정규 동무 아버지도 열사 묘지에 계십니다." 하는 거예요. 그사이에 김정규 부친이 돌아가신 거예요. 그분하고 몇 번이나 겸상하고 신세를 졌는데 나도 문상해야지 싶어서 가봤는데, 이상해요. 김정규가 문상을 하고 있는 묘의 묘비에 김 아무개라고 쓰여 있지 않고 이 아무개라고 쓰여 있는 거예요.

정근식　아, 김정규가 실명이 아니구나!

박경서　그걸 모르겠어요. 내가 "정규 동무, 아버님이 왜 이 씨야?" 하고 물었더니 책임 지도원 동무가 "위대한 수령님께서 이름을 바꿔주셨습니다." 하는 거예요. 최고 권력자가 죽은 사람의 성도 이름도 바꿔준다는 것을 보고, 북한은 참 희한한 나라구나 생각했지요.

정근식　진실은 무엇인지 모르겠네요. 김정규가 본명이 아닐 수도 있겠는데요.

박경서　아니지. 책임 지도원 동무 말에 의하면, 김정규네는 누나, 동생 모두 김 씨예요. 그런데 아버지는 영웅이니까 성과 이름을 바꿔준 거예요. 그런 시스템이 있다는 것을 내가 그곳에서 처음 알았지요.

정근식　영웅이라고 이름을 바꾸는 것이 제 상식으로는 이해가 안 가는데요. 원래 이름이 그것이지 않았을까요?

박경서　아닌 것 같아요. 내가 너무 놀란 것이, 리수용 대사의 이름은 원래 리철이에요. 그런데 김정은 위원장이 이름을 리수용이 라고 바꿨잖아요. 수고했다고 상으로 이름을 바꾼 거예요. 그런데 김정규 아버지 같은 경우는 성까지도 바꾼 거잖아요? 주체사상이 란 게 대단한 거예요.

정근식　선생님이 WCC에서 아시아 국장 하실 때, 리철 대사는 계속 제네바 주재 북한 대사관에서 근무했어요?

박경서　리철 대사는 나하고 16년을 같이 제네바에서 근무했어 요. 우리나라는 제네바와 베른 대사가 별도로 있지만, 북한은 겸직 을 해요. 주 제네바 및 주 베른 대사이지요. 리철 대사는 1987년부 터 제네바 대사를 해서 2010년까지 했어요.

내가 2001년 2월 1일부로 대통령에게 인권대사 임명장을 받 고 그때부터 북한의 UN 인권조약 규약 심사를 담당했어요. 그래서 WCC를 떠난 이후에도 그를 만났지요. 북한은 지금 UN 9개의 인 권조약 기구 중에 5개 조약에 가입해 있어요. 사회권, 자유권, 아동 권리, 여성차별철폐조약, 그리고 최근에 장애인권리조약 등 5개에 들어가 있는데, UN의 9가지 인권규약은 대강 5년 주기로 가입국의 해당 인권 상황을 심사받아요. 북한의 3개의 인권규약을 심사할 때 마다 나는 옵서버로 참석했어요. 내가 가면 리철 대사가 심사를 받

1992년 평양 열사 묘지에서.

앉어요.

이분이 베른 대사까지 한 것은 김정남, 김정철, 김정은, 그 여동생까지 스위스 베른에 있는 국제학교에 다녔는데 이들을 돌보는 일을 했기 때문입니다. 김정남은 스위스 제네바 국제학교에 다니다가 베른까지 갔어요. 김정일 위원장의 자녀 4남매를 리철 대사가 다 돌보아준 거예요. 그래서 현재 김정은 위원장이 리수용을 대단히 좋아해요.

정근식 리수용은 김정남이 죽어서 굉장히 가슴 아프겠네요.

박경서 김정은 위원장이 최근 금수산궁전을 참배할 때 보니, 리철 씨가 맨 앞 두 번째 줄에 서 있더라고요. 서열이 무지무지하게 높아졌다는 것을 알 수 있어요. 리철 씨는 조강지처를 잃고 둘째 부인과 재혼했는데, 제네바에 대사로 임명되어 올 때, 둘째 부인에게서 난 세 살짜리 딸을 데려왔어요. 제네바에서 그 가족들을 자주 마주쳤어요. 북한 제네바 대표부에서는 대사를 제외한 모든 직원들이 관저에서 공동생활을 하는데, 북한 명절날엔 그 가족들이 다 나와서 토속 음식을 장만해요. 공화국 창건일인 구구절(9월 9일)이나 노동당 창건일인 쌍십절(10월 10일) 같은 날, 나는 직원들을 데리고 거기에 가요. WCC 국제국에 있는 직원들도 초대받고, 그렇게 1년에 너댓 번 북한대사관 초청 만찬에 가고, 또 WCC가 주최하는 만찬에 북한 대표가 옵니다. 국제기구들은 서로 초청하고 초청받잖아

A l'occasion du 42ᵉ anniversaire de la Fondation
de la République Populaire Démocratique de Corée

L'Ambassadeur, Représentant permanent
de la République Populaire Démocratique de Corée,
M. et Mᵐᵉ Ri Tcheul

prient   M. et Mme Pork Kyung-Seo

de leur faire l'honneur d'assister à la réception
qu'ils donnent le vendredi 7 septembre 1990 à 18 h. 30
à la Mission, 1, chemin de Plonjon.

R.S.V.P. (en cas d'empêchement)   Tel. 735 43 70

A l'occasion du 43e anniversaire de la
fondation de la République

L'Ambassadeur

Représentant permanent de la République Populaire
Démocratique de Corée auprès des Nations Unies à Genève

M. Ri Tcheul

prie   M. et Mme Park Kyung-Seo

de lui faire l'honneur de venir   à une réception
le 9 Septembre 1991   à 18h30   à la Mission

1, chemin de Plonjon   R.S.V.P. 735 43 70
1207 Genève   (en cas d'empêchement)

A l'occasion du 15 avril, la première fête du Soleil,
grand évènement national du peuple coréen

L'Ambassadeur

Représentant permanent de la République Populaire
Démocratique de Corée auprès de l'O.N.U à Genève
et Mme Ri Tcheul

prient   박경서 선생님과 부인께

de leur faire l'honneur de venir à la réception qu'ils donnent
le 4월 8일 (98년) à 18 h 30" à la Mission

1, chemin de Plonjon   R.S.V.P. 735 43 70
1207 Genève   (en cas d'empêchement)

WCC에서 일하던 시절 북한의 리철 대사에게 받은 초청장.

요? 우리나라 같은 경우는 개천절이나 추석, 설에 국제기구 임원들을 초대해서 같이 식사하고 그러지요. 제네바 생활이 그렇게 돌아갑니다.

정근식 혹시 평양에서 외국인을 만난 적이 있나요?

박경서 평양에서 예배를 본 후에 인민민족극장이라는 곳에 갔어요. 공연과 리셉션이 있다는 거지요. 내가 귀빈 취급을 받아서 맨 앞자리에 앉아 있는데, 중간 휴식 시간에 인도네시아인들을 많이 데려와서 나에게 인사를 시키는 거예요. 1967년 수하르토가 교도민주주의를 내세우고 통치를 하던 수카르노 수상을 실각시키고 권좌에 앉자마자 수카르노의 부하들이 북한에 피신했는데, 바로 이 사람들인 거예요. 수카르노 수상 추종자들이 대부분 북한 사회에 적응하여 한국어도 잘하고 좋았어요. 어떤 인도네시아 남자는 1988년에 내가 북한을 방문했을 때, 자기 처라고 북한 여성을 데리고 와서 나에게 인사도 시키고 그랬어요.

내가 1992년 평양을 방문하여 김일성 주석을 만났을 때, 캄보디아의 전 국왕 시아누크를 동생이라고 이야기하더라고요. 김 주석이 "당신은 초대소에만 있으니 사우나를 못하겠구만." 하면서, 고려호텔 지하에 가면 재일교포가 지은 사우나가 있으니 가보라고 해서 내가 가보았는데, 거기에서 시아누크의 아들을 만났지요. 그와 이야기도 많이 했지요. 한때 북한은 북한 나름대로 중국은 중국 나름대로 후진국에 원조를 하면서 사회주의 혁명의 종주국 역할을 했는데, 북한에 있는 인도네시아 사람들도 바로 이런 역할의 산물이라고 할 수 있지요.

정근식 선생님이 북한을 방문할 때, 김일성종합대학이나 김책공대도 가보셨을 텐데 대학 이야기를 좀 들려주세요.

박경서 북한은 거주의 자유가 없어요. 오로지 자기가 태어난 곳에서 살아야 하는데, 유일무이하게 자기 고향을 탈출할 수 있는 기회가 바로 대학 진학이에요. 자기 아들이나 딸이 평양에 있는 5개 명문대학을 졸업하고 거기에서 직장을 잡으면 부모가 평양으로 이사를 올 수 있어요. 그런데 북한도 대학 입시 경쟁이 치열해서 명문대학에 진학하기가 쉽지 않아요. 내가 북한에 출장 다닐 당시에 지방에는 전기가 별로 없었어요. 대신 크건 작건 모든 마을에는 김일성 동상이 있고 그곳에만 불이 환했어요. 그러니까 여름에는 모기가 막 그 불빛으로 날아 들어오는데, 젊은 학생들이 밤에 모두 책을 가져와서 거기서 모기에 뜯겨가면서 공부를 해요.

평양에 있는 5개 명문대학은 김일성종합대학, 김책공업대학, 평양외국어대학, 김형직사범대학, 평양군관학교입니다. 김일성종합대학에 들어가는 것은 남쪽에서 서울대학교에 들어가는 것만큼이나 어려운 일이에요. 평양군관학교는 아버지 쪽 족보가 상당히 건실해야 응모할 수 있기 때문에 특별한 자제들만 들어갈 수 있어요. 보통 젊은이들은 다른 4개 대학에서 아주 치열한 경쟁을 해요. 자녀들이 김일성종합대학에 합격하면 마을의 큰 경사입니다.

북한을 일곱 번째 방문했을 때 김일성종합대학에 가보았는데, 강의는 하지 못했습니다. 종합대학에서 강연을 하려면 검열을 통과해야 하는데, 검열하는 데 일주일이 걸린대요. 그런데 시간이 안 되잖아요. 조평통 간부가 말하기를, "다음에 오실 땐 열흘간 머무를 계획을 하고 오세요." 그래요. 아마도 강연을 하려면 사전에 꼭 읽어보고 보아야 할 책과 선전영화가 있는 것 같아요.

북한에 가면 알게 모르게 북한식 공부를 해야 합니다. 내가 가는 초대소마다 《주체사상이란 무엇인가》부터 한 열 권쯤의 책이 진열돼 있고, 또 영화도 열다섯 개나 보게 되어 있어요. 일종의 사상교육 프로그램입니다. "열흘 해야 하는데 박 선생은 절반으로 줄여드렸습니다." 하면서 5일 동안 그걸 다 읽고 보라고 해서, 나중에는 내가 "사흘만 하자! 난 그거 다 읽었고 주체사상을 다 알겠으니 줄이자."고 하면서 코스를 좀 줄였어요. 영화도 신상옥 감독이 만든 것만 본다고 했더니, 다른 것도 봐야 한다고 해서 〈안중근 열사〉도 보고 〈춘향전〉도 보고 다 했어요.

정근식 한국에서 문제가 된 영화 〈임을 위한 교향시〉도 보셨어요? 1991년에 만든 건데.

박경서 그건 그때 못 봤어요. 영화는 주로 김일성 주석이 빨치산 활동할 때 중대장으로 나와서 활동하는 영화로, 한 열 개쯤 봤어요. 나무껍질에 암호를 적어서 서로 협력하는 빨치산 활동을 영화를 보고 알았지요. 나무껍질을 벗겨서 그걸 종이 삼아 글을 쓴 뒤 다시 덮어두면, 다른 사람이 와서 나무껍질을 벗겨 암호를 보고 접선을 했다는 식의 얘기지요. 그렇게 영화를 보고 책을 읽었으니 이제 되었다고 했는데, 주체사상연구소 소장이란 사람이 느닷없이 일어나서 찬송가를 불러요. 그 사람이 나의 대화 상대이고 선생이었어요. 내가 그에게 "나는 죽은 다음에 천당에 가는 것을 믿는데 주체사상은 왜 죽은 다음을 생각 안 하고 살 때만 생각하나?"라고 물으니, 느닷없이 찬송가를 부르면서 그것이 답이래요.

정근식 그런 일화가 있었던 것이 김일성 주석 사망 후인가요, 전인가요? 북한에 외국인들이 가면 그렇게 정치 교육을 받나요?

박경서 그때가 김일성 주석 사망 전이에요. 아무튼 나는 일종의 정치 교육을 통해서 '박경서는 결국은 자본주의자인데 그저 민족을 사랑하는 인도주의자'라는 판정을 받은 거예요. 나같이 원조를 많이 준 사람에게 강의를 하도록 기회를 줄 만한데, 김일성대학에서 왜 강의를 시키지 않았을까를 생각해보면, 아마도 이런 규정 때문이었던 것 같습니다.

2015년 방문 시 평양과학기술대학의 박찬모 명예총장하고 김진경 총장이 6개월 동안 와서 강의를 하라고 초청하였습니다. 평양과기대의 부총장이 세 명인데, 두 명은 영국인과 미국인이고 다른 한 사람은 교육부에서 나온 사람으로 실은 이 사람이 실권자지요. 평양과기대의 초청은 북한 교육부의 초청이나 마찬가지이지요. 요즘 북한에서는 김책공업대학보다 평양과기대의 인기가 더 많아요. 외부에서 실력파 선생들이 오니까. 내가 거기에서 초청받았다는 것은 '당신은 자격을 준다'는 것이지요.

그때 평양에서 김일성종합대학에 또 가보았어요. 김일성종합대학의 건물은 다른 공공건물처럼 1950년대에 지은 콘크리트 건물들로, 소련이 지원했기 때문에 형태가 똑같아요. 소련이란 나라가 위성국가의 건축가들을 초청, 교육하여 거의 동일한 건축을 설계시켰지요. 그래서 동베를린에도 똑같은 건물들이 있는데, 견고하게 잘 지어놓았지요. 최근에 평양에 지은 아파트나 대형 건물들은 이와 달라요.

김일성종합대학 학생들은 눈빛이 보통이 아니에요. 서울대학교 학생들은 자유스런 눈빛인데 거기서는 그야말로 나라를 사랑한다는 의무감이 보여요. 언어학과를 가봤는데 한 가지 언어만 공부하는 것이 문제였어요. 불어 공부하는 학생들은 언어학과를 4년 나오면 프랑스 사람처럼 똑같이 말하는데 다른 언어는 못해요.

최근에 정책이 바뀌었어요. 평양외대, 김일성종합대도 마찬가지로 세 개의 언어를 같이 시켜요. 우리 서울대학교 학생들도 이들을 못 따라가요. 언어학과 한 학생의 예를 들면 졸업 시에는 영어, 독어, 불어를 한꺼번에 다 마스터해야 합니다. 독특한 교육 방법으로 그들만의 대단한 것을 실천하고 있고 기숙사도 제법 깨끗하게 잘 되어 있어요. 종합대학 선생들도 엘리트이고 학생들의 긍지가 상당하더라고요.

정근식 과거에 김일성종합대학에는 원조를 안 줬어요?

박경서 원조 달란 소리 안 하던데? 홍수가 나자마자 북한 정부는 1995년부터 큰물대책위원회를 만들었잖아요. 큰물대책위원회가 외국에서 원조를 받아서 분배하는데, 거기에 김일성종합대학이 들어 있는지는 모르겠어요. 주로 외국 사람들은 현금보다는 물품을 주는데, 나 역시 마찬가지로 비료, 물품, 쌀, 밀가루, 비닐하우스, 약품 등의 물품을 주었기 때문에 이 대학에는 원조품이 없었을지도 몰라요.

정근식 우리나라에서 이른바 햇볕정책을 할 때는 많은 분들이 북한을 방문하였는데, 제재 정책으로 전환한 이후 북한 방문이 어렵게 되어, 김정은 집권 이후의 변화에 대해 잘 모르는 상황입니다. 물론 외국인들이나 드물게 북한을 다녀온 사람들로부터 평양의 건설 붐에 관하여 이야기를 듣고 사진으로 확인하기도 합니다만, 2015년에 평양에 가보았을 때의 변화상은 어떠했나요?

박경서 2015년에 갔을 때 남북정상회담 기념탑에 가봤어요.

2000년에 김대중 전 대통령과 김정일 국방위원장이 남북정상회담을 열었잖아요? 그걸 기념하여 조각으로 잘 만들어놨어요. 아치를 높게 하고 하얀색으로 만들었더라구요. 그때 북한 방문이 7박 8일 일정이었는데 스케줄에 묘향산의 향산기념관 방문이 들어 있어요. 거기에 여러 번 갔지만 1999년에 마지막으로 갔기 때문에 16년간의 변화, 그리고 김정일 위원장 사망 후의 변화를 볼 수 있는 기회잖아요? 파리 유네스코에서 근무하는 연락 책임자 리 과장이 말하길, 향산기념관에 김정일 위원장과 그 어머니인 김정숙 여사도 모셨다고 말하더라고요. 나는 김일성기념관만 보고 제네바를 떠났는데, 그사이에 세 사람의 기념관이 된 거예요.

정근식 아, 그랬군요. 제가 2005년도에 묘향산에 갔을 때는 김정일기념관이 있었는데요.

박경서 2015년 방문 때 남북정상회담 기념탑을 보고 사흘 뒤인가 묘향산 향산기념관에 갔어요. 김일성기념관에 들어가 보니, 내가 기증한 스위스 옷감이 'WCC 아시아 국장 박경서의 증정품'이라고 진열되어 있었는데, 그게 없어졌어요. 그리고 내가 한국으로 귀국하기 바로 직전에 WCC 사무총장을 데리고 북한을 방문한 적이 있는데 그때 사무총장이 줬던 WCC의 시계도 없어졌어요. 속으로 '이 사람들은 받은 게 너무 많아서 시시한 것은 걷어버렸구나' 생각했어요.

김 주석 기념관 참관 후 김정일기념관에 들어갔어요. 밖에서 보면 두 건물이 따로 건축되어 있지만 건물 내부는 통로로 연결되어 있어요. 김정일기념관에 들어갔더니 장쩌민 주석하고 김정일 위원장이 포옹하고 있는 사진이 나와요. 그래서 '아하, 중국 대표의 사진이 있으니 김대중 대통령하고 껴안는 사진도 있겠구나' 생각했어요. 우간다 대통령 사진, 아프리카와 쿠바에 가서 찍은 사진도 다 나와요. 그런데 끝까지 김대중 대통령 사진은 없어요. 이상하다 싶어서 책임 지도원 동무한테 "6·15 정상회담 사진은 이 안에 있어야 하는 거 아닙니까?" 하고 물었어요. 그러니까 내 외국인 동행들이 무슨 일이냐고 물어요. 그래서 "남한과 북한 정상회담 사진이 없어요."라고 내가 설명했는데, 이를 들으면서도 지도원은 한 마디도 안 해요.

나중에 와서 높은 사람한테 그 이야기를 했어요. 내가 추측하기에는 결국 북한의 정책은 국내용과 국제용을 구분하여 시행하는 것이 아닌가 싶어요. 배신감이라고 할 것까지는 없지만, 섭섭한 마음이 들었고, '어려운 게 남북 대화구나, 우리는 중요하게 생각하는데, 그 사진이 없으니 아마도 남북 문제가 더 어려워지겠구나' 하는 생각을 했어요.

신천에 있는 학살기념관을 보면서도 그런 생각이 들었어요. 북한은 미군이 잔인하게 신천 군민들을 학살했다며 기념관을 세우고 초등학생부터 인민들을 밤새워 줄서서 보게 해요. 하지만 황해도 신천에서 주민들끼리 전쟁을 벌여 3만 명이 죽었다는 이야기는 사실이지만, 이렇게 학살기념관을 통해 미국의 잔학상을 적나라하게 틀어주는 걸 보고 참 북미 대화가 어렵겠다고 또 느꼈어요. 16년 만에 북한을 방문한 것인데, 오히려 16년 전보다 더 무거운 심정이었어요. 신천의 학살박물관은 남북 대화에 결코 도움이 되지 않겠더군요.

정근식 선생님이 북한을 방문할 때마다 리종철 과장 이야기가 자주 나오는데, 이 사람에 대해 자세히 설명해줄 수 있어요?

박경서 유네스코 본부에 북한의 리종철 과장이 있어요. UN 시스템으로 이야기하면 P5의 지위에 있지요. UN 시스템에서는 제일 낮은 P1으로 들어가서 일을 하면서 승진하여 P5가 되는 데 대략 25년이 걸려요. P5는 면책 특권을 가지고 있는 외교관 신분 대우를 받는 사람이에요. P5가 타고 다니는 자동차에는 외교관 플랫을 달거든요. 유네스코 파리 본부의 리종철 과장은 두 명의 최고위 북한 대표 중 한 사람이에요. 유네스코가 정년을 60세로 바꿨기 때문에 곧 은퇴할 나이가 되었을 텐데, 한국의 유네스코 간부들이 가서 만나는 사람이지요. 이 사람을 내가 1988년에 처음으로 평양에서 만났어요. 유네스코에서 일하던 김정규 부국장이 이 사람을 소개해서 장학금을 WCC에 신청하고 싶다기에 평양 출장 간 김에 면담했는데 아주 인상이 좋은 젊은이였어요. 얼굴도 준수하고 김일성종합대학을 졸업한 수재였습니다. 그래서 여성 한 명, 남성 한 명, 1인당 3만 불씩 총 6만 불의 장학금을 줬어요. 여성은 파리에서 공부하다

본국으로 돌아갔고, 리종철 과장은 계속해서 파리에서 유학하고 현지에서 시험을 쳐서 유네스코에 P1 직원으로 들어갔어요. 25년이 지난 오늘날 과장까지 승진하여 예산을 담당하고 있는데, 아버지는 김일성종합대학의 유명한 교수이고, 부인도 외국어대학 나온 유능한 사람인데, 이 가족과 지금도 종종 연락하지요. 파리에 출장 가면 만나는 북한 사람들이지요. 집안이 좋기 때문에 아들 두 명을 다 데리고 나와서 파리에서 26~27년을 살고 있어요. 아주 유능한 북한의 젊은이도 있다는 것을 알아야 합니다.

6

필립 포터와
한국 민주화에 대한 지원

정근식 1980년대 초반 아시아에 관한 프로젝트를 하실 때, WCC의 실질적인 지도자는 누구였나요?

박경서 그렇지요. 그 이야기를 하려면, 필립 포터(Pilip Poter) 박사를 빼놓을 수 없어요. 필립 포터 박사는 1921년에 서인도제도의 도미니카공화국에서 태어나 자메이카의 수도인 킹스턴에서 공부를 한 유명한 신학자예요. 이분은 내가 1982년 2월 WCC에 부임했을 때 나를 아시아국 책임자로 임명한 분이에요. 키가 무려 2m가 넘고 목소리도 무척 우렁차요. 카리스마가 말도 못해요. 교황 요한 바오로 2세가 스위스 제네바에 와서 공동 예배를 드린 적이 있는데 그의 카리스마에 놀랐을 정도였어요. 이분은 WCC 청년국 직원으로 출발해서 청년국장을 거쳐 사무총장에 올라 1972년부터 1984년까지 책임을 졌지요. 많은 교회사 학자들이 WCC 70년 역사 중 필립 포터의 사무총장 재임 기간을 WCC의 최고 전성기로 생각하고 있어요.

그분은 사무총장 재임 기간에 남아프리카공화국의 인종차별 철폐를 WCC의 최우선 해결 과제로 만들었어요. 남아프리카공화국은 넬슨 만델라가 대통령이 되기 전까지 약 400여 년 동안 다이아

몬드를 채굴하려고 모여든 독일·네덜란드·영국계 유럽인들에 의해 식민지가 되었고, 17%밖에 되지 않는 백인이 83%의 흑인을 430년 동안 지배한 나라지요. 필립 포터가 이를 문제 삼고 이 프로그램을 '인종차별 투쟁(Program to Combat Racism)'이라고 했는데, 영문 머릿글자를 따서 PCR이라고 부릅니다. 1978년에 시작된 이 프로그램이 내가 부임했을 때도 여전히 우선순위(Priority)에 있었어요. 그렇게 인종주의와의 전쟁을 선포하니까 당시 120개국의 WCC 회원 국가들의 교회가 모두 목소리를 높여 이에 동참했어요. 당시 320개 교단, 약 5억의 회원을 가지고 있는 WCC가 남아프리카공화국의 인종차별을 가장 중요한 프로그램으로 선포한 것이지요. 서구의 입장에서 보면, 자신들의 조상들이 저질렀던 인종차별을 부정한 셈이지요.

필립 포터는 사람들을 설득하는 카리스마를 가지고 있었어요. 이 사람이 연설을 하면 누구도 아니라고 말할 수 없을 정도로, 파괴력과 설득력을 가지고 있었는데, 이것을 보면서 당시 42세였던 나는 '세계에는 저런 인물도 있구나' 하고 감탄했던 기억이 납니다. 그분은 WCC 직원들에게 "절대 남아공에 여행 가지 마세요. 인종차별이 철폐되면 그때 WCC의 모든 직원들이 남아공으로 여행을 갑시다."라고 말했어요. 또한 서구의 모든 나라들로 하여금 남아프리카에 송금을 하지 못하게 금지시켰어요. 즉, WCC 각 회원국의 교회들이 정부나 기업에 호소해서 남아프리카공화국에 송금을 못하게 하니까 남아프리카의 백인들이 꼼짝 못했어요.

WCC가 대규모의 강력한 제재 프로그램을 실천하니까 WCC 회원이 아닌 미국의 보수파 교회들이 WCC를 공격하는 거예요. "WCC는 남아공의 지하조직 세력에게 무기를 줘서 저항 운동을 하게 만드는 좌파 세력이다. 이들은 기독교 세력이 아니다."라고 선전했는데, 우리나라의 요즘과 비슷한지도 몰라요. 그럼에도 불구하고 필립 포터는 계속해서 그 프로그램을 진두지휘했지요. 그가 가장 좋아하는 사람이 넬슨 만델라와 데스몬드 투투였습니다. 데스몬드 투투는 내가 WCC에 들어가기 10년 전까지 그곳에서 일했던 분으로 아프리카 국장을 역임하였고, 본국에 돌아가서 남아프리카공화국 NCC의 사무총장을 했지요.

필립 포터는 1983년 밴쿠버의 WCC 총회에서 유명한 연설을 했어요. "우리는 지구상에서 인종차별이라는 불의를 완전히 철폐해야 합니다. 그렇게 하려면 우선 진실을 파헤쳐야 해요. 그러나 파헤치려는 진실은 백인들에게 복수하려는 것이 아니라, 그 진실을 통하여 백인과 화해하려는 것입니다."라고 말했어요. 그때 넬슨 만델라는 감옥에 있었기 때문에 데스몬드 투투가 진실과 화해 위원회(Truth and Reconciliation Commission)를 만들었어요.

나는 1986년에 필립 포터의 사무실에서 "사무총장, 나는 분단된 국가에서 왔습니다. 우리는 단일 민족이라 남아프리카의 인종차별 정책이 어느 정도 심각한지 감이 잘 잡히지 않으니 이를 이해하기 위하여 나를 아프리카로 출장 가게 해주세요."라고 요청하여 허락을 받았어요. 그래서 보츠와나(Botswana) 수도인 가보로네에서 개최되는 위원회 회의에 참석할 겸 남아공에 갈 계획을 세웠지요. 보츠와나는 남아공 옆에 있는 내륙 국가입니다.

정근식 그 부근에 나미비아도 있지요. 보츠와나에는 무슨 일로 가셨나요?

박경서 나미비아는 독일 식민지였어요. 프로그램 위원회가 거기에서 모이는데, 내가 그거 끝난 다음에 옆 나라인 남아공을 직접 보겠다고 해서 허락을 받고 우선 보츠와나 가보로네 공항에 도착했어요. 우리 일행 40여 명이 다 같은 비행기로 갔는데 나만 공항에서 잡혔어요. 내가 이민국에 가서 "나는 비자가 있다."라고 하니까 잠깐 기다리래요. 같이 온 사람들은 다 가버리고, 밖에서는 비서들이 기다리는데 나갈 수가 없는 거예요. 한참 그렇게 기다리는데 30분쯤 지난 후에 어떤 사람이 나타났어요. 북한 대사였어요.

정근식 오오! 보츠와나가 친북 국가였군요.

박경서 1986년인데 북한 대사가 나한테 "여기 왜 오셨습니까?" 하는 거예요. 우리나라는 거기와 국교 관계가 없는데 북한은 있는 거예요. 회의에 참석하기 위해 왔다고 했더니, 북한 대사가 "박 선생을 조사했더니 좋은 사람이시대요. 들어가세요." 해요. 내가 가보로네 공항에서 그렇게 희한한 경험을 했어요. 가보로네에서 이틀 동안 회의를 하고 떠나기 전에, 주교 한 사람이 여기에 북한이 만든 스타디움하고 큰 동상이 있는데 가서 보겠냐고 물어요. 그래서 보고 싶다 했더니, 북한이 지어준 큰 축구 스타디움을 보여줘요. 또 높은 산 위에 있는 동상도 보여줬는데 김일성 동상이었어요. 1980년대에 북한이 아프리카의 여러 나라를 원조했는데, 그에 대한 보답으로 만들어놓은 것을 내 눈으로 직접 보았어요.

정근식 얼마 전에 북한의 만수대창작사에서 아프리카에 만든 여러 대규모 기념비들이나 건축물들에 관하여 다큐멘터리를 만든 최원준 감독이 우리 연구원 저널 〈통일과 평화〉(8집 2호, 2016)에 이에 관한 글을 썼어요. 제가 거기에 관심이 있어서 세네갈의 '아프리카 르네상스'라는 작품이나 그 밖의 북한 만수대창작사의 활동을 연구해볼까 논의했는데, 너무 힘들고, 우리가 갈 수 없는 지역이 많아서 그 연구를 일단 유보했지요.

박경서 지금은 그 동상을 부숴버린 나라도 있고, 보존하고 있는 나라도 있고 그래요. 아무튼 1986년 그때에 보츠와나 가보로네에서 요하네스버그에 도착했더니, 비자 없이 24시간을 머물게 해준다고 했어요. 특히 놀란 것은, 여권을 맡기면 사흘 동안 남아공에서 자게 해주겠다는 거예요. 그래서 내가 왜 사흘이냐 물었더니 이 사람이, "일본과 남한은 같은 국가들이고 우리는 이들을 사랑한다."고 하면서, 나를 남한에서 온 비즈니스맨으로 대우해주겠다고 했어요.

그래서 여권을 공항에 맡겨놓고 1박 2일을 머물렀어요. 내가 그때 너무 놀란 것이 있는데, 한 레스토랑에 갔더니 'Black Forbidden' 즉, 흑인은 출입 금지라고 적혀 있어요. 내가 들어가려 했더니 일본인이냐고 물어요. 그래서 한국인이라고 했더니 좋다고 해요. 당시 일본은 미국이나 서구처럼 세계에서 선진국 취급을 받았어요.

거기에서 데스몬드 투투를 만나고 인종차별의 현장 곳곳을 다 보았지요. 전철을 타면 흑인은 뒤 칸에 타 있고, 식당은 백인이 갈 식당과 흑인이 가는 식당이 나누어져 있고, 모든 제도가 완전히 그렇게 인종차별 정책에 기초하여 있고, 철저히 실천하고 있었어요. 물론 미국이나 유럽에서는 겉으로나마 인종차별이 다 없어졌을 때인데, 유독 남아공의 인종차별은 강력하게 존재하고 있었어요.

남아공에서 1989년 프레데리크 데 클레르크 대통령이 취임하면서 인종차별 정책을 철폐하고 넬슨 만델라를 석방했지요. 그리고 1993년 클레르크와 만델라가 공동으로 노벨평화상을 수상했고, 만델라는 1994년 남아공의 대통령이 되었어요. 앞서 얘기한 WCC 필립 포터 사무총장의 인종차별 철폐 캠페인(PCR)이 성공한 셈이지요.

또한 필립 포터 박사는 재임 기간인 1980년에 '정의, 평화, 창조 질서의 보존(JPIC, Justice Peace and Integrity of Creation)'을 WCC의 신앙 고백으로 전 세계에 선포했어요. 국제기구들은 UN의 'SDGs 2030'처럼 평화, 정의, 안전, 발전, 인권 등을 중요 임무로 내세우지요.

정근식 지속 가능한 발전이라는 개념이 이런 국제기구의 목표로 등장한 것은 언제부터일까요?

박경서 20세기까지 UN은 발전이라는 개념을 경제 수치의 증가로 생각했고, 경제 발전을 우선하여 인권이나 환경은 간과해왔어요. 우리나라 전두환 대통령 때도 마찬가지였고, 인도네시아 수하르토 대통령 때도 그랬고. 왜냐하면 경제를 부흥시켜야 하니까. 하지만 20세기 말 또는 21세기, 특히 코피 아난이 UN 사무총장으로 들어와서 소위 말하는 새천년개발목표(Millennium Development Goals)를 만들었고, 반기문 총장이 떠나기 전에 SDGs 2030을 선포하게 되면서, 지속 가능한 발전을 회원 국가들에게 권고하게 되지요. 가난한 사람의 인권이 보장된 발전, 그리고 조건 없는 ODA를 권고하였는데, 이런 추세는 20세기의 발전 개념에 대한 반성에 기초하여 나온 국제기구들의 새로운 프로그램 영역들입니다.

정근식 필립 포터의 업적을 더 꼽으신다면 무엇이 있을까요?

박경서 필립 포터가 이룬 세 번째 큰 족적은 통합 정신입니다. 다양성을 가진 통합(Unity with diversity), 또는 통합 속의 다양성(Diversity within unity)입니다. 세계의 각 회원 교회들은 각각의 교회의 고유한 모든 것, 즉 전통, 종교, 의식 등등을 인정하면서 하나

1983년 필립 포터 WCC 사무총장(가운데)과 함께.

로 뭉치자는 것이지요. 모든 국제기구들이 다 마찬가지지만 다양성 속의 통합과 일치가 중요하지요. 예를 들면 UN에도 사회주의 국가, 자유주의 국가 등 여러 형태가 있잖아요? 서로가 서로를 인정하면서 하나의 목소리를 내려고 노력하는 것이 중요하지요.

한국인들의 의식으로는 그게 잘 이해가 안 됩니다. 그래서 나는 젊은 우리 제자들에게 가능하면 국제기구에 가서 일하라고 권유합니다. 한국에서는 '이것 아니면 저것'이 중요한 패러다임인데, '이것뿐 아니라 저것도(Not only but also)' 매우 중요하다는 것을 더 배워야 합니다. 이 지구상에는 수많은 종교의 서로 다른 교리들이 있는데, 이들이 상호 존중하면서 하나의 목소리를 내도록 실천하는 것이 인류의 발전을 위해 중요하다는 겁니다. 정교를 예로 들면, 동방 정교를 비롯해 러시아 정교, 그리스 정교, 아르메니아 정교, 시리아 정교 등 말도 못하게 분산되어 있잖아요. 그는 밥티즘, 유카리스트, 미니스트리(Baptism, Eucharist and Ministry), 즉, 세례, 성만찬, 목회를 관통하는 하나의 틀을 만들어서 회원 교회의 통일에 큰 역할을 하였습니다.

정근식 필립 포터가 한국에 오신 적이 있다고 들었는데, 언제 오셨나요?

박경서 필립 포터는 1954년 WCC에 청년국 간사로 들어와서 33년간 일하고 1987년에 그곳을 떠났어요. 그는 3대 사무총장을 지냈는데, 전두환 정권 때 한국에 자주 오셨고, 오실 때마다 제일 먼저 광주의 망월동 묘지를 찾았어요. 내가 이분을 망월동 묘지에 세 번이나 모시고 갔어요. 필립 포터의 부인은 영국인 도렌 포터로 작곡가인데, 많은 에큐메니칼 노래를 작곡했어요. 그분이 중간에 돌아가셔서 1985년에 유명한 독일 신학자와 재혼을 했지요. 필립 포터는 재작년에 세상을 떠났어요. 이분이 돌아가셨을 때 내가 NCC에서 추모사를 했지요.

정근식 필립 포터가 맨 처음에 광주를 방문한 것이 언제지요?

박경서 1982년이었어요. 그때 이분이 "경서, 광주의 한을 푸는 것도 아시아 국장인 당신의 일입니다."라고 말했어요. 당시 내 여권에는 19개 공산주의 국가를 출입한 기록이 찍혀 있었는데, 한국인이 출입하지 못하던 나라들이 많았지요. 필립 포터가 "당신은 한국의 울타리를 뛰어넘을 줄 알아야 해요. 사회주의와 자본주의를 껴안고 WCC 아시아 국장의 일을 하여야 합니다."라고 하면서 격려하고 도움을 주었습니다.

정근식 필립 포터가 처음 광주를 방문했던 1982년에는 망월동 묘지에 가기가 쉽지 않았지요. 경찰들이 삼엄하게 지키고 있었고, 학생들이나 사회활동가들이 망월동 참배를 하나의 저항의 의미로 시도했는데, 그때 경찰이나 정보기관은 외국인들도 그렇게 감시했나요?

박경서 말도 못해요. 중앙정보부원이 따라오고 그랬지만 1984년에도 망월동에 갔지요. 2004년 마지막으로 한국에 왔을 때도 광주에 갔는데, 그때는 5·18 묘지로 갔어요.

정근식 필립 포터는 냉전의 절정기에 WCC 사무총장을 하면서 한국 문제에 많은 관심을 보였군요. 우리가 잘 몰랐던 이야기여서 흥미로웠습니다.

선생님께서 WCC에서 활동을 시작할 때는 한국은 엄혹한 군부 정권 시절이었고, 이 때문에 국제 인권기구들에서 한국의 민주화 운동을 음으로 양으로 지원해주었습니다. WCC에서 한국의 민주화를 지원하기 위하여 어떤 활동을 하였는지 이야기를 시작해보지요.

박경서 WCC는 동남아시아나 북한뿐 아니라 한국에도 관심을 가지고 상당한 지원을 했습니다. 내가 아시아 국장으로 일하기 시작하면서 처음 지원했던 것은 한국기독교교회협의회(NCC) 활동과 광주 YWCA입니다. WCC에서 1983년부터 매년 100만 불씩 한국 NCC에 지원하기 시작했어요. 당시의 경제 규모로 보면 상당히 큰 돈이었지요. 그리고 광주 YWCA 건물이 5·18 때 총탄에 맞아서 못 쓰게 되었는데 독일, 미국 등에서 성금을 모아 지금의 건물을 지어주었어요. 조아라 여사가 큰 역할을 했습니다.

정근식   NCC에 대해서는 어떤 성격의 사업을 지원한 건가요?

박경서   1967년 NCC에 안병무 선생님을 중심으로 하는 통일위원회가 생겼어요. 처음엔 아주 조심스럽게 통일 운동과 민주화 운동을 위한 목요기도회를 했어요. 김관석 목사가 1968년부터 1980년까지 NCC 총무로 재직하였는데, 이 기간에 인권·민주화·언론 자유·통일 운동을 위해 노력하였지요. 1980년 전두환 정부에서 기독교방송(CBS)의 보도 기능을 박탈했는데, 이때 사장으로 부임한 김관석 목사가 줄기차게 보도권을 찾기 위해 투쟁했어요. CBS에 광고 탄압이 들어오자 WCC에서 한국기독학생회(KSCF)에 1985년부터 매년 2~3만 불씩 10년간 지원했어요.

정근식   1983년에 한국 지원을 시작할 때 NCC 총무는 누구였어요? 그것을 시작한 특별한 계기가 있나요?

박경서   김소영 목사님이었어요. NCC에서 민주화 운동 프로그램과 남북 화해 프로그램 등을 운영하였는데 이를 지원했고, 또 기독학생회의 프로그램을 활성화하는 데 도움을 주었지요. WCC의 지원은 학생들의 민주화 운동에 큰 도움이 되는 거예요. 또 전 국회의원이었던 김희선 여사가 '여성의 전화'라는 것을 만들었는데, 억울하고 매 맞는 여성들의 이야기를 다루는 곳입니다. 여기에도 매년 2~3만 불씩 주었고, 이화여대 여성학연구소에도 5만 불씩 10년간 내가 결재하여 주었어요. 또 여성 신학자 육성과 여성 평화 운동에도 돈을 주었어요. 이우정 선생이 김정이 목사님을 소개했는데, 정치적이거나 비정치적인 이유로 수감되었다가 출소한 여성들의 재활 프로그램을 만들고 싶다고 해서 '재활의 집'을 지어주었고, 또 김경남 목사를 통해서 도쿄의 한국 해외 민주화 운동 기록 보존 프로그램을 지원하기도 했습니다.

정근식　도쿄에서 만들어진 자료는 어디에 있어요?

박경서　도쿄에서 그 자료들을 배로 싣고 와서 국사편찬위원회에 넘겼고, 국사편찬위원회에서 기독교 민주화 운동 자료라고 해서 마이크로필름으로 떠놓았어요. 그리고 광주 지원 프로그램을 말씀 드리면, 5·18 이후에 강신석 목사가 광주 5·18 문화 운동을 했어요. 강신석 목사는 내 중고등학교 시절 짝꿍인 적이 있었고 5·18 이전에는 유신 반대 운동으로 가장 먼저 수감이 되었던 분입니다. 목사님의 고귀한 뜻을 높이 산 거지요.

　그리고 김관석·박형규 목사님께 중국의 몇 군데를 방문하시도록 한 프로그램도 기억나네요. 1992년 한중 수교 직후인데, 그분들이 중국을 보고 싶다고 하셨어요. 내가 난징으로 출장 가는 날에 두 분 목사님을 난징에 오시도록 일정을 짰지요. 두 분 목사님이 그렇게 좋아하시던 모습이 지금도 눈에 선합니다. 그런 프로그램들은 한국 민주화를 위해 고생하신 두 목사님에 대한 전 국민의 감사의 뜻이 담겨 있는 거지요.

정근식　6월항쟁에도 지원을 한 바가 있지요?

박경서　1987년 6월항쟁 이후 이한열 열사 추모 사업을 포함한 민주화 운동 지원을 위해 25만 불을 주었어요. 독일 교회에 소개하여 기독교 계통 학교에도 지원했는데, 연세대학교의 이공대학과 이화여자대학교의 물리학과 건물을 지어준 것도 여기에 포함됩니다. 연세대 박대선 총장님 그리고 이화여대 정의숙 총장님 시절이었으니 꽤 오래전부터 WCC는 세계 선진국의 개신교 개발 기금을 동원해서 한국의 대학 발전에 참여했다고 할 수 있어요.

정근식　NCC에 지원한 사업 중에 교육 지원 사업도 있어요?

박경서　NCC의 주요 사업인 미래 민주 지도자 육성 사업, 교회 청년들의 민주화 운동 지원 사업, 그리고 고 오재식 형이 주관한 NCC 훈련원 사업도 같이 했습니다. 오재식 형은 일본에서 CCA의 국제부를 설립해서 동경을 중심으로 아시아 전체의 민주화 학생 운동을 총괄했지요. 그 일을 하다가 귀국하여 NCC 훈련원장으로 부임했어요. 그래서 그분이 책임지고 추진하는 프로그램을 무조건 도와주었어요. 나하고 오재식 형이 같이 WCC의 NCC 라운드테이블(roundtable)을 만들었어요. WCC에서 한국 NCC를 도와준다고 했더니, 한국은 이미 잘살게 된 나라인데 아시아 국장이 자기 나라에 돈을 주는 것은 좋지 않다는 거부감이 있었어요. 그래서 나는 "한국은 독재에 항거하고 분단 극복을 위해 통일을 이루려고 하는데, WCC가 이들과 연대하는 프로그램을 잘 만들어야 합니다. 또한 한국은 먹고살 수는 있지만 아직도 돈이 필요한 나라입니다."라고 주장했지요. 독일, 영국, 스코틀랜드, 캐나다, 미국, 오스트레일리아, 뉴질랜드, 스웨덴, 덴마크, 스위스 등 서구의 기부자들이 그 분야라면 자기들이 도와주겠다고 해서 100만 불이라는 돈이 매년 들어오게 된 거예요.

정근식 한국은 경제적으로 발전한 나라여서 지원 대상이 아니지만 특별히 민주주의와 통일을 위한 자금이 필요하다는 것이 지원의 명분이 되었군요.

박경서 국내에서는 오재식, 국외에서는 아시아 국장인 내가 도와준 거예요. 나중에는 기부자들이 한국에 와서 실제 상황이 어려운 것을 보고, 꼭 필요한 곳에 도움을 줄 수 있어 좋아했어요. 예를 들면, WCC 사무총장 필립 포터가 광주 망월동 묘지에 가서 보고, "한국은 특별한 이슈를 가진 나라다. 한국의 민주화와 분단 극복은 중요한 문제다. 이것은 세계 평화와 직결되어 있다."고 말해서 한국이 우선 지원 대상이 된 것이지요.

필립 포터가 1984년 일본의 도잔소에서 한반도 통일을 위한 특별 모임을 주최했는데, 북한은 오지 못하고 전문만 보냈어요. 한국의 통일 문제를 논의하기 위해 1986년 글리온 1차 회의, 1988년 글리온 2차 회의, 1990년 글리온 3차 회의를 했고, 1992년에는 일본 교토 모임을 진행했는데, 그 과정에서 교회에서 희년(Jubilee Year)으로 삼은 1995년에 남북한 교회가 판문점에서 합동 예배를 개최하기로 했어요. 이에 따라 북한 대표 220명이 판문점까지 와서 기다렸는데, 유감스럽게도 김영삼 정권에서 이 회의를 하지 못하게 했지요. 김동환 목사가 그것을 추진하다 일찍 돌아가셨습니다. 그때 합동 예배는 못했지만 대신 임진각에서 시작해 광화문까지 이어지는 통일 기원 '인간띠잇기' 행사를 했지요. 내가 영어로 쓴 〈Reconciliation and Reunification〉〈Ecumenical Approach on the Korean Peninsula〉 등에 이 내용이 언급되어 있습니다. 요즘 신학대학 학생들이 그 책을 기초로 하여 박사 학위를 쓰기도 합니다.

1984년 도잔소 회의와 1986년부터 1992년 사이에 있었던 4차에 걸친 글리온 회의, 그다음에 개최된 1995년 분단 희년 모임 모두가 남북의 평화와 통일에 관련된 거지요. 북한에서 220명이 판문점으로 내려왔을 때, 나는 공동구역인 판문점에 갈 수 있는가의 여부가 미군의 허가 여부에 달려 있다는 사실을 몰랐어요. 남쪽 NCC도 그런 걸 몰랐던 거예요. 우리 모두가 나이브했지요. 그 모임은 무조건 성사되는 줄 알았는데, 김영삼 대통령도 미군이 거절하니 어쩔 수 없었고, 결국 못했지요.

당시 이 문제 때문에 청와대에 들어가서 이원종 씨를 여러 차례 만났지요. 그가 당시 정무수석으로 김영삼 대통령이 신임하는 보좌관이었어요. 김영삼 대통령이 나더러 "왜 박경서 박사는 북한에 교회가 있다고 이야기를 하십니까? 내가 보고받기로는 북한에는 교회가 없고 교회가 있다는 말은 전부 거짓말이던데요."라고 해요. 그래서 "대통령님, 저는 북한을 다섯 번 다녀왔습니다. 북한에 가서 예배도 봤습니다. 물론 감시하는 책임 지도원이 있지만, 이 사람들도 같이 예배를 봅니다. 그런데 할아버지, 할머니들은 예배가 허용되니 많이 만날 수 있습니다."라고 말씀드렸지요. 대여섯 번 북한에 가서 예배를 보면서 안 사실은 이남으로 내려오지 못한 크리스찬이 이북에 많다는 겁니다. 공산당원들이 무서워서 자기는 기독교인이라고 이야기하지 못했는데, 나중에 김일성 주석이 "기독교 교회도 세우고 예배를 보도록 하라."고 명령한 이후에 많은 노인들이 봉수교회에 나와서 예배를 보게 되었어요.

봉수교회에서 300명이 예배를 보면 약 2분의 1 또는 3분의 1이 공산당원들이에요. 당원들은 100~200명밖에 안 되는 교인들을 감시하는 사람들이었어요. 감시를 받으면서도 많은 노인들이 북한에서 예배를 보고 있다고 이야기했더니 대통령도 "아, 그럼 나도 다시 조사를 시켜야겠습니다."라고 한 적이 있어요. 거기에 배석해 있던 사람이 이원종 수석이에요.

정근식 도잔소, 글리온 회의는 교회에서 통일 문제를 어떻게 접근할 것인가를 논의했던 회의죠. 1980년대 한국의 민주화와 관련하여 WCC의 지원에 관한 이야기를 좀 더 자세히 설명해주시지요.

박경서 WCC 직원이 한국에 출장을 갈 경우, 목요기도회에 참석해서 WCC의 인사를 전하고 거기 참석한 분들에게 WCC가 연대한다는 말씀을 드릴 것, 이게 당시 필립 포터의 지시 사항이에요. WCC 직원이 그때 400명이었는데 책임자급 직원은 100명쯤 되었어요. 그 사람들이 한국에 출장 와서 목요일 저녁에 서울에 있으면, NCC에서 주최하는 종로 5가 기독교회관에서의 목요기도회에 참석해서 그날의 기도 제목이 무엇인지를 보고, WCC의 출장 보고서에 한국 목요기도회에 갔더니 이런 주제로 기도를 했다고 썼습니다. 그래서 WCC 프로그램에 반영시키곤 했어요.

WCC는 민주화운동가족연합회(민가협)를 돕는 일을 했고, 김대중·이문영·문동환·문익환·이우정 선생님들이 어려울 때는 WCC 아시아국이 인도주의적인 원조를 했습니다. 또 NCC가 운영하는 WCC의 보세이 신학원에 목사님들을 보내서 세계 에큐메니컬 운동을 6개월간 공부하도록 했습니다. 그곳은 WCC가 운영하는 신학원이지요. 그 신학원은 제네바대학교와 학점 공유제를 하고 있기 때문에 여기에서 6개월간 공부하면 제네바대학교의 3학점을 얻고 들어갑니다. 한국의 목사님들, 특히 개척교회의 목사님들이 공부하는 경우 WCC에서 장학금을 주었어요.

한국의 민주화 운동을 위해 활동한 분들 중에서 공부를 더 하고 싶은 사람에게도 WCC 장학금을 주었어요. 또 한승헌 변호사님을 초청해서 국제기구를 연구하도록 도왔고, 전교조의 윤영규 위원장 및 간부들도 민주화 운동에 수고하셨다고 세계 일주를 시켜드렸지요. 여러 가지 프로그램으로 민주화 운동을 도와드렸습니다.

정근식 광주 YWCA를 지원한 것도 중요한 사항이지요. 5·18 민주항쟁 때 그 건물이 중요한 역할을 했고, 또 많은 피해를 받았는데, 그 건물을 헐고 새로운 건물을 마련할 때도 지원을 했지요?

박경서 5·18을 통하여 '광주의 어머니'라 불리게 된 조아라 여사가 있는데, 1982년 6월에 그분이 제네바에 있는 내 사무실에 오셨어요. 5·18 때 YWCA 건물이 총탄에 맞은 사진을 가져와 나에게 보이면서 자기가 할 일은 YWCA을 새로 짓는 것이라고 했습니다. 땅은 자기들이 마련하겠으니, WCC는 광주 YWCA 건물을 새로 지어달라는 거예요. CBS 광주 지국도 건물을 지어달라고 김관석 목사를 통해서 신청해 왔어요. 광주 5·18 부상자협회에서 자기들도 앞으로 민주화 투쟁을 할 수 있는 공간이 필요하니 이를 마련해달라고 했고요.

광주 YWCA는 원래 4층으로 지어달라고 했는데 내가 5층으로 짓자고 했어요. 5층은 광주의 여러 민주화 운동 단체들이 무료로 쓸 수 있도록 하면 좋겠다 생각한 거지요. 여기에 전교조 광주 지역 사무실, 5·18 부상자동지회, 유가족협의회도 각각 사무실 하나씩 주고, YWCA는 4층 전부를 쓰는 계획이었습니다.

그런데 또 광주 기독교방송국이 생각나서, 한 층 더하여 6층 건물로 짓자고 결정해, 처음 4층으로 계획했던 건물이 6층이 되어 버린 겁니다. 2개 층을 더 증축하려니 돈이 많이 부족해졌어요. 이 일을 어떻게 하나 걱정했는데, 그 과정에서 또 하나 큰 일이 벌어졌어요. YWCA가 짓고 있는 건물을 담보로 은행에서 대출을 받아 공사비로 썼는데, 그 돈을 갚지 못하면 이 집이 날아가게 되는 거예요. 내 발등에 불이 떨어진 것이지요. 그래서 NCC를 주로 도와줬던 사람 중에서 독일의 헬무트 군데르트, 네델란드의 벤 바빙크, 영국의 마이클 호크, 미국의 에드 라이덴, 호주의 존 브라운 등등 열 명에게 내가 아주 조심스럽게 광주항쟁에 대해서 브리핑을 하고 광주에 가자고 했어요. 몇몇 기관 대표는 돈이 없다면서 중도 하차해서 일곱 명을 모시고 내가 광주로 내려갔어요. 기차를 타고 내려가 보니 건물은 이미 다 올라갔고, 주위 환경은 아직 지저분해도 건물에 들어갈 수는 있는 상태였어요. 그 현장에서 조아라 여사로 하여금 "잘못하면 이 건물이 은행 부채 때문에 날아가게 되었으니 도와주십시오."라고 호소하게 한 거예요. 내가 통역을 했어요. 조아라 여사가 2시간 동안 호소를 하는데 이 사람들을 다 감동시킨 거예요. 어떤 사람은 울기까지 했어요. 이 여성이 대단한 호소력이 있었어요. 그래서 역시 조아라 여사가 광주 민주화 운동의 어머니로구나 생각했지요. 그때 필요한 비용이 20만 불이었는데, 지금 돈으로 환산하면 2억 원밖에 안 되지만, 당시에는 20억 원 이상의 가치였어

1985년 광주에서 조아라 여사(앞줄 오른쪽)와 함께.

요. 그런데 그 자리에서 32만 불을 지원받는 것으로 결정되었지요. 기적이었습니다.

필요한 돈은 20만 불인데 32만 불이 들어와서 공사비를 다 갚고 오히려 12만 불이 남았어요. 이런 경우 보통 남은 금액은 WCC가 다시 가져가는데, 광주의 경우 할 일이 많을 거라 생각해서 저의 직권으로 그 돈을 조아라 여사와 강신석 목사님 두 사람 공동 명의로 해서, 은행에 넣어주었어요. 그 돈으로 5·18 가족들, 부모가 일찍 돌아가신 어린이들에게 장학금을 주게 했어요. 두 분이 이 돈을 관리하면서 5·18 이후 10년 동안 장학금으로 썼지요. 이것이 광주 YWCA 건물과 얽혀 있는 스토리인데, 나중에 CBS도 자기 건물을 지어서 나갔습니다.

정근식 그 건물이 지금 어디에 있는가요?

박경서 YWCA는 광주 유동에 있고, CBS는 상무 신시가지로 갔지요. 광주의 한들이 WCC와 나 때문에 조금 풀어진 것이지요. 조아라 여사가 돌아가신 후에 YWCA에서 조아라기념사업회 초대 이사장으로 나를 추대하더라고요. 내가 그때 1억을 모금했습니다. 당시 임내현 씨가 광주 고검장이었는데, 나의 후배라서 50만 원 내라고 했고, 그 외에도 여러 사람들 돈을 모아서 조아라여사기념관을 만들었지요. 그것이 광주에 얽힌 이야기예요.

정근식　지난번 독일 유학 이야기를 할 때 잠시 윤이상 선생이 거론되기는 했는데, 오늘 좀 더 자세한 이야기를 나눠보겠습니다.

박경서　윤이상 선생은 스위스 제네바에도 잘 알려져 있는 유명한 작곡가지요. 한국에서는 '윤이상 며느리가 북한 여자다, 북한에 갔다' 이런 이야기들이 많은데, 아들이 북한에 갔다가 거기에서 결혼을 한 것이지요. 윤이상 선생은 한 마디로 민족주의자예요. 내가 윤이상 선생을 만난 것은 문리대 정치학과 선배인 공광덕 씨 때문이에요. 이분은 동백림 사건 때 비엔나에서 잡혀가 윤이상 선생하고 같이 감옥에 갔어요. 그는 독일 본대학에서 유학하고 있다가 비엔나대학의 정치학과 교수를 알게 되어서 거기서 공부하던 중에 잡혀갔어요. 내게 장학금을 준 OESW라는 독일 개신교 장학재단이 동백림 사건으로 고생한 사람들에게 장학금을 주었는데, 그 분과 내가 그곳의 장학생이니까 자주 만났지요.
　공광덕 씨를 처음 만난 날의 일을 얘기해야겠네요. 1972년인데, 개신교 장학재단에서는 200명에 달하는 모든 장학생과 그 가족들을 크리스마스 일주일 동안 유명한 휴양지에 초대해서 모임을 갖게 해줘요. 나와 처는 이 모임에 참가하기 위해 장학재단이 마련해준 버스에 미리 타고 떠날 차비를 하고 있었어요. 밖에 눈이 펑펑 오는 밤이었는데, 40대의 신사가 눈을 털면서 우리 버스에 타는 거예요. 그래서 내 처가 뒤로 가고 그분이 내 옆에 앉게 되었지요. 바로 그분이 공광덕 씨였는데, 자리에 앉으면서 하는 말이 동백림 사건으로 감옥에 있다가 최근 풀려나서 2주 전에 독일에 도착했다고 소개하는 거예요. 독일 정부가 노력하여 동백림 사건 때 독일에서 잡혀간 사람들은 일찍 석방되었는데, 자기는 오스트리아라는 작은 나라에서 잡혀갔기 때문에 남들보다 6개월 늦게 석방되어 독일에 왔다는 얘기를 했어요. 그 후 1980년대에 공광덕 박사는 프랑크푸르트에 살았고, 나는 스위스 제네바에서 살았잖아요. 학위를 마치고 오랜 시간이 지나서 재회하게 되었지요. 그분은 서울대 선배도 되지만, 무엇보다 민주화에 의기투합해서, 내가 제네바에 살 때 그분을 자주 초대했어요.

1977년이었어요. 장학재단 20주년 기념식에서 연설을 해달라는 초대를 받았을 때인데, 공광덕 씨가 유명한 작곡가를 소개하겠다고 저를 불렀어요. 그래서 프랑크푸르트에 있는 한 식당에서 식사를 하면서 윤이상 씨를 만났지요. 그때 첫 대면을 한 후에 한참 동안 윤 선생을 만나지 못했는데, 1995년 제네바대학교에서 전화가 왔어요. 그때에는 윤이상 선생이 유명한 작곡가가 되어 있었어요. 제네바대학 총장 비서실에서 "당신의 나라 한국의 보배, 작곡가 윤이상 교수가 제네바 시민회관에서 작곡 발표회를 하는데, 우리가 당신을 초대하고 싶다."는 거지요. 그래서 고맙다고 하면서 갔지요. 그때만 해도 김영삼 정권 때라서 많은 사람들이 올 줄 알았는데, 시민회관에 들어가 보니 스위스 사람들은 꽉 찼는데, 한국 사람은 나와 내 처밖에 없었어요. 윤이상 씨 작곡 발표회 소식이 신문에도 났는데, 왜 한국인들은 오지 않았을까를 생각하는데, 아마도 대사관에서 가지 못하게 한 게 아닐까 싶어요. 윤 선생이 너무너무 안되었잖아요. 한국 출신의 유명한 작곡가인데, 한국인들이 아무도 없으니 스위스인들이 이상하게 생각했겠지요. 그 사람들한테 내가 미안했어요.

발표회가 끝나고 윤이상 선생을 찾아가 "근 10년 전에 프랑크푸르트에서 만난 적이 있는데 스케줄 없으면 우리 집에서 저녁식사 합시다."라고 제안하여 선생 부부와 큰딸과 함께 식사를 했어요. 공광덕 씨는 그사이에 이미 돌아갔을 때예요. 그날 보니 윤이상 선생은 천식을 앓았는데, 한번 기침이 나면 걷잡을 수가 없어요. 기침을 참지를 못하세요. 부인과 딸이 나와 우리 처와 이야기를 하는데, 우리 아들도 소개하고 많은 얘기를 나누었지요. 윤이상 선생이 만족하고 좋아하시더라고요.

그러더니 나에게 "박 선생, 나에게 한 가지 한이 있어요. 박 선생은 북한에 출장을 많이 가지 않아요? 박 선생은 어땠어요? 김일성 주석에 대하여 군중들이 단 아래로 가면서 울고 손을 흔들고 할 때, 박 선생은 어땠어요?" 하고 물으셨어요. 내가 "처음에 너무 고약하고, 마음에 안 맞고 울음이 전부 가짜인 것 같아서 불편했습니다."라고 했더니, 윤 선생도 바로 그거라고, 자기도 북한 사람들이 억지로 하는 걸로 알고 거북했다고 말씀하시더라고요. 내가 "열 번 이상 북한에 출장 가서 사람들과 이야기해봤더니, 북한 사람들은 세 살 때부터 열심히 교육을 받아서 친애하는 지도자 동무가 나타나면 울게 된다는 것을 알게 되었습니다."라고 말했지요.

나는 그때 윤이상 선생도 나와 똑같은 자본주의자이고 민족주의자이며 인도주의적 원칙에 의해서 사는 사람이란 걸 알았지요. 윤이상 선생이 막 기침을 하면서 이렇게 말해요. "박 선생, 이런 법이 어디 있습니까? 김영삼 대통령에게 내가 죽기 전에 아버지 선영에 가서 성묘를 하고 거기에 소주를 한 잔 올리게 해달라고 했더니 다 되었다고 들어오라고 했습니다. 그런데 단 한 가지, 중앙정보부에서 이야기하기를 통영 가기 전에 자기들과 몇 마디 이야기만 하면 된다고 했어요." 그런 조건 때문에 결국 윤이상 선생은 한국에 가지 못했지요.

이 말의 의미를 나는 귀국한 후에 알아차렸지요. 내가 인권대사 시절에 한국 민주화 운동을 도왔던 사람들을 초청할 때도 이런 절차가 필요했다는 사실을 알고 윤이상 선생 얘기가 떠올랐지요. 그래서 그것은 거북하더라도 필요한 절차라는 것을 이해하게 되었습니다.

다시 제네바의 우리 집 대화로 돌아갑시다. 윤이상 선생님이 다 준비하고 귀국하려는데 마지막에 이 사람들이 못 오게 했다는 거예요. "못 오게 한 것이 엊그제예요. 이 한을 어떻게 풀어야 합니까?"라고 합니다. 그러면서 김영삼 대통령한테 상당히 섭섭하다는 이야기를 하시더라고요. 그렇게 윤이상 선생의 한을 들었어요. 윤이상 선생은 우리 집에서 식사하고 얼마 후 세상을 떠났어요. 나는 귀국해서 그 소식을 듣고 그분의 한 맺힌 생애와 고 공광덕 박사의 추억까지 떠오르면서 우리 민족의 설움을 다시 되새겼네요.

그다음에 오길남 박사 이야기도 할 수 있습니다. 그는 원래 내가 1966년 서울에서 버스 여차장 훈련을 할 때, 프리드리히 에베르트 재단의 에리히 홀체라는 사람과 함께 일했습니다. 오길남 씨는 문리대 독문과를 졸업한 내 후배로, 에베르트 재단의 직원이면서 통역을 했어요.

나는 1967년에 유학을 떠났고 오길남 씨도 나중에 보니까 킬 대학으로 유학 왔더군요. 나는 학위를 마치고 1976년에 한국에 돌아왔는데, 오길남 박사는 킬대학에서 경제학을 공부하고서는 거기에서 살았던 것 같아요. 그 부인이 간호사 출신이에요. 내가 제3자에게 들기로는 오길남 박사가 사회주의에 대한 동경이 강했어요. 나이브했던 것 같아요. 오길남 커플은 애들 둘을 데리고 북한으로 이주해버렸어요.

정근식　그분 고향이 원래 어디에요? 북한으로 가버린 이유가 있지 않겠어요?

박경서　오길남 박사는 경상도 출신인데, 아마도 북한에서 여러 오퍼를 했겠지요. 내가 스위스 제네바에 있을 때인 1980년대에 북한으로 가버린 거예요. 그런데 북한에 가서 보니까 자신이 생각하던 이상적인 세계가 전혀 아닌 거예요. 그러니 얼마나 당황했겠어요. 그 후에 오길남 박사가 아주 조심스럽게 노력을 해서 덴마크 코펜하겐에 출장을 왔어요. 북한에는 부인하고 딸 둘이 있으니, 북한에서 주저하지 않고 보낸 거지요. 그런데 오길남 박사가 코펜하겐 공항에서 망명을 신청한 거예요.

그 후 그는 남쪽의 정보부를 통해서 가족 구명 운동을 하기 시작했지요. 내가 1990년 말경에 오길남 박사를 스위스인가 독일에서 만났어요. 그가 말하기를 "박형, 제가 실수를 했습니다. 제 부인과 딸 둘은 제가 온 후에 간단히 데리고 나올 수 있을 줄 알았습니다. 마음대로 들어갔으니까요." 그래요. 그러면서 "힘을 써주십시오."라고 해요. 그래서 생각해보겠다고 답하고 북한에 갔어요. 북한에 가서 조평통 부위원장에게 내가 탄원을 했지요. 나도 인도주의 원칙에 의해서 조국을 도와주는데, 인도주의 원칙에 의해서 오길남 박사의 부인과 어린아이 둘은 보내주라고 말했어요. 그러나 그가 아무 이야기를 안 해요. 내가 일주일 동안 북한에 있었는데, 떠날 때 그가 나에게 "박 선생, 죄송하지만 포기하십시오."라고 해요.

정근식　북한에서 그 문제를 논의했는데, 안 됐구나!

박경서　그런 비극이 있어요. 2000년대 내가 인권대사를 할 때 한국에서 오길남 박사를 만났더니, 남과 북 모두를 욕하더라고요. 지금 여기서 살고 있는데, 아주 초췌하게 되어버렸어요.

정근식　그렇지요. 결과적으로는 섣불리 판단하여 북한에 간 것도 잘못이고, 혼자 나온 것도 잘못이고. 이런 분단의 비극이 낳은 인물이 많지요?

박경서　인생의 비극이 이런 것이란 걸 오길남 박사를 통해서 배웠어요. 송두율 박사 이야기를 해볼게요. 2001년 김대중 대통령이 나를 대한민국 초대 인권대사로 임명했고, 2003년에 노무현 대통령이 취임하자 내가 사표를 냈어요. 그리고 3개월이 지났는데, 청와대에서 아무리 후임을 찾아도 없으니 대통령께서 재임명을 하실 것이라고 임명장을 받으러 오라고 해서 재임명을 받았어요. 그리고는 인권대사 일로 제네바에 출장을 가게 되었어요. 박형규 목사님하고 나병식 씨가 민주화운동기념사업회 이사장과 상임이사를 할 때인데, 제네바에 가기 전에 베를린에 가서 송두율 박사를 좀 만나 달라고 부탁을 했어요. 나병식 씨가 말하기를 민주화운동기념사업회에서 송두율 박사를 초청했는데, 약간의 문제가 있으니 선배님이 잘 해결하고 오시라고 해요.

그런데 나는 이미 1976년 초에 독일을 떠났고, 6년 후에 스위스 제네바로 갔기 때문에 송두율 박사를 30년간 만나질 못했지요. 내가 송두율 씨를 만난 것은 프랑크푸르트에서 유학생들이 유신헌법에 반대하면서 데모할 때였습니다. 내가 크리스찬아카데미 사건으로 중앙정보부 지하실에 갔더니 그때 프랑크푸르트에서의 데모 사진을 정보부가 다 가지고 있더라고요. 당시 데모 현장에서 '7년 감옥 살더라도 벙어리론 살 수 없다'란 플래카드를 이영희 전 노동부 장관하고 나하고 들고 가는 사진이 있더라고요. 당시 정보부에서 왜 이런 것을 들었냐고 묻기에 내 양심이 시켜서 했다고 대답했어요.

어쨌든 오랫동안 송두율 박사를 만나지 못했구나, 생각하면서 독일에 도착했어요. 대통령 특사로서 출장을 가니 베를린 대사관이 움직이잖아요. 내가 송두율 박사를 만나야겠다고 하니까, 대사관에서 하는 말이 송두율 박사가 전화를 전혀 안 받는다는 거예요. 그래서 내가 전화해서 자동응답기에 목소리를 남겨놓았지요. "송 박사, 나는 박경서라는 자네 선배인데, 어느 호텔에 있으니 전화를 해주거나 아니면, 내가 바빠서 내일 다시 귀국하니 베를린 비행장으로 몇 시에 나오게." 그다음 날 연락이 없어서 비행장으로 출발했더니 송두율 박사가 비행장에 나와 있어요. 그래서 송두율 박사를 한 시간 반 동안 만났어요. 내가 송두율 박사에게, "송 박사, 나도 북한에 출장을 자주 가고, 그사이에 송 박사도 자주 갔을 텐데, 그곳에 갔더니 이 사람들이 내 별명을 부르면서 한국 사람들을 데리고 오라고도 한 적이 있는데, 자네는 그런 일 없었나?" 했더니 "저는 전혀 없었습니다." 그래요. "나는 북에다가 원조를 주었기에 그런 경험은 없지만, 듣기로는 보통 북에서 사람들에게 돈을 주는 경우가 있다고 하던데 송 박사는 그런 경우가 있었어요?"라고 물었어요. 혹시 북에서 돈을 받은 적은 없느냐, 그런 일이 있으면 정부에 미리 이야기를 하고 한국에 안 들어오는 것이 좋겠다고 했어요. "선배님, 저는 그런 일은 없습니다." 그래요.

그래서 귀국해서 청와대에 송두율 박사는 문제가 없다고 보고 했어요. 민주화운동기념사업회에도 오케이를 했어요. 그런데 송두율 박사가 귀국해서 사흘쯤 되었을 때, 국정원에서 문제가 터진 거예요. 송 박사는 영원히 비밀이 될 줄 알았는데, 독일 통일이 되었을 때 서독 정부의 협조하에 우리나라 정부에서 동베를린에 있는 문서들 즉, 북한의 비밀문서들을 싹 가져왔어요. 거기에 이름이 있는 거예요. 송 박사가 귀국했을 때 국정원에서 그것을 탁 보여주니까 어떻게 해요?

정근식 그런데 왜 송두율 교수가 그 사실을 몰랐을까요?

박경서 다 몰랐지요. 나도 모르고 청와대도 모르고. 나중에 송두율 박사 부인이 석방 운동도 하고 해서 결국 석방해서 보냈지요. 그런 것도 제2의 민족적 비극 아니겠어요?.

정근식 1990년 이전에 만들어진 동독-북한 관계에 관한 자료처럼, 소련 해체 이후 소련이 가지고 있던 자료들도 세계 냉전사 연구뿐 아니라 한국 분단사 연구에도 매우 중요하지요. 종종 이 자료가 학문적 목적뿐 아니라 정치적 목적으로도 사용되는군요.
그러면 이제 WCC가 한국의 여성 운동을 지원했던 이야기를 시작해보도록 하지요. 일본군 위안부 할머니들의 문제가 시작될 때 지원 요청을 했다는 이야기를 들었습니다만.

박경서 이효재 교수님과 윤정옥 교수님 이야기부터 하지요. 여성 운동과 위안부 문제에 관한 거예요. 내가 1982년에 아시아 국장이 되니까 내 사무실에는 여러 나라에서 많은 손님들이 오기도 하지만, 한반도에서도 북한과 남한의 외교관들이 다 오는 거예요. 북한 아이들도 오고, 남쪽에서는 재야 운동가들이 줄을 서서 와요. 얼마나 많은 사람들이 오는지, 그때마다 박경서의 아파트를 'Park's 호텔'이라고 했어요. 그분들의 뒷수발을 해주는 것은 상당히 의미 있는 일이었지요. 그래서 즐겁게 해드렸어요.

그중 한 분이 이효재 이대 교수님이셨어요. 이효재 선생님은 내가 학생일 때 우리 학교 문리대에 강의를 나오셨던 분이에요. 교수님께 사회심리학을 배운 인연이 있는데 이분은 여성 인권과 위안부 문제에 일생을 바치신 분이에요. 그때만 해도 1980년 초니까 한국이 위안부 문제를 UN하고 WCC, WHO, 적십자사, ILO에 호소하려면 누가 초청을 해주고 차비도 대주어야 해요. 그래서 내가 WCC의 인권 자금을 풀기 시작했어요. 1983년부터 이효재·윤정옥 교수가 UN에 와서 연설하는 프로그램을 준비하고 WCC에서 일정을 만들어주었어요. 제네바에서는 WHO까지 포함하여 5개 기구가 같이 움직여요. 교수님 일행은 연설도 많이 하고 어쩔 때는 위안부 할머니들을 모시고 오세요. 한참 후에는 정진성 교수와 신혜수 교수가 번갈아서 이효재 교수와 같이 왔어요. 한국 정신대 프로그램을 10년간 지원해서 국제사회에 일본의 만행을 폭로하는 일을 도와드렸지요.

정근식 위안부 문제에도 WCC 지원이 있었군요!

박경서 그렇지요. 초기 문제 제기 국면에서 도와드렸고, 그때 활동했던 분들이 나를 만나면, "아이고, 선생님이 그때 우리를 많이 도와주셨어요." 하는데 그것은 하나님이 도와준 것이라고 대답하면서 삽니다.

일본에서 위안부 문제에 앞장서는 인권 변호사 단체가 있는데 그 사람들도 제네바에 와요. 이 변호사 단체는 한국의 위안부 편에 서서 일본 정부를 비판하고 막 야단을 치는 거예요. 위안부 문제에 관해서는 김영삼 대통령도 굉장히 관심이 많았어요. 그런 시기에 위안부 문제의 국제화에 이효재·윤정옥 교수님, 그리고 위안부 할머니들이 크게 공헌했고, 그것을 끝까지 이슈화한 것은 사회학과 정진성 교수였지요. 나의 여학생 제자라 보람을 느낍니다. 정진성 교수가 결국은 UN 인권이사회 소위원회 위원으로서 12년 동안 활동하면서 위안부 문제의 쟁점화에 많은 공헌을 했지요.

정근식 1989년 평양에서 열린 세계청년학생축전 때, 임수경 씨가 독일을 거쳐 북한으로 갔잖아요? 그때도 WCC의 지원이 있었나요?

박경서 북한은 서울올림픽을 남과 공동 주최하려고 했지만, 그것은 안 됐어요. 그리고 1989년에 세계청년학생축전이라는 것을 평양에서 하게 돼요. 내가 1988년에 평양 출장을 두 번 갔고, 세 번째 출장을 갔을 때가 1989년 임수경 씨가 다녀간 2개월 후일 거예요. 평양축전 프로그램은 내가 도와주지 않았는데, WCC의 청년국에서 많이 도와준 것 같아요. WCC에는 여러 국이 있는데 그중 하나가 청년국(Youth Department)이에요. 당시만 해도 모든 국제기구의 청년 프로그램은 32세까지의 청년들이 주도해야지 어른이 그 프로그램을 할 수가 없어요

정근식 국제적으로 청년 개념이 32세까지예요?

박경서 그렇지요. 그게 국제기구들의 관행이에요. 그때 WCC 청년국에서 평양축전을 도와주었을 거예요. 남쪽에서는 임수경 한 명만 갔어요. 남쪽에서 NCC 청년국에 평양축전 프로그램 플래카드도 붙여놓는 등 민간 통일운동이 봇물처럼 터져 나온 때였어요. 그 과정에서 경찰서에 끌려갔다 온 교회 청년들도 있었지요. 서보혁 박사는 당시 NCC 산하 기독청년협의회(EYC) 평양축전 참가 집행위원장 자격으로 참가를 시도하다 국가보안법으로 구속되었고, 이를 도운 장윤재 간사(현 이대 교수)도 조사를 받았어요.

내가 듣기에 임수경은 북한에 메가톤급 영향을 주었어요. 얼굴도 고울 뿐만 아니라 젊은 학생의 매너가 국제적인 수준이라고 해서 대단한 영향을 미쳤다는 것을 내가 세 번째 평양 출장에서 알게

되었어요. 북한은 나처럼 외국에서 온 사람이나 임수경처럼 남한에서 온 사람에게 관광을 시키는 일정한 코스가 있어요. 평양과 원산으로 해서 금강산을 가봐야 해요. 개성 판문점, 묘향산에 있는 기념관도 가야 해요.

평양에만 있다가 가는 사람들은 김일성 동상에 꽃다발을 주고 금수산궁전을 가게 해요. 남한에서 북한을 방문한 사람들은 금수산궁전에 참배하는 것을 꺼리지만, 국제기구에 있던 나의 입장에서는 이념적 금기에 얽매일 수 없었어요. 남북 양쪽 모두가 하나의 피를 나눈 배달민족인데 경의를 표해야 할 때는 하고, 시간이 없을 때는 꽃다발을 주는 것으로 대신한다는 것이 내 생각이었지요. 1989년 북한을 방문했을 때, 정해진 코스이지만 가는 데마다 임수경의 발자취가 확연히 느껴졌어요. 거기 종사하는 사람들이 말해요. "임수경 학생이 와서 큰일을 하고 갔습네다." 임수경 씨가 와서 통일에 대한 꿈을 이야기한 것이 대단한 반향을 일으켰다고 북한 사람들이 말해요. 기념관이나 뭐 그런 델 가면 앞에 방명록이 있는데, 거기에 임수경이 글을 써났어요. 임수경 앞에는 그 전에 내가 다녀가면서 쓴 방명록이 있고요. 아무튼 1989년 갔을 때는 내가 임수경 뒤에 방명록을 쓰면서 "임수경 수고했어요. 이 일로 인해서 고생을 안 해야 할 텐데." 하는 글을 썼던 기억이 나요. 우리야 국제 공무원이고 허가를 받고 북한을 방문한 것이니 아무런 염려가 없지만 임수경 학생은 그런 게 아니니 걱정이 되지요.

정근식 제가 선생님 이야기를 들으면서 궁금한 점은 언제부터 북한 사람들이 서울올림픽을 공동 개최하려고 했는가, 그에 대하여 남북 협상이 있었던 건가 하는 점이에요.

박경서 협상은 없었을 거예요. 북한이 올림픽위원회에 공동 개최를 요구했어요. 1988년 6월에 출장 갔을 때 온 평양이 건설현장이었고, 그들은 공동 개최가 거의 되는 것으로 알고 있었어요. 그런 걸 보면서 나도 '야, 이상하다. 서울에서는 전혀 이런 낌새가 없는데 북한이 저렇게 집을 짓고 선수촌을 만들다니, 북한이 왜 이럴까? 무슨 일이 있나?' 하고 생각했지요.

정근식 우리는 그때 다르게 알고 있었잖아요? 서울올림픽을 북이 방해했는데, 그럼에도 불구하고 한국에서 이 올림픽을 성공적으로 개최하니까 그것을 만회하기 위해 북한이 1989년 세계청년학생축전을 유치했다고 생각했잖아요. 그렇지만 세계청년학생축전은 서울올림픽 개최 이전에 유치한 것이지요. 선생님이 평양에서 보신 그 공사들이 1989년 평양축전을 하기 위한 것이 아니었을까요?

박경서 북한에서는 세계적인 대회라 해도 한국처럼 2~3년 전에 미리 결정하는 것은 아닌 것 같고, 최고 지도가가 어떤 과정을 밟아서 결정하는지 모르지만, 그가 명령하면 그대로 따라야 하는 것 같아요. 작년(2016년) 9월에 홍콩에 가서 남북한 회의를 했어요.

WCC가 주최한 회의였고 내가 거기에서 기조 발제를 했지요. 남북한 공동 WCC 커뮤니티를 만들었는데, 거기에서 북한 사람들이 뭐라고 하냐면 "내년 2월 중순에 평양에서 크게 한 번 하겠습니다." 하는 거예요. "박 선생은 바쁘셔서 못 오시겠지만 NCC는 꼭 오셔야 합니다." 하기에 "2월 중순에 가게 되면 가지요." 했는데 아무 소식이 없어요. 세계청년학생축전 개최도 어떤 과정을 밟아 결정했는지 모르겠어요.

정근식　제가 알아보니 세계청년학생축제가 오래된 역사를 가지고 있더라고요. 1945년 제2차 세계대전 종전과 함께 서구에서 평화를 기원하는 움직임이 생겼는데, 냉전의 시작과 함께 1947~1948년경에 프라하에서 처음으로 세계청년학생축전을 개최하였고, 1985년인가 제12차 축전이 모스크바에서 개최되었는데, 그해에 북한이 다음 청년학생축전을 유치한 거예요. 서울올림픽에 대한 대응이라는 의미가 있었습니다.

서울올림픽은 1981년인가 1982년에 결정된 것이고, 전두환 정부 초기에 정주영 회장이 노력을 하여 유치했는데, 혹시 그때 공동개최 문제로 전두환 정권에서 김일성 정권과 협의를 시도하거나 그런 생각을 하는 수준에서 그친 것이 아닌가 추측하는데, 그 문제는 모르겠네요.

7

2017년 4월 12일

김대중 대통령과의 인연

정근식 선생님께서 WCC 아시아 국장 활동을 끝내고 한국으로 귀국하게 된 계기는 여러 가지가 있지만, 그중 하나는 김대중 대통령의 권유였다고 들었습니다. 오늘은 김대중 대통령과의 인연을 이야기해보지요. 처음 김대중 대통령을 알게 된 것은 언제입니까?

박경서 김대중 대통령과의 인연은 매우 오래되었습니다. 처음 그분을 만난 것은 아마도 1967년이었을 겁니다. 당시 강원룡 목사님이 주선하여 한국을 방문한 리하르트 폰 바이츠제커 박사와 김대중 대통령이 수유리에 있는 크리스찬아카데미 하우스에서 만났는데, 내가 그 자리에 배석했어요. 내가 스물일곱 살 총각 때이고, 김대중 대통령은 젊은 국회의원이었을 때입니다. 강원룡 목사님과 바이츠제커 박사님은 함께 WCC의 실행위원이었기 때문에 잘 아는 사이였습니다. 바이츠제커 박사는 당시 서독 하원 외교위원회 위원장이었어요.

정근식 그때 처음 만나신 거예요? 김대중 대통령은 1967년에 선생님 만난 것을 기억 못하시겠네요?

박경서 그때 나는 해병대를 막 제대한 촌놈이었고, 그분은 유명한 국회의원이었지요. 김대중 의원은 당시 국회에서 가장 오래 연설한 사람이라고 신문에 났기 때문에 알고 있었어요. 그러나 그 후 나는 독일로 유학을 떠났으니 통 만날 일이 없었지요.

내가 WCC 아시아 국장으로 취임을 한 것이 1982년 2월 1일인데, 1983년 5월에 워싱턴 DC에서 김대중 선생의 친필 편지가 도착했어요. 편지를 뜯어보니 "미주 대륙에 출장을 오시면 꼭 만나고 싶습니다."라고 적혀 있어요.

정근식 미국에서 WCC 이야기를 들으셨구나!

박경서 그때 김대중 대통령은 1980년 5월 신군부에 끌려갔다가 곤욕을 치르고 미국으로 간 상태지요. 그의 미국행은 망명 비슷한 것이었어요. 아마도 당시 미국에 있던 한완상 교수나 또 다른 분이 나에 대해 말했겠지요. 한완상 교수가 사회학과 선배이니까 저를 잘 알았고, 그래서 소개했을 겁니다. 그 편지를 보고 '아하, 옛날에 크리스찬아카데미에 왔던 그분인데, 민주화를 위해서 저렇게 노력한 사람이 워싱턴 DC에 안착하셨구나' 그렇게 생각했어요.

1983년 7월에 내가 워싱턴 DC에 출장을 가게 되어 김대중 선생이 계신 곳을 찾아갔지요. 베란다 딸린 작은 아파트에 이희호 여사님하고 김대중 선생 두 분이 살고 있어요. 그래서 1967년에 만났던 이야기를 하고 "선생님, 우리나라 민주화를 위해 옥고까지 치르며 고생이 참 많으셨습니다. 이제 사형 선고에서 풀려나셨으니 얼마나 좋으십니까?" 이런 인사도 나누고 여사님이 주신 차도 마시고 했지요.

김대중 선생 말씀이 "박 선생, 미국에 와 있어 보니 교포들이 쌀도 주고 헌금도 주고 해서 저는 살 수 있습니다. 그런데 저 때문에 옥고를 겪은 사람들이 상당히 곤란에 처해 있습니다. WCC 아시아국이 제가 알기로는 인권 자금을 가지고 있다고 하는데 그분들을 도와주셨으면 좋겠습니다. 문익환, 문동환, 이우정, 이문영 네 사람이 내란음모죄에 걸려서 고생하고 있으니 도와주십시오." 그래요. 그 말씀만 하시고 자기 이야기는 안 하시더라고요. 그래서 "네, 알겠습니다. 제가 전화로 알아보고 말씀드리겠습니다. 내일 뵙겠습니다." 하고 대답했어요. 그때는 이메일도 없고 전화도 잘 안 될 때여서 시간이 필요했지요. 내가 속으로 이분들에게 한 달에 2,000불씩 또는 1,000불씩이라도 줄 수 있으면 좋겠다고 생각했어요.

당시 나는 부임한 지 얼마 안 되고 돈을 만져본 적 없는 사회학자 출신이니까 자기 책상에서 결재할 수 있는 돈이 800만 불이 있다고 해도 그걸 어떻게 써야 하는지도 잘 몰랐어요. 당시 내 보좌관이 제인 벡던컨이라는 60세의 미국 여성이었는데, 내가 그 보좌관에게 전화해서 "한국에서 민주화 운동을 하다 감옥에 가 있는 사람이나 감옥에서 나온 사람에게 인권 자금을 줄 수 있어요?" 하고 물었더니, 지금 100만 불을 써야 돈이 더 들어오는데 안 써서 난리가 났다고 해요. 그래서 내가 그 말을 듣고 김대중 선생께 "그분들

각각에게 한 달에 1,000~2,000불씩 해서 한 달에 총 1만 불을 책임지겠습니다. 그 속에 선생님도 넣겠습니다." 하고 그분들을 도와줬어요. 그게 인연의 출발입니다. 김대중 선생님은 그 일이 오랫동안 기억에 남았나 봐요. 그러다 그분이 미국에서 한국으로 귀국했어요.

정근식 1985년에 들어오셨지요. 당시 전두환 정권이 총선거 때문에 약간의 유화 정책을 취했지요.

박경서 선생님이 귀국해서 나에게 연락을 하셨어요. 그때만 해도 박금옥 씨라는 여자분이 미국에서 선생님을 도와주고 있었는데, 후에 청와대 총무비서관으로 5년간 일했지요. 그 박금옥 비서관을 통해 늘 연락을 했는데, 김대중 선생님이 내가 한국에 출장 나올 때마다 꼭 뵙고 갔으면 한다는 거예요. 그래서 한국에 출장 오는 게 드물었지만, 출장 오면 동교동에 가서 아침식사를 둘이 했어요.

세월이 흘러서 1990년이 되었어요. 김대중 선생의 동교동 자택에는 지하 서재 방이 있는데, 긴밀한 이야기를 할 때 들어가는 곳이에요. 그 방에서 이야기를 나누는데, 그때 노벨평화상을 타고 싶다고 말씀하셨어요. 당시만 해도 노벨평화상은 나에겐 퍽 생소했지요.

정근식 그때가 한국에서는 정계 개편이 이루어지고, 이른바 3당 합당으로 김대중 선생이 고립감이 클 때네요. 1990년 1월에 3당 합당이 이뤄졌는데 그때 노태우 대통령이 여소야대를 돌파하기 위하여 김영삼, 김종필 씨와 손을 잡아서, 김대중 선생과 그를 지지하는 정치 세력이 고립되었지요.

박경서 그래서 "제가 알아보겠습니다." 하고 말했어요. 마침 제 직원 중에 루터교 세계연맹 사무총장으로 같이 근무하는 군나르 스탈셋(Gunnar Staalsett) 목사가 있는데, 그가 노벨평화상 최종 심사위원회의 부위원장이에요. 루터 교회 목사이기도 한데, 그가 생각이 나서 "상의해서 알려드리겠습니다." 그렇게 답하고는 제네바에 와서 스탈셋 목사와 상의를 했어요. 김대중 선생이 노벨평화상을 타려면 우선 그의 활동을 세계에 알려야 했기 때문에 선생의 책 《옥중 서신》을 1992년에 영문으로 번역하는 작업을 하였지요. 내가 한국에 출장 가서 서한집 번역본을 열 권쯤 가져와서 스탈셋을 통해 노벨평화상 최종 심사위원 다섯 분들에게 보내고 국제기구 도서관에 주어 비치하게 했죠. 스웨덴 친구 얀 에릭슨에게도 줬어요. 노벨평화상 추천위원회 위원이에요. 얀 에릭슨하고 스탈셋의 손을 꽉 잡고 김대중 대통령의 노벨평화상을 추진하면서 참 바쁘게 움직였어요.

1993년에 한화갑 의원이 본에 와서 한 달쯤 있었을 때 전화가 왔어요. "김대중 대통령께서 제네바에 가서 박경서 박사님을 만나고 오라고 명령하셨습니다."라고 하더라고요.

정근식　그때는 대통령 선거에서 또다시 떨어지고 난 뒤네요. 1992년 12월에 김영삼 대통령한테 졌잖아요. 그때 많은 사람들이 절망하고 있었는데, 아마도 김대중 선생의 절망감은 더 크지 않았을까요?

박경서　그래서 제네바의 우리 집에 한화갑 의원이 왔어요. 한화갑 의원에게 "최대한 노력하고 있으니 그렇게 알고 그대로 김대중 선생께 보고드리세요." 하고 보냈어요. 그러고는 다시 스탈셋하고 운동을 했지요.

한참 후, 그러니까 1997년 5월쯤 스탈셋이 내 사무실에 찾아와서는 김대중 선생이 쇼트리스트의 톱에 올랐는데 한 가지 문제가 있다고 해요. 노벨평화상은 항상 12월 10일에 줘요. 세계인권선언 기념일에 발표하는데 대강 쇼트리스트가 결정되는 시기가 매년 7월 초예요. 최종 심사위원회에서 세 사람 정도를 쇼트리스트에 뽑아요. 그 명단에 올랐다는 거지요. 그런데 전 세계 신문에서 김대중 선생이 대통령에 나오나 안 나오나가 관심사라, 금년에 노벨평화상을 받자마자 대통령에 출마하면 바로 무효가 된다는 거예요. 노벨평화상은 정치적인 중립이 절대적이니까요.

그래서 내가 비행기를 타고 제네바에서 서울로 급히 왔어요. 국제기구에는 2년에 한 번씩 홈리브(Home Leave)라고 해서 모국에

1994년 제네바를 찾은 김대중 선생 내외분.

제네바 대사관저에서 방명록에 서명하는 모습.

서 휴가를 보내는 제도가 있어요. 이 제도를 이용하여 자녀들을 데리고 와이프와 함께 7월에 왔어요. 7월 14일 아침 7시에 동교동에서 김 선생님을 만나요. 이희호 여사, 김대중 선생, 박경서, 내 와이프, 네 명이 앉아서 이야기를 했지요. "김 선생님, 노벨평화상 소위원회에서 마지막 쇼트리스트에 선생님이 최우선 대상자로 올랐으나, 노벨평화상 위원회에서 조건을 붙이기를 김대중 선생께서 대통령 선거에 출마하지 않는 조건이면 OK를 한다고 합니다. 어떻게 하시겠습니까?" 그 말이 끝나자 선생님이 5분 동안 눈을 감고 말을 안 하셔요.

정근식 노벨평화상이냐, 대통령 선거에 나가느냐 기로에 섰군요. 그런 기막힌 상황이 있었다는 것을 처음 듣고 있네요.

박경서 5분 후에 그러시더라고요. "박 박사, 둘 다 했으면 좋겠구면." 그래서 내가 "둘 다 하면 얼마나 좋겠습니까만, 노벨평화상 조건에 정치적 의미가 있는 경우는 절대 배제하는 게 원칙입니다. 지금 노르웨이에서 기다리고 있습니다. 제가 전화를 해야 합니다. 제가 내일 떠나는데, 결정하시지요." 그랬더니 한숨을 쉬면서, "박 선생, 저는 결국 대통령 선거에 나갈 겁니다. 한 번 더 출마하겠습니다. 노벨평화상은 미루어주시지요." 하시더라고요. "네 알겠습니다. 그럼 1997년도 노벨평화상은 안 되는 겁니다."
그해 후보가 누구였냐면 산체스라고 볼리비아의 인권 운동가인데, 이 사람도 나중에 대통령이 되지요. 그리고 필리핀의 민가협과 한국의 김대중 선생이 쇼트리스트의 후보자였지요. 그래서 김대중 선생과 헤어지고 나서 국제전화로 노르웨이에 "He's out."이라고 통보했어요. "그분은 대통령 선거에 관심이 더 있다."고 말했습니다.

이 노벨평화상 수상 가능성이 그 후 약 3년 쭉 따라다니다가 드디어 2000년에 수상하지요. 김대중 선생은 우선순위 넘버원이었으나 1997년에는 안 되고 1998년 대통령이 된 후에는 괜찮은데, 미루어지다가 2000년에 받은 거예요. 많은 사람들이 김대중 대통령의 노벨평화상은 김정일 위원장하고 손을 잡아서 받은 것이라고 말하지만, 실질적으로는 1997년부터 쭉 톱에 올라와 있었어요. 어떤 사람들은 노벨평화상을 돈 주고 샀다고 난리치는데, 전혀 모르는 사람들의 이야기이지요. 내가 기회 있을 때마다 김대중 대통령은 노벨평화상을 돈 주고 산 것이 아니라 민주화 운동에 헌신하였기 때문에 탄 것이라고 말하지요. 세상에 노벨상을 돈 주고 살 수 있으면 100년의 역사를 자랑할 수 있겠어요?

노벨평화상은 1901년에 앙리 뒤낭(Jean-Henri Dunant)과 프레데리크 파시(Frédéric Passy)가 제1회 공동 수상하면서 지금까지 이어졌는데, 그걸 돈을 주고 살 수 있다면 세계 갑부들이 다 돈을 주고 사지요. 만약 그렇다면 노벨평화상이 이 지구상에서 없어지지 않았겠어요? 노벨평화상이 지금도 권위 있게 유지되는 것은 돈과 관계가 없기 때문이에요. 로비하면 할수록 오히려 멀어진다고 말을 하고 다녀서 그랬는지, 요즈음은 그 소문이 잠잠해졌지요.

내가 그 사정을 밝힌 글을 프레시안 출판사에서 책으로 만들었어요. 김대중 선생의 노벨평화상에 얽힌 숨은 이야기인데, 군나르 스탈셋, 나, 그리고 얀 에릭슨이 공동으로 노력하여 만든 작품이지요. 그분은 민주화를 위해 평생 고생하시고 한반도 평화 정착을 위해 '햇볕정책'도 추진하셨으니, 노벨평화상 이상의 상도 받을 만한 분이시지요.

정근식 선생님이 귀국하여 활동을 시작한 시기에 역사적인 2000년 6월의 남북정상회담도 있었잖아요? 혹시 그에 얽힌 비화가 있으면 말씀해주세요.

박경서 2000년 6월 15일, 김대중 대통령은 평양을 방문하여 김정일 위원장하고 5개 항목을 담은 '6·15 남북공동선언'을 하였지요. 그것이 노벨평화상을 타게 되는 결정적인 계기가 되죠. 그해 가을에 김대중 대통령이 "박 박사가 노벨평화상 수상에 상당히 공헌을 했으니 나와 같이 노르웨이에 가주십시오."라고 부탁했어요. 그래서 휴강을 하고 김대중 대통령 수행원 서른한 명에 포함되어 거기를 따라갔어요.

2000년 12월에 나는 김대중 대통령을 수행해 오슬로에 가서 노벨상 수상하는 것도 보았고, 군나르 스탈셋을 만나 고맙다고 이야기할 수 있어서 좋았습니다. 2003년 인권대사 할 때도 노르웨이 오슬로에 출장을 가서 그의 집을 방문해 옛날 얘기를 많이 했지요.

그는 귀국해서 오슬로 교구 대주교가 되었고 지금은 동티모르의 민주화 운동을 노르웨이에서 도와주고 있지요. 나보다 두 살 위인 멋있는 지도자입니다. 이상이 노벨평화상에 얽힌 이야기입니다.

정근식 남북정상회담을 준비할 때 선생님은 관여하지 않았나요? 김대중 대통령과 김정일 위원장의 정상회담 주선과 준비는 누가 했어요?

박경서 그것은 정부 대 정부의 네트워크로 했어요. 나는 관여하지 않았지요.

정근식 그러면 통일부 장관이 했다고 봐야 하나요?

박경서 북한과 교섭을 담당한 사람은 여러 분이지만 가장 많이 활동한 사람은 박지원 실장이에요. 박지원 실장이 평양도 가고 싱가포르도 갔어요. 박 실장은 2000년에 문화관광부 장관을 역임하게 됩니다. 아마도 김대중 대통령 회고록에 이런 내용이 나올 거예요.

정근식 처음에 정상회담하기 위한 작업은 1998년이나 1999년에 했겠는데요? 박지원 실장이 북한 측하고 처음 교섭한 게 언제예요?

박경서 1999년 늦은 후반기일 거예요. 나는 1997년 대통령 선거가 있기 전에, 제네바에서 한국에 올 때마다 동교동 집에서 김대중 선생한테, "만약 대통령이 되면 한반도 평화를 먼저 살피셔야 합니다. 남북정상회담을 해서 한반도 평화 선언을 하셔야 합니다."라고 늘 말씀은 드렸지요.

동교동에서 아침식사하면서 한반도의 평화에 대해 토론하고 교감했어요. 당시는 내가 북한을 자주 왔다 갔다 할 때니까 북한에서 오면 또 바로 동교동에 가서 이야기를 나누었지요. 1998년 2월 25일부터는 대통령이 되셨으니까 대통령의 채널을 가지고 움직였는데 박지원·임동원·김하중 외교수석 등 주요 인물들이 대북 정책을 담당했지요.

2000년 12월에 노벨평화상을 타고 돌아오는 비행기에서 김대중 대통령이 나에게 "18년이란 긴 세월을 외국에서 보낸 박 박사가 이제 1년 동안 한국을 보셨으니 한국이 어떤 나라란 걸 아시겠죠?" 그래요. "네 그렇습니다. 이제 한국이 무엇인지 알 것 같습니다."라고 말했어요. 그러니까 "아마 비서실장이 연락할 겁니다." 하시더라고요.

정근식 그것이 무슨 의미였나요?

박경서 대통령 말씀이 "선진국 중 20여 개국에 인권대사라는 것이 있는데 한국도 내가 노벨평화상까지 탔으니 아시아에서는 처음으로 인권대사라는 직책을 만들겠습니다." 그랬어요. 처음엔 인권대사가 무엇을 하는 자리인가 그랬어요. 그런데 김 대통령 말씀이 "내가 노벨평화상을 탔는데 노벨평화상 수상자가 대통령으로 있는 2년 동안 모든 필요한 인권 관련 활동을 해주세요." 하시는 거예요.

정근식　아, 인권대사라는 건 대통령이 직접 낸 아이디어인가요? 그분이 인권대사라는 제도를 알고 계셨군요. 인권대사라는 아이디어가 어떻게 탄생했을까요? 그 전에는 인권대사라는 것이 없었는데, 김대중 대통령이 인권대사라는 제도를 어떻게 떠올리셨는지, 누가 조언을 해주신 건지, 대통령 당신의 생각이셨는지 궁금해요.

박경서　김대중 대통령은 누구에게 그 제도에 관해 들었다는 말씀은 하지 않았어요. 다만 대통령께서 나를 생각하면서 만들었다고 말씀하시대요. 노르웨이에서 12월 15일쯤 귀국했는데, 1월 말인가, 임명장 받기 일주일 전에 비서실장 한광옥 씨가 전화를 했어요. "박경서 박사님께서 우리나라 초대 인권대사로 지난번 국무회의에서 통과되었으니 청와대에 오셔서 임명장을 받으십시오." 그래서 2월 1일부로 대한민국 초대 인권대사가 되어요.

인권대사를 하면서 세계의 인권대사 제도를 조금씩 알았지요. 2003년 노르웨이 북한 인권 회의에 갔는데 노르웨이 주재 일본 대사가 참석했어요. 그분이 여성인데, 자기가 일본 정부 인권대사를

인권대사 임명장을 받고 대통령과 함께.

겸임한다고 얘기하더라고요. 그래서 우리 정부와 다르게 일본은 겸임이라는 것을 알았지요. 물론 나도 2001년 11월 25일부터 국가인권위원회 상임위원과 인권대사를 3년간 겸임했지만요.

정근식　인권대사의 업무를 설명해주시지요. 국민들이 인권대사라는 직책은 알지만 구체적인 활동은 잘 모르거든요.

박경서　내가 인권대사로 임명받은 것이 2001년 2월 1일이에요. 2001년 1월 26일에 국무회의에서 통과되어 일주일 후에 김대중 대통령께서 대통령 특사로서 임명하지요. 직명은 '대한민국 인권대사', 영어로는 'Ambassador at large for Human Rights of Republic of Korea'예요.

인권대사라는 직책은 업무가 확실히 정해져 있는 것이 아니고, 상황에 따라 달라지지요. 대통령이 스톡홀름에서 인권상을 받는데 나더러 대신 가서 받으라고도 하고, (웃음) 2002년에 동티모르가 UN 감시하에 공정 선거를 거쳐 5월 20일에 독립을 하는데 거기 대통령 특사로 간다든지 이런 일들을 해요. 물론 UN 인권위원회에 참석해 정부 대표로 연설도 하고 발언도 하지요. 여성 성매매 국제회의였던 2002년 자카르타의 회의에 가서 연설하고, 뉴욕 UN 총회에 참석하여 발언도 하고요. 이집트 대사를 마지막으로 하여 지금 은퇴해 있는 정달호 대사가 당시 외교부 국제기구 국장이었는데 나를 많이 도와주었습니다.

정근식 인권대사는 업무 수행을 위하여 정부의 여러 부처에서 지원을 받는군요.

박경서 내가 인권대사로 일하는 7년 동안 외교부 국제기구 국장과 인권 과장이 나의 일을 돕고 안내했지요. 나를 임명할 때 대통령께서 "인권대사의 소속은 외교부로 하되 법무부, 외교부, 새로 생기는 국가인권위원회까지 추슬러서 일을 하십시오. 청와대는 정책기획수석과 일을 같이 하세요."라고 해요. 첫 번째 정책기획수석은 박지원, 두 번째는 김진표 전 재경부 장관이었어요. 그 사람들과 일을 같이 하였고, 또 국가인권위원회, 외교부, 법무부, 노동부, 그다음에 고용노동부와 같이 일을 하였는데, ILO도 나의 카운터 파트너였지요. 그래서 노동부와 함께 ILO 총회에도 갔어요. 또 정달호 국장은 나에게 NGO도 많이 챙겨달라고 했어요.

　김대중 대통령이 인권대사의 월급을 주신다는 것을 내가 안 받았어요. 인권을 이야기하면서 돈을 받는다는 것은 어색하다는 느낌이 있어서, "대통령님 고맙습니다만, 사양하겠습니다. 대한민국에서 처음으로 인권대사로 임명받는데, 리무진 차의 뒤에 앉아서 운전사의 도움받으며 차에서 내린다면 사람들이 저런 사람이 무슨 인권을 말할 자격이 있느냐 할 거 아니에요?" 그래서 안 받겠다고 했어요. 지금도 그건 자랑스러운데 나중에 후배들이 "선생님 때문에 10원도 못 받습니다." 하며 원망을 하더라고요. 그때 훗날 생기는 국가인권위원회도 이런 정신으로 일을 해야 한다고 말씀드렸어요.

　지금의 내 후배 인권대사들은 북한 인권만 다루고 있는데, 내가 대사로 있던 7년 동안에는 전 세계 인권을 다 다루었어요. 새 시대가 오면 다시 대한민국 인권대사가 나와서 한국이 이렇게 인권에 관해 상당한 성공을 이룬 나라로서, 물론 아직도 가야 할 길은 멀지만, 인권이 열악한 전 세계 모든 나라에 우리들의 경험을 나누어야 해요. 아시아에서는 선진국과 비슷하게 인권을 발전시킨 몇 안 되는 나라에 속하는 한국의 경험과 실패한 이야기, 그리고 또 최근의 촛불시위의 사례를 전 세계에 전수하는 역할을 하는 후배 대사가 나와주었으면 좋겠어요. 유능하고 실력 있고 국민이 존경하는 인권 전도사 말이에요.

8

2017년 4월 19일

인권을 위하여

정근식 선생님께서는 2001년부터 2007년까지 인권대사로 활동하셨고, 동시에 2001년 11월부터 3년간 국가인권위원회 상임위원으로 일하셨는데, 오늘은 인권에 관한 이야기를 나누어보면 좋겠습니다. 귀국 후 인권대사로 임명되기 전에 어떤 일을 하셨는지요?

박경서 내가 WCC에서 귀국한 것이 1999년 12월이에요. 나는 귀국할 때, 정치는 하지 않는다는 다짐을 하고, 한반도와 동북아시아의 평화를 위하여 연구를 해야겠다고 생각했어요. 그래서 귀국하자마자 2000년부터 성공회대학교 석좌 교수로 대학원 NGO학과 학생들을 가르치게 되었습니다. 또한 개인적 활동을 위하여 '동북아시아 평화연구소'를 만들었어요. 1년에 2억씩 독일 정부로부터 평화 자금을 지원받았는데, 그걸 받을 수 있게 주선하신 분이 바로 돌아가신 나의 독일 아버지, 바이츠제커 박사님이에요. 그래서 혜화동 집에 연구소를 차리고 3년 동안 6억 원의 연구비로 황인성 씨(현 민주평통 사무처장)와 같이 연구소를 운영했어요.

그러다 인권대사로 임명받은 것이 2001년 2월 1일이에요. 정부의 관료가 되었으니 더 이상 연구소를 운영하기가 어려웠어요. 그래서 참여연대 고문직도 내놓고, 인권대사로서의 일을 시작했습니다.

그 후에 새로 의문사진상규명위원회를 설치하는데, 어떤 분이 여기에서 일할 사람을 추천해달라고 해서 황인성 씨를 사무국장으로 추천했어요. 2001년 9월이나 10월에 의문사진상규명위원회가 창설됐지요. 나도 바쁘고 황인성 씨도 바쁘니까 연구소 운영이 어려워졌지요. 황인성 씨가 떠나면서 서보혁 박사를 추천해서 연구소 일을 맡겼어요. 서 박사는 기장 청년회 총무를 하면서 민주화 운동에 참여하다가 교도소에서 고생도 하고, 연구를 했던 청년이었습니다.

이 무렵 내가 국가인권위원회까지 관여하게 되면서, 일이 너무 많아져서 독일에 지원금 중단 신청을 했어요. 김대중 대통령뿐 아니라 노무현 대통령도 인권대사로서의 역할을 계속 맡아달라고 해서 참여정부에서 3년 5개월간 일을 하였지요. 그렇게 해서 총 7년간의 인권대사직을 무사히 마쳤어요. 나는 인권대사로 일하는 7년 동안 보수를 받지 않았습니다. 인권대사로서 일을 하는 동안, 학술진흥재단의 지원을 받아서 2년간 냉전기 유럽 안보 협력의 경험, 소위 헬싱키 프로세스에 관한 연구를 통하여 한반도와 동북아시아의 평화와 남북통일에 주는 교훈을 찾는 작업을 하였지요.

이화여대 석좌 교수로 초청받은 것이 2007년 2월 1일이에요. 이화여자대학교에서 평화학연구소를 만들었어요. 동북아평화연구소를 평화학연구소로 통합해서 일을 하게 되었는데, 서보혁 박사를 책임 연구원으로 2007년 3월 1일 발령을 냈어요. 그사이에 학술진흥재단의 5년 프로젝트로 12억 원의 연구비를 받아서 네 명의 노벨평화상 수상자들을 총 11회 이화여대에 초청하여 발표하고 토론하는 작업을 진행하였습니다. 원래 이화여대와 3년 계약을 하고 석좌 교수로 갔는데, 5년 동안 일을 했어요. 너무 오래 있으면 폐를 끼친다는 느낌이 있어서 떠나기로 결정했고, 좀 쉬어야겠다고 해서 이대를 떠났는데, 다시 동국대학교에서 석좌 교수로 오라고 해서 동국대에 적을 두었지요.

정근식 우리나라의 인권 실태가 국제적으로 볼 때 어떤 수준이라고 할 수 있는지요? 1970년대와 1980년대는 국제적으로 열악한 국가에 속했지만, 2000년 이후에는 상당한 수준으로 발전했다고 평가할 수 있지 않은가요?

박경서 내가 WCC에 있을 때 보니까 우리나라가 여섯 개의 국제 인권조약기구에 가입했지요. 자유권규약, 사회권규약, 고문방지협약, 아동권리협약, 여성차별철폐협약, 인종차별철폐협약이에요. 모든 인권조약이 대강 5년마다 심사를 받는데 내가 언짢았던 것은 우리 정부가 내는 보고서를 정부의 내셔널 리포트(National report)라고 제출해요. 내셔널 리포트가 나오면 우리나라는 NGO가 내는 대안 보고서(Alternative report)가 다섯 개쯤 나와요. 정부의 것이 꼭 한 가지고 NGO 것이 여러 개 있어요. 물론 UN에 한 가지 보고서만 들어오란 법은 없어요. 하지만 영국의 경우는 NGO와 정부가 같이 만들어서 보고서가 한 개예요. 미국도 그래요.

미국의 여성의 경우에는 국가 보고서 이외에 여성 NGO 보고서가 나오지만 통합된 보고서예요. 반면 우리나라는 민변, 참여연대 전부 따로따로 나와요. 내가 WCC에서 그런 걸 보면서 왜 협조가 안 되는가 의아하게 느꼈어요. 보통 선진국의 NGO들은 정부에 박수 치는 보고서를 UN 인권이사회에 내지는 않지요. 우리나라는 여러 군데에서 각자 보고서를 내니까, NGO끼리 싸우는 모습으로 보이는 것이 좀 불편했어요. 제일 좋은 것은 내셔널 리포터와 NGO 리포트를 통합시켜서 영국처럼 하나로 내는 거예요. 그런데 우리나라의 경우 그렇게 하긴 아직 이르니 NGO 리포트부터 하나로 만들면 얼마나 좋겠냐고, 외교부가 나에게 제안한 거예요.

두 번째로, 대부분의 선진국이 인권에 관한 것은 법무부에서 관장해요. 법무부가 직접 법도 만들고 조약기구에 대한 보고서를 만드니까요. 그런데 당시 우리나라 법무부는 그건 통상외교부의 일이라고 모른다고 해요. 그래서 내가 인권대사 때 법무부와 계속 이야기해서 발표는 외교부가 하더라도 주무 관청은 법무부가 하라고 했어요. 지금 법무부에 인권국이라고 있는데 내가 있을 때는 인권과였어요. 이 과를 국으로 만드는 데 내가 상당히 노력했어요. 지금은 우리나라도 대강 통합 NGO 리포트가 나오고 있어서 많이 발전했지요.

정근식 인권대사로서 해외 업무가 많았지요? 제네바는 익숙한 곳이어서 업무를 하기에 편하셨을 것 같아요.

박경서 다시 인권대사 얘기로 돌아오면, 인권대사로 있으면서 매년 평균 다섯 번 내지 여섯 번 해외 출장을 갔어요. 그중에서 특히 제네바를 자주 가요. 그즈음에 북한이 세 개의 인권규약에 서명했어요. 당시엔 사회권규약과 자유권규약은 물론 아동권리협약과 여성차별철폐협약에도 북한이 들어갔기 때문에 북한이 발표를 하면 내가 꼭 가서 들어야 했어요. 통일 후를 대비해서요. 국장이나 심의관이나 우리 과장을 데리고 가서 듣고, 제네바 주재 북한 대사인 리철 대사를 늘 거기서 만나는 거예요. 나는 제네바에서 18년 살다 떠났지만 그 사람은 계속 거기서 북한 대사를 하니까. 인권대사로서 한국과 북한의 심의를 받는 것에 꼭 참석했어요.

또 세계 NGO 인권 단체가 있는데 이 단체가 낸 리포트는 굉장히 중요해요. 세 개가 있어요. 런던에 있는 국제사면위원회(Amnesty International), 뉴욕에 있는 프리덤 하우스(Freedom House), 워싱턴 DC에 있는 휴먼 라이츠 워치(Human Rights Watch) 중 아시아국(Asia Section)은 나의 카운터 파트너예요.

왜냐하면 우리나라 인권에 대해서 세 개 기구가 매년 리포트를 내는데, 한국의 인권이 형편없다는 보고서가 나오면 국가의 체면이 말이 아니지요. 2004년 미 국무부에서 남한의 인권도 D, 북한 인권도 D 수준이라는 연례 보고서를 보내왔어요. 그래서 국무부에 알아보니 당시 뉴욕의 마사지 숍이 문제가 된 적이 있었지요. 뉴욕의 마사지 숍에 들어가면 한국 여자들이 몸을 팔고 마사지를 하고 해서 내가 미 국무부에 가서 혼이 났어요. 당신 나라가 무슨 A냐고요. 리포트가 나오기 전에 프리덤 하우스나 국제사면위원회 런던 본부에 가면 물어봐요. 당신 나라에는 왜 아직 사형제도가 있느냐, 이런 이야기를 들어요.

정근식 리포트를 검증할 기회를 주는 거예요?

박경서 검증이라고 하면 싫어하지요. 아직 우리나라가 개정 권고의 현안들을 풀지 않고 있는 것에 대한 항의를 많이 받아요.

정근식 권유라고 해야 하는군요!

박경서 사형제도 폐지 같은 문제에 대해서는 "우리나라는 사형 집행을 근 8년간 안 하고 있으니 그건 폐지로 가는 거다."라고 말하지요. 지금까지 한국은 20년간 사형 집행을 안 하고 있어요. UN이 권고한 대로. 그러나 "한국은 8년간 사형 제도를 집행한 적이 없다."고 했는데 그게 12년이 되니까 이 사람들이 "2~3년 전에 없어진다더니 아직도 사형 제도가 있다."고 그래요.

정근식 세계의 주요 인권기구에 가서 일종의 권유를 받는다는 말이네요. 국제기구와 정부, 그리고 시민사회가와의 가교 역할, 인권 보고서를 통한 인권 외교 등의 역할을 인권대사가 하는군요.

박경서 사전에 이 사람들과 교감을 나눠서 그 사람들이 내는 보고서에서 우리나라 인권을 심하게 비난하지 않도록 하는 거지요. 프리덤 하우스, 휴먼 라이츠 워치 등도 정기적으로 방문해요. 영국 런던의 국제사면위원회도 마찬가지예요. 두 번째는, 우리나라에 와서 NGO들하고 긴밀하게 협력하는 거예요. NGO와의 협력이 참 어려운 고민이지요.

정근식 그러면 북한 인권에 대해서는 누가 담당해요? 북한 사람들도 이에 대응하나요?

박경서 내가 할 때는 북한을 너무 잘 아니까 현안만 다루고 북한의 인권 침해 사례는 안 했어요. 북한이 가입한 국제인권규약 이행을 보고하는 심사장에만 갔지요.

정근식 제가 궁금한 건 북한에게 권유하는 역할은 누가 하는가예요. UN이 북한 정부를 상대로 해요? 북한을 방문해서 하나요, 대표를 불러서 하나요?

박경서 UN이 북한 대사에게 하지요. 9개 규약의 심사는 각국이 자국의 내셔널 리포트를 UN에 내요. 그러면 UN은 5년 전, 3년 전 리포트와 비교해서 5년 전에 약속했던 것을 지켰나 안 지켰나 봐요. 제네바에는 193개 회원 국가의 대사들이 상주해 있어요. 예를 들어 우리나라 같은 경우 스위스 베른에 있는 대사는 주 스위스 대사고, 제네바에 있는 대사는 UN, ILO, WCC 같은 국제기구를 담당하는 대사예요.

정근식 국제기구만을 담당하는 별도의 대사가 있군요. 북한도 그런 대사가 있고요?

박경서 북한은 리철 대사가 겸임하지요. UN이 정식으로 열 몇 개, 스물 몇 개 그렇게 권고안을 주면 북한이 알겠다고 하고 "5년 후에 보십시오." 하는 거지요. 그런데 UN이 2007년부터 새로 만든 메커니즘이 아까 이야기한 보편 정례검토 제도예요. 193개국 UN의 모든 회원 국가는 매 4년부터 4년 반 사이의 인권 상황 전반에 대한 심사를 받기로 되어 있어요.

우리나라는 UN 인권이사회 정규 회원국 47개국 중 하나예요. 정규 회원 국가는 총회에서 선출하는데 아시아가 13개국, 남미는 8개국, 서유럽 7개국, 그리고 동유럽 6개국과 아프리카 13개국, 합해서 총 47개 나라예요. 한국은 지난 7년 동안 계속해서 정규 회원 국가가 되었고, 작년 초부터 1년 동안 의장국을 했어요. 금년부터 다른 나라로 갔겠지만. 이렇게 UN 시스템이 회원 국가의 인권에 대해서 감독, 심사, 권유를 하는 거예요. 거기에서 지적을 받게 되면 그 나라의 경제도 문제가 되고 모든 것이 문제가 되는 거예요.

UN이 내는 권고안은 구속력이 없기 때문에 안 지켜도 된다? 구속력이 없다 해도 문제가 있다고 하면 외국인 투자 자본도 썰물처럼 빠지고 무역도 안 들어가고 그렇게 되는 거예요. 그런 일들이 세계화 이후 지구의 얼굴들이지요.

정근식 '보이지 않는 도덕적 강제'가 상당히 크군요.

박경서 아웅산 수지 여사를 1995년에 만났을 때 그분에게서 "나와 같이 일하던 우리 대학생들이 데모하다 피난 가서 한국에서 노동자로 많이 일하고 있습니다. 그 학생들을 잘 돌봐주십시오." 하는 부탁을 받았거든요. 2001년에 내가 인권대사가 되고 나서 한국에 와 있는 미얀마 외국인 노동자 문제를 다뤘지요. 내가 근무한 7년 동안 27명의 미얀마 노동자에게 UN이 인정하는 난민 지위를 줬지요. 당시 법무부 인권과장 염홍철 부장검사를 포함해 많은 인권 부장검사들, 지금은 검찰국장으로 있는 전 법무부 인권국장 등 법무부의 좋은 인권 검사들도 나를 도와주어서 좋은 일을 많이 했어요. 북한 인권을 또 다루어야 했고요.

정근식 북한 인권에 관한 업무는 어떻게 시작한 거예요?

박경서 먼저 장애인 인권부터 했어요. 북한은 장애인 정책을 제법 잘하고 있어요. 아동에 관해서도 제법 잘하고 있고요. 북한이 잘

한 것을 칭찬하면서 내가 WCC 아시아 국장으로 있을 때 북한도 언젠가는 인권을 할 것이다 생각해서 장학금을 주고 교육을 시켰어요. 북한 내각의 직원들을 캐나다, 독일, 영국, 뉴질랜드, 노르웨이, 덴마크, 스웨덴 같은 데서 하는 '인권이란 무엇인가' 코스에 1개월 내지 2개월 보내서 인권에 눈을 뜨게 했어요.

정근식 인권 문제에 관한 학습부터 시작했네요. 구체적으로 어떤 사람들을 대상으로 한 거예요?

박경서 구체적으로 외교부 산하의 민족위원회 위원들이라고 있어요. 내각참사급 직원들이지요. 나중에는 세계은행(World Bank)에 보내 자본주의 훈련도 시켰어요. 지금도 시장 경제에 관한 훈련을 받은 젊은이들이 북한에 꽤 있어요.

우리나라에 한센병 회원들의 모임이 있어요. 이들의 총회에 가서 특강을 여러 번 했어요. 세 번째 초대를 받았을 때 지리산 콘도에서 총회가 있었는데, 거기에서 특강을 해줬는데 해가 졌어요. 지리산 콘도에서 자겠다고 했더니 거기 회장하고 임원들이 "대사님 우리들은 여기 콘도에 오면 꼭 저녁 7시 30분에 같이 공중목욕탕에서 목욕하며 회의를 하고 맥주 마십니다. 대사님이 여기서 주무신다니 잘 됐어요. 같이 목욕해요." 하는 거예요.

순간적으로 '저분들과 같이 목욕하는 것은 이상하다'는 생각이 들었어요. 그런데 다시 생각해보니까 이런 건 하나의 관념론이라는 생각이 들어요. 한센병은 절대 전염이 안 된다는 것이 세계에서 증명이 되었는데 그럼에도 불구하고 솔직히 꺼림칙한 거예요. 한센병 협회 임원들 12명이 목욕탕 안에 들어앉아 있어요. 내 양심이 거짓말을 하면 안 되니까 옷을 벗고 목욕탕에 퐁 들어갔어요. 그 순간 나는 완전히 자유로운 사람이 되었어요.

정근식 저도 그런 경험이 있어요. 2001년 일본 교토대학에서 연구를 하고 있을 때, 일본 중동부 지역의 쿠사츠라는 곳에 국립 한센 요양소가 있는데, 그곳이 유황온천으로 유명한 곳이에요. 그 속에 있는 조선인 환자 조직 회원들과 한참 동안 인터뷰를 하고 잠을 자려고 하는데, 이분들이 저녁 9시면 자기들이 사용하는 온천탕에 아무도 없으니 사용하라고 했거든요. 처음에는 꺼림칙했는데, 막상 거기에서 목욕을 하고 나니 가뿐하고 또 기분이 상쾌한 거예요. 일종의 강박에서 벗어난 것이지요.

박경서 내가 인도에 갔을 때 달리트라는 천민들의 참상을 보러 현장에 갔어요. 그 동네가 달리트 동네인데 모든 시설이 너무 잘 마련되어 있었어요. 인도에서는 짐승과도 같은 취급을 받는 사람들이 말이에요. 그런데 그날 내가 타고 간 자동차의 엔진이 망가져 버렸어요. 자동차를 구할 수가 없어서 달리트 집에서 잠을 잤어요. 달리트하고 자보니 다른 사람들과 똑같아요. 그러니까 인간의 관념, 교육, 편견 이런 것이 무서운 거예요. 사람이 정직해지려면 그런 관념론에서 해방이 되어야 해요. 그래서 계몽과 교육이 큰 일을 해야 합니다. 달리트 집에서 내가 잔다는 것이 나에게는 도전이면서도 동시에 꺼림칙했어요. 저 음식이 깨끗한 것인가 하는 생각도 하고요. 그날 잠을 자기 전 인도의 야자수 잎사귀로 만든 독주 아락을 마셨어요. 아락은 서민들만 마시는 독주예요. 목구멍에 넘어갈 때 중국술만큼이나 아파요. 그걸 마시고 잘 잤어요. 다음 날 태양을 보면서 '아, 주님 정말 제가 얼마나 모자란 사람인지 깨달았습니다' 하고 기도했는데, 그 기억이 지리산에서 다시 떠올랐어요. 인간의 관념이란 것이 얼마나 무섭고 허망한 것인가 하는 것을 인권대사로서 느꼈어요.

이런 경험을 학생들에게 가르친다는 것이 굉장히 중요해요. 교육은 여러 가지가 좋지만, 한편으로는 교육이 인간에게 해를 주는 것도 많아요. 사회 통념을 주입식으로 교육시켜서 이런 사람들과 멀리하라는 편견을 가르치기도 하죠. 그게 내가 인권대사 때 하나 배운 거예요. 독일의 사회학자 아도르노가 "어린이에게 나쁜 색이 뭐냐, 무서운 사람을 그려라 하면 전부 새까만 색을 그린다. 이것이 잘못된 교육이다."라고 한 이론이 옳지 않겠어요? 교육의 힘이 무서운 겁니다. 선생님들의 역할이 중요하지요.

정근식 국가인권위원회는 인권대사 제도가 만들어진 후에 생긴 거지요?

박경서 김 대통령이 나를 인권대사로 임명하시면서 앞으로 국가인권위원회가 만들어질 거라고 했어요. 이미 대통령이 국가인권위원회를 만들 생각이 있었는데 국회에서 관련법이 제정되지 못한 거지요. 야당과 여당이 막 싸워서 안 된 거예요. NGO의 요구와 법무부, 정부 부처간 의견의 차이가 심했어요. 가장 문제가 되었던 것은 법무부가 국가인권위원회를 자기 산하에 두려고 해서 계속 안 되었지요. NGO 대표들이 이에 반대하여 6개월간 농성도 했어요.

정근식 당시 몇 분의 인권 변호사나 대학교수, 활동가들이 엄청 애썼어요. 전국을 순회하면서 필요성을 역설하기도 하고요.

박경서 1993년 비엔나에서 UN 인권 특별 총회가 열릴 때 천정배, 조용환, 박원순 같은 민변 변호사들과 여성 NGO 대표들이 왔어요. 이때 총회에서 '모든 나라는 파리 원칙에 의해서 독립기구인 국가인권위원회를 만들라'는 권고가 천명된 거예요.

정근식 1993년부터 이야기가 시작되었으니 국가인권위원회가 실제로는 10년 정도 걸려서 만들어졌네요.

박경서 법무부 산하가 아닌 독립기구로 만들어진 건 우리나라가 처음이에요. 그사이에 7개의 인권규약에 우리나라가 가입했어요. 최근에는 장애인권리협약에 들어갔는데 UN의 9개 인권규약 중 아직 못 들어간 것이 강제납치금지조약, 외국인노동자보호규약이에요. 언젠가는 이것까지 들어가야 명실공히 선진국이 되는 거예요. 공무원의 결사의 자유, 아동권리협약 유보조항이라든지 이런 유보조항도 철폐하고 하루빨리 들어가 선진국화되어야 하는데 갈 길이 멀어요.

UN의 경우에는 7개의 인권규약을 매 5년마다 심사를 받고, 그리고 2006년 UN 인권위원회가 인권이사회로 격상하기로 결정할 때 보편 정례검토 제도라고 해서 모든 UN 회원국들의 인권 상황을 정기적으로 평가하는 제도가 도입돼요. 그러니까 이제 21세기에는 인권을 저버리고 무엇을 하겠다는 것은 안 되는 거예요. 그만큼 인권이라는 것이 중요해요. 인권은 우리의 삶을 더욱 행복하게 만드는 수단이라고 나는 생각해요.

정근식 국가인권위원회를 설립할 때 선생님이 상임위원으로 위촉되어 일을 했지요. 제가 당시 광주인권모임 회장이었는데, 저의 제자나 동료들을 추천했던 일이 생각나네요.

박경서 국가인권위원회법은 6개월간의 진통 끝에 2001년 7월 말 국회에서 통과가 되었어요. 만족하지는 않지만 그래도 중요한 이슈들은 다 반영이 되었어요. 드디어 8월에 대통령이 불러요. "국가인권위원회의 대외 관계 모든 것을 책임지는 상임위원을 해주세요. 김창국 변호사는 법조인이니 인권위원회와 내부 국내 문제를 하도록 하겠습니다."라고 해요. "준비위원으로 박경서, 김창국 둘이 의논해서 여섯 명의 준비위원과 함께 행정자치부와 협력해 인권위원회를 만들어주세요." 했어요.

그래서 2001년 8월부터 국가인권위원회 창설 준비를 시작해요. 외교부 건너에 있는 이마빌딩 10층에 방을 얻어서 일하기 시작해요. 행정자치부 직원들 20명, 이런저런 NGO 대표 15명, 이렇게 총 35명의 창설 멤버를 만들어서 매일 거기서 법, 규칙, 인사를 어떻게 할 것인가 상의해요. 내가 인사위원회 위원장을 했어요.

드디어 2001년 11월 25일 인권위원회는 역사적인 개소식을 갖게 돼요. 김대중 대통령께서 축사를 하셨지요. 다음 날인 26일에는 11명의 위원들이 아래층 부스에 가서 민원을 받기로 했어요. 아직 직원들이 다 임명되지 않았지만, 상징적으로 국가인권위원회의 봉사를 국민에게 보이는 효과도 있겠다 싶어서 실시한 거지요.

내가 일하는 부스에 외국인 노동자들이 약 20명 단체로 왔어요. 대표인 듯한 분이 내 앞에 와서 앉기에 내가 "통역을 데리고 오겠습니다." 그랬더니 이분이 유창한 한국말로 "나는 이 나라에서 5년을 일하며 살아서 한국말을 하니 우리의 청원이나 들어주세요." 해요. 그래서 무슨 일이냐 물었지요. "우리는 방글라데시 노동자들입니다. 우리들의 얼굴은 까맣지요. 그래서 유치원, 초등학교 학생들이 우리더러 사람이 아니라고 하며 웃어요. 이유를 살펴보니 당신 나라 크레용에 살색이라는 게 있는데 그게 밝은 색이어서 어린 학생들이 얼굴 까만 우리의 피부색은 사람의 색이라고 말하지 않으니 크레용부터 바꿔주세요." 그래서 우리 직원들이 문방구에 가서 조사하니 살색이라는 게 거의 흰색처럼 밝아요. "크레파스와 수채물감의 색명을 지정하면서 특정 색을 '살색'이라고 명명한 것은 헌법 제11조의 평등권을 침해할 소지가 있는 것으로 인정된다."라고 보고 인권위가 한국기술표준원에 '살색'이란 이름을 바꿀 것을 권고했고 2002년 11월 살색은 '연주황'으로 바뀌었다고 보도되었습니다.

정근식 국가인권위원회에서 일하신 것 중에 특별히 기억에 남는 것은 무엇인지요?

박경서 국가인권위원회 정책위원장으로 일한 지 6개월 만에 이라크 전쟁 반대를 내가 주동한 것이 기억에 남아 있고, 우리나라에 있는 미얀마의 학생 노동자들에게 난민 지위를 준 것, 한센병 환자들의 인권을 옹호한 이야기, 사형 제도 폐지를 권고한 일, 양심적 병역 거부의 허용과 대체복무 제도 도입 권고, 국가보안법 폐지, 테러 방지법 반대 등이 굵직한 일들이었지요.

정근식 2001년부터 2004년까지는 인권대사와 인권위원회 상임위원을 병행하시면서 무척 바빴을 것으로 짐작이 됩니다. 다시 한번 수고하셨다는 말씀을 드릴 수밖에 없어요.

박경서 당시 외교부에는 이틀 나가고, 국가인권위원회에는 사홀 나가요. 외교부에 출근은 안 해도 되지만, 출장 가려면 외교부 가서 브리핑도 받고 해야 하니까 나가지요. 12층에 내 사무실이 있어요. 오창익 인권연대 대표가 나에게 "인권대사는 정부 소속이고 인권위원회는 어디에도 속하지 않는 독립된 상임위원인데 동시에 겸무가 가능합니까?" 하고 물어요. "나는 봉사로 해주는 것이다." 하니까 오창익 대표가 "월급을 두 군데서 받으시는 줄 알았습니다." 그랬어요. 〈오마이뉴스〉에도 월급 안 받는다는 기사가 떴어요. 이 인터뷰 기사는 지금도 떠다니고 있어요. 17년 전의 기사인데 지금도 많이 읽히고 있지요. 나는 나같이 월급 받지 않는 인권대사가 100명은 나와야 한다고 생각한다고 했어요. 내부 행정적인 문제로 인권을 하는 것이 아니라, 인권을 어떻게 고양시키느냐가 중요하니까요.

국가인권위원회에는 11명의 인권위원이 있어요. 그중에서 4명이 상임이에요. 4명 중에 1명을 대통령이 위원장으로 임명해요. 나머지 세 사람은 소위원회 위원장을 해요. 나는 그때 인권위원회에 가서 정책위원회 위원장을 했어요. 초창기에는 인사위원회 위원장도 하고, 내가 240명 우리 직원들을 직접 다 뽑았어요. 최초에 인권위원회가 만들어질 때 행자부에서 30명은 NGO 출신, 70명은 국가 공무원 출신으로 해서 만들자고 했어요. 즉 3대 7로 인사 비율을 하자는 거예요. 그래서 내가 대통령을 뵙고 이런 법이 어디 있냐고 했어요. 그때가 김대중 대통령 시절이에요.

대통령님께 "이런 법이 어디 있습니까? 저는 50대 50으로 하겠습니다."라고 말씀드렸더니 "너무 한꺼번에 하려고 하지 마세요." 해서 40대 60으로 된 거예요. 40%는 NGO 출신, 60%를 공무원으로 해서 국가인권위원회가 만들어진 거예요. 공무원 시스템에는 지방 공무원과 특수 공무원이 있어요. 우체국 공무원 같은 사람들은 특수 공무원이에요. 행자부에서 하는 이야기가, 이런 사람들이 지방에서 일을 하다가 서울로 오고 싶어 한다는 거예요. 그들이 국가인권위원회에 오면 일반직 공무원이 되는 거예요. 그런데 나는 인권을 아는 공무원이 와야 한다고 했어요. 외교부에 가서 국가인권위원회가 생겼으니 오라고 하고, 법무부에 가서도 오라 그러고 사법연수원에 가서 너희들 졸업해서 여기 와라 했는데 한 명도 안 왔어요.

히든 스토리지만 그래서 내가 상당히 실망했어요. 젊은이들에겐 인기가 없었지요. 지금은 많이 변했어요. 국가인권위의 위상이 그사이 16년 동안 말도 많았지만 크게 보면 국민들이 60점은 주고 있지 않나 하는 생각입니다. 왜냐하면 소외되고 억울한 사람 편에서 일하고 있다는 평가가 우세하다고 보는 겁니다. 우리 직원들을 칭찬하고 싶고 내가 직접 인터뷰하고 뽑아서 남다른 애정이 있는 것도 사실입니다.

아무튼 지방에서 일하는 공무원, 우체국에서 일하는 공무원, KTX 운전하시는 분도 오고 해서 60%의 공무원이 왔어요. 그리고 40%의 기라성 같은 NGO 사람들을 썼어요. 3년을 근무하고 국가인권위원회에서 임기를 마치고 떠날 때, 내가 뽑았던 사람 중에서 16명의 계약직 공무원을 일반직으로 돌려놓고 떠났어요. 국가인권위원회에서 광주와 부산에 지역 사무소를 만들어서 국가인권위원회 인원도 늘려놓고 왔거든요. 내 손으로 뽑은 국가인권위원회가 16년 동안 시련이 많았어요. 인권위원회는 독립기구이니 비판의 목소리라도 정부가 겸허히 수용해야 인권 선진국으로 도약한다는 신문 칼럼도 썼습니다. 내 손으로 뽑은 내 직원들이니 지금도 나는 국가인권위원회 고문 자격으로 돕고 있어요. 이번 28일에도 국가인권위원회에 가는데 해외협력자문위원회를 소집해서 위원장과 일을 같이 하고 있지요. 국가인권위원회도 이제 자리를 잡아가고 있어 뿌듯합니다. 아직 헌법기구는 못 되었지만 새 정부, 새 국회에서는 개헌이 이루어질 때 이것도 이루어지리라 보고 있습니다.

정근식 국가인권위원회 초창기에 이라크 전쟁 참여 문제가 논란이 된 적이 있지요. 한국의 해외 파병이 평화와 양립될 수 있는가를 시험하는 관문이었던 것으로 기억됩니다. 정부의 입장과 달리 국가인권위원회는 평화를 옹호하는 쪽으로 기울어서 비판을 받았지요?

박경서 2003년 3월 26일에 국가인권위원회 전원 위원회가 아침 7시에 일찍 소집이 됩니다. 내가 위원장을 대리할 때였어요. 거기에서 이라크 전쟁을 만장일치로 반대하는 국가인권위원회 성명서가 나왔어요. 난리가 났어요. 국회에 가서 코너에 몰리기도 하고. 그러나 나는 확신이 있었기 때문에 했어요. 그때 나를 야단쳤던 국회의원들이 훗날 나를 만나니까 "대사님, 저희들 생각이 너무 짧았습니다. 전쟁 반대 평화 선언은 역사상에 남을 것입니다. 잘하셨습니다." 그래요. 그 인연으로 〈문화일보〉에서 뽑은 '평화를 생각하는 100인' 안에 김수환 추기경님과 다른 분들과 함께 내 이름이 들어가기도 했어요. 최근에 〈문화일보〉와 '파워 인터뷰'를 하면서 그런 말도 했습니다. 당시 공무원 신분에 있는 사람들이 이런 전쟁 반대 선언을 했다고 조중동 신문들이 말도 못하게 시끄러웠어요. 하지만 노무현 대통령이 "국가인권위원회는 독립기구로서 그런 일을 하기 위해 만든 기구다."라고 해서 해결이 되었어요. 나는 노 대통령도 참 훌륭하다고 느낍니다.

당시에 윤덕홍 교육부 장관이 삼성의 기술을 도입해서 국가 교육행정정보시스템(NEIS, National Education Information System)이란 것을 만들었어요. 3,000억이라는 거금을 들여서 컴퓨터에 우리나라 중고등학생들의 모든 정보를 입력했어요. 예를 들어, 부모가 학교에서 내 아들딸이 몇 등 했는지 성적표를 받으려면 주민번호만 입력하면 되고 졸업장도 학교 안 가고 받을 수도 있고 하는 편의성은 칭찬할 만해요. 그러나 반대로 인권위원회 정책위원회 위원장으로서 조사를 했더니 16개항이 반인권적 조항이에요. 예를 들면 월경을 하는지 안 하는지, 월경이 불규칙한지, 간질병을 앓은 적이 있는지, 부모가 이혼한 적이 있는지, 어머니가 직장을 다니는지, 아버지 월급은 얼마인지 같은 정보가 다 들어가 있는 거예요. 이건 도저히 서구의 인권 국가에서는 있을 수 없는 일이에요.

내가 아들 둘을 유치원부터 대학까지 스위스에서 보냈는데, 이

인권대사 시절 청와대 국빈 환영 만찬회에서 노무현 대통령과.

아이들의 개인정보는 담임 선생님만 가지고 있다가 학부모와 대화하거나 필요할 때만 보고 졸업 후에는 불태워요. 우리나라는 정보 편의성을 이유로 사생활을 침범하는 반인권적인 항목이 많이 발견됐지 뭡니까! 그래서 국가인권위원회 정책위에서 그걸 스톱시켰어요.

정근식　그때도 무척 시끄러웠어요. 국가인권위원회가 제대로 기능할 때는 항상 시끄러워지는가요?

박경서　당시 방송국 카메라가 내 사무실에서 살았어요. 나는 외국의 경우를 이야기하면서 16개 조항 중 7개 조항을 빼기 전에는 절대 OK 안 한다고 했어요. 정부 부처들이 인권에 연관된 정책들을 시행하려면 시행 전에 국가인권위원회의 자문을 받게 되어 있어요. 인권위원회법에 그렇게 명시되어 있지요.

정근식　모니터링 기능이 있네요.

박경서　내가 숙고 끝에 거부했어요. 박경서가 우리나라 역사상 가장 많이 TV에 나왔을 때예요. 손석희 앵커와 두 번 인터뷰했어요. 그것을 개발하는 데 쓴 돈은 이미 삼성에 들어간 뒤였어요. 결국 대통령께서 결정을 할 수밖에 없게 되었어요. 어떻게 하시나 봤는데 노 대통령이 고민을 많이 하신 거 같아요. 결국 이미 돈이

3,000억이 들어갔다고 하면서, 다음부터는 안 하기로 하고 이번엔 그대로 하기로 한다고 결정했어요. 그래서 나이스 시스템이 그냥 굴러갔어요. 그러다 2년 후에 우리 아이들의 개인 신상정보가 다 유출이 된 비극이 있었어요. 그래서 지금은 시스템에서 반인권적인 조항들이 없어졌어요. 인권은 이렇게 미래 창조 운동이에요. 일을 진행할 때는 막상 반대와 실망에 부딪쳐도 미래 지향적인 권고를 하게 되면 언젠가는 따라가더라 하는 것을 읽었죠.

우리나라는 지금도 7군데 형법 등에서 사형 선고를 명시하고 있는데, 국가인권위원회에 있으면서 사형제 폐지를 검토했어요. UN 이라든지 모든 국제기구에서 사형 제도는 철폐하라고 권고하고 있어요. 국가인권위원회가 철폐 권고를 했는데 아직 국회에서 통과되지 못하고 있죠.

양심적 병역 거부 문제도 미해결이지요. 우리나라에는 종교적인 이유나 또는 양심에 따라 군 복무를 거부하는 젊은이들이 있어요. 불교 신자 중에서 또는 기독교의 제7일 안식일 교회가 집총 거부를 하잖아요. 그런 사람을 군법에서 판결하면 3년 징역에 처하는 거예요. 국가인권위원회가 권고하고 종교기관에서 적극적으로 탄원을 해서 군법이 아닌 민간인의 법률 절차에 의해서 재판을 받게 되는데, 지금은 18개월형을 받고 있어요. 이러면 호적에 붉은색이 들어가거든요. 젊은이가 일생을 전과자의 명예를 짊어지고 살게 되어요. 그래서 약 7년 전엔가 서울대와 함께 조직한 국회 청문회에서 선진국처럼 대체복무 제도를 권고했지만 사형 제도는 흉악범 문제와 연계되어 있고, 양심적 병역 거부 문제는 한반도 분단과 같이 얽혀 있어서 간단하지는 않아요. 그래서 남북 평화 공존의 문제라든지 양극화 해소 문제들과 같이 풀어야 해요. 포괄적 접근을 해야 합니다. 시간을 두면서 풀어야 할 과제들이지요.

이웃나라 대만의 경우 이미 15년 전에 대체 군복무 제도(Alternative Military Service)를 도입했고 많은 선진국들도 모두 대체복무를 하고 있어요. 우리나라는 분단이 맞물려 있어서 대체복무가 국회를 통과하기 어려운데 이것은 한반도 평화 정책과 밀접한 거지요. 국가보안법도 마찬가지고, 테러 방지법 등도 인권에 관한 법률이기 때문에 반인권적인 법률은 없애고 인권 친화적인 법률을 만들어야 하는데 이것이 바로 국가인권위원회의 역할이지요.

정근식 인권대사는 임기가 있는 거예요?

박경서 매 1년마다 임기를 연장하는 건데 나는 7년을 했어요. 노무현 대통령이 나를 임명하면서 "저와 같이 떠나십시다." 해서 김대중 대통령을 모신 기간까지 합해 총 7년을 인권대사로 봉사한 겁니다. 이상이 인권대사와 국가인권위원회 상임위원으로 내가 우리나라에 공헌한 이야기입니다.

2005년부터는 경찰청 인권위원장을 4년 했어요. 내가 인권대사 겸 국가인권위원회 활동을 할 때 경찰에게 징계를 제일 많이 줬어요. 경찰을 모르고 경찰에 징계를 줬어요. 나중에 경찰 근무 환경이 열악하다는 것을 알게 되면서 내가 너무했다고 느끼게 됐어요. 환경이 열악한데 경찰을 징계하면 한 집안의 가장인 착한 경찰이 직장을 떠나거나 한직에 가거나 하는 불이익을 당한다고 해서 허준영 경찰청장이 나를 만나자고 했어요. 2004년도인가 봐요. "인권대사는 월급을 안 받으시고, 국가인권위원회는 그만두셨으니 상당히 자유스러우신 거 아닙니까? 경찰청의 초대 인권위원장을 해주십시오." 그래요. 허준영 청장은 외무고시를 합격해서 나를 모시고 갈 때 솔직한 이야기로 경찰 수사권 독립을 생각했다고 했어요. 허준영 청장의 이야기를 듣고 학계 전문가들 12명을 내가 교섭해서 경찰청 인권위원회를 만들었어요.

정근식 저는 그때 경찰청 민주경찰사 편찬위원장이었어요. 허준영 청장 시절에요. 허준영 청장이 유감스럽게도 대통령 임기가 끝나기도 전에 정치적 입장을 바꾸어 다른 정당 후보로 선거에 참여했습니다. 후임 청장이 부임한 후 이 작업은 중단되었습니다.

박경서 당시 쌀 개방 반대 위원회가 시위를 했는데 농민이 한 명 죽었어요. 내가 다음 날 경찰병원에 갔더니 내 아들 같은 전경 아이들 120명이 부상당했더라고요. 참담하더군요. 다리 부러지고 시위 농민들에게 맞아서 부상당했는데 '야, 누구 편을 드느냐. 스승을 따르자니 사랑이 울고, 사랑을 따르자니 스승이 우는구나' 하는 심정이었어요. 그게 우리의 현실이었어요.

정근식　그렇죠. 농민들을 옹호할 수도 없고, 부상당한 경찰들을 옹호할 수도 없었을 테니까요.

박경서　이 나라 국민의 인권 수준이 향상되는 수밖에 없겠다 했는데, 또 이명박 대통령 시절 광우병 사태가 발생했을 때 시위가 컸고, 경찰들이 진압을 하는 상황이 생겼지요. 내가 절대로 물대포를 쏘지 말라고 했어요. 경찰청 본청은 절대 사용 않겠다고 했는데 서울청장이 급하니까 물대포를 데모대를 향해서 쏴서 내가 그때 경찰청 인권위원장 사표를 냈어요. 나는 만류했지만 14명 전원이 한꺼번에 집단 사표를 냈어요. 그 사건이 유명한 사건이에요.

당시 수사권 독립은 박근혜 정부에서 하겠다고 허락을 받았어요. 검찰과 경찰이 서로 견제하는 거지요. 기소권은 검찰이 갖고 수사권은 경찰이 갖는 나라가 되는 것을 희망했지요. 우리나라처럼 국민이 경찰에서 수사받고 검찰 가서 또 수사받는 이런 나라는 OECD 34개국 어디에도 없어요. 우리나라 검찰은 천상천하 유아독존이에요. 자기들이 잘못해도 자기들이 조사한단 말이에요. 검찰을 위해서도 경찰의 수사권 독립은 꼭 이루어져야 합니다. 경찰 잘못은 검찰이, 검찰 잘못은 경찰이 수사하는 선진국형 견제와 균형(check & balance)의 원리를 적용해야 합니다. 그러나 이 제도를 도입하겠다는 약속은 무산되었지요.

정근식 수사권 독립 문제는 검찰과 경찰 간의 오랜 논쟁 거리인데, 비리 검찰이 발생하는 경우 누가 수사권을 가지나요?

박경서 이 제도의 도입을 둘러싸고 각 정당마다 입장이 조금씩 달라요. 결국 공직자비리수사처를 신설하고 검찰과 경찰이 같이 참여하는 수사처를 만들어야 한다고 생각합니다. 나는 3개 정당에 대해선 확인을 받았어요. 국가인권위원회를 헌법 기구로 만드는 것도 허락받았어요. 그래서 차기 정부는 여러 면에서 개헌을 해야 합니다.

정근식 선생님께서는 경찰청 인권위원장도 하셨지요? 의미 있는 성과가 있었는지요? 보수 정부 아래에서 어려움도 있었을 거라고 생각됩니다만.

박경서 경찰청 인권위원장 4년 재직 중에 내가 노력했던 것 중에서 또 한 가지는 우리나라 자동차들의 진한 선팅을 벗기는 문제입니다. 소통도 문제지만 그렇게 캄캄한 자동차 속에서는 범죄가 일어나도 알 수가 없어요. 너무 진한 선팅은 사회의 투명성과 소통의 저해 요인이에요. 작년에 유치원 학생이 자고 있는 것을 모르고 기사가 차를 잠그고 떠나 애가 울어도 들리지도 않고 밖에서 볼 수도 없어 죽었지 않아요? 이런 일을 예방하기 위해서도 선팅은 벗겨야지요. OECD 국가에서 한국만 선팅을 하고 다녀요. 장례식차나 앰

뷸런스, 배우들의 특수차는 허가받아 선팅하고 승용차 등 모든 자동차의 유리는 투명해야 합니다.

또 나는 통일부의 정책위원회 위원장을 1년 6개월 했어요. 이재정 신부가 통일부 장관으로 재임하고 있을 때, 내가 위원장으로 일하면서 남북의 문제는 동전의 양면이라는 것을 느꼈어요. 한 가지 예를 들지요. 정책위원장을 할 때 북한의 그해 겨울은 춥지 않았어요. 추우면 말라리아 모기들이 다 죽는데 그 겨울은 온난화가 와서 썩은 웅덩이에서 자란 모기들이 전부 죽지 않았어요. 날씨가 따뜻하니까 말라리아 모기들이 휴전선을 타고 넘어와서 장병들이 물린 적이 있어요. 장병들이 동시에 말라리아병에 걸려서 신음하는 사건이 발생한 거예요.

세계에는 다섯 종류의 말라리아 모기가 있는데, 다행히 우리나라 모기는 물려도 치명상이 없어요. 그런데도 우리나라의 상당히 많은 장병들이 말라리아에 걸린 적이 있어요. 말라리아에 걸리면 사람들이 시들시들해져요. 우리나라 채혈 순환 구조상 군인들이 많이 채혈을 해줘야 병원의 환자 수혈이 돌아가요. 그들이 대형 병원에 가서 피를 공급하잖아요.

정근식 그렇다면 말라리아에 걸린 병사들의 피가 대형 병원에 들어간 거예요?

박경서 아니지요. 그 피가 병원으로 들어가면 큰일이 나요. 그래서 병사들의 채혈이 중단된 거예요. 말라리아병이 나을 때까지 채혈을 못하니 큰 병원의 혈액이 바닥이 나는 문제가 생겼어요. 당시는 내가 정책위원회 위원장으로 북한에 쌀과 비료만 줄 때였어요. 보건분과 소위원장이었던 연세대 의사 인요한 교수가 "위원장님, 왜 쌀하고 비료만 주십니까? 제일 중요한 것은 보건입니다."라고 하면서 의사들이 들고 일어나서 "북한의 보건은 우리의 보건입니다." 한 거예요. 그래서 북의 문제는 남의 나라 문제가 아니라 우리의 문제라고 생각했어요.

정근식　우리나라는 최근에 젊은이들 사이에서 통일에 대한 관심이 줄어들고 있는데, 저는 이것을 통일의 개념 자체가 바뀌는 과정이라고 생각합니다. 자유롭게 소통하고 자유롭게 여행한다면 이것이 곧 통일의 일부라고 할 수 있지요. 그동안 우리는 너무 딱딱하고 정치적인 통일 개념을 가지고 있었고, 이에 매달려 있었다고 봅니다. 통일보다는 통합이 더 중요하지요. 통일이 하나의 정치적 사건이라면 통합은 사회문화적 경제적 과정이라고 할 수 있어요. 우리에게는 통일 전 통합이 더 중요하고, 또 통일이 된다고 하더라도 기나긴 통합의 과정이 여전히 남아 있습니다.

박경서　내가 하나원에 가서 탈북자들을 많이 조사했어요. 탈북 여성들은 중국, 베트남 등지에서 인간으로서 도저히 당해선 안 될 일들을 당하고 한국에 들어오는 거예요. 한국에 와서 건강검진을 하면 병이 없다고 말해요. 탈북 여성들이 모두 건강하다고 말하지만, 사실은 몹쓸 병에 많이 걸려 있어요. 우리나라에서 정착금으로 당시 2만 불을 줬는데 브로커들이 거의 절반을 가져가버려요. 브로커들을 만남의 광장이라든지 서울에 있는 지하철 화장실에서 만나는데 그들이 순간적으로 탈북 대금을 받고 도망가니까 경찰들도 잡을 수 없어요. 정부에서 정착금을 줘도 이 여성들은 브로커한테 뺏기고, 또 못된 놈들이 "주식에 투자하면 하루아침에 부자가 된다."고 꾀어서 일주일 만에 정착금으로 받은 돈이 없어지는 사례가 많아요. 이들은 자본주의의 비정함이나 무서움을 모르니까, 아무리 하나원에서 교육을 시켜도 몰라요. 이 젊은 탈북 여성 중 일부가 남자들이 가는 소주방에 나가는 거예요. 돈을 벌기 위해서 나가는데, 거기에서 다시 병이 생기는 거예요.

북한의 문제는 우리의 문제로 쉽게 이전되어 온다는 것을 통일부 정책위원장과 인권대사를 하면서 느낀 거예요. 그래서 설사 북한 정권이 밉더라도, 잘 얼러서 평화 공존을 하자는 겁니다.

통일부 정책자문위원장을 하면서 개성공단에 세 번 갔어요. 내가 가끔 차는 시계가 개성공단에서 만든 '라손'이라는 시계인데 우리나라 중소기업이 만들었어요. 아주 우수한 제품이라 스위스에서도 이 시계를 수입해요. 이 공단의 기업들이 개설 초반에는 손해를 많이 보다가 3년 후쯤부터 손익분기점을 지나 이익이 창출되기 시작했어요.

그런데 막 이익을 내기 시작한 시점에 정부가 문을 닫아서 모든 것이 엉망진창이 되었어요. 이런 사태는 생겨선 안 되는 거예요. 경제적인 문제일 뿐 아니라 국가와 기업 간의 신뢰가 깨지고, 남북 간 신뢰가 깨지는 것이기 때문입니다. 내가 통일부에 있을 때 남과 북의 신뢰 문제는 동전의 양면이라는 걸 알았어요. 상생(win-win)하는 분야를 남과 북이 연구해 추진해야 합니다. 대치를 조장하고 문제를 무력으로 해결한다는 생각은 안 되는 겁니다. 결국 전쟁으로 해결한다? 이것은 비현실적이고 대량 희생자만 양산하는 거예요. 인간 비극이 한반도에만 오는 겁니다. 그래서 밉지만 어르고 달래서 적과의 동침부터 시작해야 합니다. 나는 우리 정부가 평화 공존을 제1차 목표로 삼으면서 단계적으로 평화 통일로 나아가는 한국식 통일의 길을 개척해야 한다고 봅니다. 서로 비자 받고 자유롭게 방문하는 것이 제2차 단계이고요.

정근식 인권대사 7년을 마친 후 2007년부터 이화여대에서 석좌 교수로 활동하셨지요. 여기에서 하신 일들을 잠깐 소개해주세요.

박경서 이화여대에 5년 동안 있으면서 평화학연구소를 만들었어요. 인권대사 7년 동안 월급을 안 받았단 이야기를 우리 정부 고위급 공무원들이 알게 되어서 나를 추천했나 봐요. 학술진흥재단(허상만 이사장)에 신청한 연구 과제가 채택이 되어 연구 기금을 받았고, 1년 후에는 교육부에서 추진하는 세계 수준 연구중심대학(WCU, World Class University) 사업의 일환으로 3년간 노벨평화상 수상자들을 이화여대에 초청하는 사업을 신청하여 12억 원을 지원받았어요. 그 지원금으로 노벨평화상 수상자들을 초청했어요. 우리 학생들이 젊을 때부터 평화의 메시지를 접하고 친근하게 배우도록 했는데, 내가 노벨상 후보자로 추천했던 호세 라모스 오르타와 리고베르타 멘추, 나하고 제네바에서 같이 일했던 방글라데시의 무하마드 유누스 박사, 그리고 이란의 시린 에바디 여사 등 이렇게 네 분이 차례로 왔고 어떤 경우에는 이들이 함께 체류하기도 했지요. 이분들이 이화여자대학교에서 특강을 하고, 교수들과의 대화, 학생·대학원생들과의 대화 같은 프로그램을 했어요.

나는 우리 학생들은 세계적으로 우수하기 때문에 그들 중에 많은 수재들이 있다고 생각해요. 내가 이화여자대학교에 있던 5년 동안 우리 학생 7~8명이 UN에 들어가서 일하게 되었는데, 이것이 가능했던 이유는 우리 학생들이 그만큼 한국의 테두리를 뛰어넘는 능력과 지혜를 갖췄기 때문이에요. 몸은 한국에 있어도 생각은 세계적으로 하는 사람들이 많아져야 우리나라가 선진국으로 도약하지요. 천박한 자본주의나 단기적인 이벤트 중심의 문화를 극복하는 것이 가장 중요한 과제입니다. 내가 학생일 때는 젊은이들이 어떤 사명감 같은 것을 공유하고 있었고, 이런 천박한 문화가 없었는데, 지금은 문화가 바뀌어 이런 천박성이 정착을 해버린 거예요. 이런 것들을 하나씩 제거하는 것이 촛불 이후의 한국이 갈 길이라는 것을 이화여자대학교 학생들한테 가르쳤어요.

1992년 노벨평화상 수상자인 리고베르타 멘추 여사.

1996년 노벨평화상 수상자인 호세 라모스 오르타 전 동티모르 대통령.

2003년 노벨평화상 수상자인 시린 에바디 여사.

정근식 한국의 인권이나 평화 문제는 항상 정치적 이념 사이에서 방황하는 것 같습니다. 또한 세대 간 생각의 차이가 여기에 깊은 영향을 미치지요. 이를 해결할 수 있는 방안이 있을까요?

박경서 합리적 보수와 이성적 진보는 어느 나라든지 같이 손을 잡고 가요. 인간의 역사는 싸인 커브와 같아서, 보수를 일정 기간 지나면 싫증나게 되어 진보가 돌아오게 되어 있고, 진보가 너무 올라가면 보수가 또 돌아오게 되고, 이렇게 합리적 보수와 이성적 진보는 손잡고 서로 정권 교체하면서 가는 것이 선진국의 모습인데, 그것을 못하게 하는 사람들이 우리 같은 늙은이들이에요. 합리적인 보수가 묵비를 행사하게 하는 것은 소수의 늙은 수구 보수들이 모든 걸 주도해왔기 때문이에요. 우리의 젊은이들이 이성적 진보들이 귀찮다 하는 것은 몇 명의 급진 진보들이 목소리를 높여왔기 때문이에요. 그런 사람들을 거두어버리는 작업을 해야 해요. 이들을 계몽해야 해요.

서구 근대사에서는 1688년 명예혁명에서 1789년 프랑스 혁명까지 100년간을 계몽주의 시대라고 해요. 명예혁명부터 계몽주의 시대의 지식인들이 몽매한 노동자들과 농민들을 계몽해서 일깨운 거 아니에요? 절대군주의 비이성적 폭력, 교회 신부님들의 무리한 명령들을 이성적으로 비판하고 교정해서 수용해야지 맹종은 안 된다 하는 것이 루소, 볼테로, 칸트 등의 가르침이지요. 군주와 교권의 압력은 선택해서 믿어라, 옳은 것은 믿고 옳지 않은 것은 거부할 수 있는 것이 계몽주의인데 우리나라는 압축 성장을 하느라 그런 과정을 거치지 않았거나 또는 축소되어 지나쳤어요. 우리 고유의 선비 문화, 공동체 문화, 배려의 문화 등등 우리의 많은 전통문화가 훼손되었지요. 슬픈 일이지요.

그래서 이제는 합리적 보수와 이성적 진보가 손을 잡도록 우리 학생들이 가운데에서 교량 역할을 해야 해요. 양쪽을 소통시켜 서로 손잡고 독수리처럼 제3의 세계로 뛰어 올라가는 것이 선진국으로 도약하는 길이에요. 우리 학생들에게는 21세기에는 '성숙하고 균형 잡힌 지도자상(mature and balanced leader vision)'을 갖추어야 한다는 것을 이야기하고 싶어요.

지금으로부터 13년 전에 정진성 교수와 함께 UN 인권정책센터라는 것을 만들었어요. 인권대사 시절에 내가 정진성 교수를 UN 인권소위원회 위원으로 추천했어요. 인권소위원회가 지금은 UN 인권자문위원회가 되었고, 정진성 교수가 총 10년을 위원으로 일했어요. 위안부 할머니들을 제네바로 모셔와서 연설도 하고 논문도 쓰고 했는데, 그것을 시작할 당시에는 UN의 권고안이라는 것이 우리나라에서는 휴지 조각처럼 여겨져 권고를 이행할 후속 조치가 전혀 없었어요. 외교부, 법무부 모두 마찬가지였지요. UN은 멀리 있는 해외 기구라서 구속력도 없는 것을 우리가 왜 듣느냐 하는 식이었어요. 그래서 UN의 권고안을 국내법에 반영시키는, 그래서 UN의 인권정책이 한국에 와서 숨 쉬도록 하자는 뜻으로 그 인권정책센터를 만들었어요. 국가 기구가 안 하니 NGO로 만들어서 정부에 선의의 압력을 행사하자는 뜻이었지요.

정진성 교수가 3,000만 원을 내고 내가 조금 보태서 만든 것이 오늘날의 UN 인권정책센터(KOCUN, Korea Center for UN Human Rights Policy)예요. 2대 이사장은 송호근 교수였고, 지금 이사장 자리가 공석이라 3대 이사장을 찾고 있어요. 이 NGO는 예를 들어 UN 인권이사회에 인턴 프로그램을 만들고, UN 취직을 겨냥해 모의 UN 총회 경연대회도 열어요. UN 인권이사회에 국가대표로 가면 어떻게 하는가를 우리 대학생들에게 경연하게 하는 프로그램을 한국인권재단, 서울대인권센터의 후원으로 시행하고 있는데, 이 프로그램이 학생들에게 환영받지요.

정근식 WCC 아시아 국장으로서의 활동을 접고 한국에 귀국하여 초대 인권대사로서 활동하시기 시작하잖아요? 특별히 생각나는 분이 있나요?

박경서 세계보건기구(WHO) 전 사무총장 이종욱 박사 이야기를 해봐야겠어요. 내가 1982년에 WCC에 부임했는데, 10여 년 후에 이종욱 박사가 WHO의 백신국장으로 부임했다고 인사를 왔어요. 이종욱 박사는 서울대 의과대학 출신으로, 내 처하고 덕수초등학교 동기 동창이에요. 둘이서 이야기하다가 그런 관계인 줄 알게 되었어요. 그 이후부터 그는 나를 형이라 부르는데 내가 1982년부터 18년간 WCC에서 근무를 하고 1999년 12월 31일에 제네바를 떠날 때 가진 송별 파티에서 그가 "형님, 저는 WHO 사무총장을 하려고 합니다." 그래요.

한국에 돌아와 2001년 인권대사에 임명되어 김대중 대통령 특사로 전 세계 인권을 개선하는 임무를 수행하고 있는데, 이듬해인 2002년 여름 태풍이 심하게 치는 날 전화가 왔어요. 이종욱 박사예요. 코리아나호텔에 체크인했는데 나를 급하게 만나야겠다고 그래요. 그래서 갔더니 이야기하기를, WHO 사무총장에 출마를 했는데 자기 외에 후보가 다섯 사람이 있대요. 제네바에서 모든 한국 외교관들을 만나봤지만, 절대로 사무총장이 되지 않는다고 도와줄 수 없다고 했다는 거예요.

정근식 사무총장이 되려면 누가 어떻게 도와주어야 하는 건데요?

박경서 국제기구에서 사무총장에 선출되려면 정부가 도와줘야 해요. 이 박사의 얘기가 "제네바에서 들었더니 형님이 김대중 대통령을 독대하신다고 하니까 형님이 도와주세요." 하면서 A4 용지 5장에 쓴 글을 주는 거예요. WHO 사무총장에 출마해서 선출될 수 있다는 가능성에 대해서 써 온 거예요. 이걸 한번 읽어보시라고 해서 코리아나호텔 커피숍에서 읽어보는데, 나도 그때는 참 어렵겠다고 생각했어요. 한국의 외교관들이 안 된다고 해버리면 안 되는데 이걸 어떻게 하나 싶어서 "이 박사, 내가 대통령을 독대하는 것은 맞는데 대통령이 나를 불러야만 독대가 되는 거지요." 그랬어요. 내가 대통령한테 독대하자고는 못하니까. "이것은 운명에 맡깁시다. 대통령이 나에게 들어오라고 하면 내가 기회를 봐서 추진해볼게요."라고 했어요. 그렇게 이종욱 박사가 준 5장의 쪽지를 내 주머니에 넣고 모든 것이 운명이라고 생각하며 헤어졌어요.

그런데 운 좋게도 6일 후에 청와대에서 들어오라는 연락이 와서 들어갔어요. 아마도 그날 내가 6일 전 입었던 옷을 그대로 입고 갔던가 봐요. 이종욱 박사 일은 전혀 생각을 안 했는데 청와대 들어가면서 호주머니를 만지니 A4 용지가 그대로 있는 거예요. 그래서 '아하, 시간이 되면 이종욱 박사 이야기도 해야겠구나' 생각했어요. 이종욱 박사가 떠나면서 한 이야기도 떠올랐지요. "곧 대통령님이 퇴임하시지 않습니까? 제가 사무총장이 되면 제일 먼저 대통령님이 WHO 총회에서 기조연설을 하시도록 할 겁니다. 은퇴하고 그게 얼마나 영광입니까!" 전 세계 사람들 앞에서 대통령에게 기조연설을 하게 하겠다는 그 말이 제 머리에 딱 꽂혔어요. 그래서 들어갔더니 대통령께서 세계를 돌아다니면서 신문사와 정부의 관계를 조사하라 하시는 거예요. 그래서 "알겠습니다. 잘 알아보고 보고 올리겠습니다." 했어요.

그리고 더 할 얘기가 없냐고 해서 "대통령님 제가 하나 말씀드려볼까요?" 하고 이종욱 박사 이야기를 했어요. "우리가 이 정도 컸으면 국제기구의 장이 한 명 정도는 나와야 하는데, UN 사무총장은 참 어려운 일이고, WHO 사무총장을 한국인이 하면 얼마나 좋겠습니까? WHO는 가장 실속 있고 전 세계 모든 사람들의 건강과 사회의 건강권을 지키는 기구 아닙니까? 일주일 전에 이종욱 박사를 만났는데 처와 동기 동창이라 제네바에서 동생처럼 10년을 같이 살았습니다. 실력과 인품을 겸비한 사람입니다. 대통령님 은퇴하시고 WHO 총회에 가서서 연설 한번 하시면 은퇴한 대통령님이 더 멋있어지지 않겠습니까.'라고 했어요. 그러니까 대통령께서 박지원 실장한데 어떻게 생각하냐고 물어요. "한번 밀어보지요." 하니까 "그럼 두 분이서 추진하세요." 하시는 거예요. 대통령 명령을 받았으니 날개를 단 셈이지요.

그때 박지원 실장의 능력에 깜짝 놀랐어요. 박지원 실장은 말도 못하게 추진력이 강한 사람이에요. 내가 이 세상에서 모든 지도자를 다 만나보고 전 세계 100개국을 돌아다니면서 봤지만 그만큼 추진력이 좋은 사람을 못 봤어요. "박 박사님은 바쁘니까 나에게 맡기세요." 그러더니 외교부 대사들을 딱 잡고 이종욱 박사를 1년 후에 당선시키더라고요.

이종욱 박사가 빌 게이츠를 가장 좋아했어요. 빌 게이츠도 이종욱 박사를 좋아했고요. WHO 예산 중 상당히 많은 부분을 빌 게이츠 재단이 냈는데 그게 다 이종욱 박사를 보고 준 거예요. 이종욱 박사는 소아마비 문제, 폐결핵 문제 같은 것에 관심이 많았고, 그걸 해결하는 데 열의를 보였어요. 러시아의 푸틴도 이 박사를 그렇게 좋아했어요. 이종욱 박사만큼 빌 게이츠, 푸틴과 가깝게 지낸 사람이 없었어요.

이 박사는 한국에 출장을 오면 3일을 머물지 못했어요. 너무 바쁘니까 늘 짧게 머무르는데 그래도 짬을 내서 나를 만나 이야기를 하지요. 이종욱 박사가 한번은 출장을 와서 하는 말이, 박경서가 당시 4,300만 불에 해당하는 인도주의 원조를 북한에 주었다는 것이 자기에게는 하나의 쇼크였대요. 그래서 자기는 북한에 폐결핵 환자가 한 사람도 없도록 만드는(Tuberculosis Zero) 프로젝트를 통해 북한을 돕기 시작했다고 해요.

정근식 결핵 퇴치 사업이라면, 인세반(印世潘, Stephen Linton) 선생이 떠오르는데, 그쪽도 유진벨재단을 통해서 북한 결핵 퇴치 사업을 하고 있지요. 서로 연관이 있나요?

박경서 린튼 가족은 NGO니까 그쪽대로 사업을 하는 거고, 우리는 국제기구니까 또 별도로 하는 거지요. 아무튼 이종욱 박사가 그렇게 큰일을 하는데, 북한에 갈 때는 가기 전하고 다녀와서 꼭 나를 만났어요. 조선호텔에서 만나 둘이서 초밥을 먹으며 많은 이야기를 했거든요.

이종욱 박사가 또 중요하게 생각한 것이 타이완 문제였어요. 그가 죽기 1년 전에 나한테 타이완 문제에 대해 많은 이야기를 했어요. 타이완을 WHO의 참관국 지위(Observer Status)로 회복시키겠다는 의지가 강했어요. WHO는 UN의 기구들과는 달리 건강을 다루는 순수한 국제기구이니, 정치적인 공학에 의해 움직여선 안 되고 오로지 인도주의 원칙에 의해 움직여야 한다는 거죠. 그래서 타이완을 WHO의 옵서버로 초청하려고 꾸준히 중국 대사와 대화를 했지만, 중국은 막무가내로 반대했어요.

정근식 이종욱 선생님이 사무총장이 되면 김대중 대통령으로 하여금 WHO 연설을 하도록 하겠다는 약속은 지켜졌나요?

박경서 그렇지요. 2004년 5월, 은퇴한 대한민국 대통령이 제네바 WHO 총회에 가서 기조연설을 했어요. 멋있게 연설하셨어요. 내가 수행했지요. 내 며느리가 당시 이종욱 박사의 비서였어요. 그 아이는 JPO(Junior Professional Officer)를 거쳐 UN에 들어가서 일을 했는데 이종욱 박사가 중매를 서서 심장과 과장인 내 둘째 아들하고 결혼시킨 인연도 있지요.

이종욱 박사가 타이완 문제에 신경을 많이 썼다고 앞서 얘기했잖아요? 이 문제를 해결하기 위해서 이 박사가 중국 대사, 타이완 대표하고 조율을 하는 거예요. 현재로서는 참관국 지위를 안 주더라도 와서 앉아 있게만 하자는 거예요. 타이완은 WHO 정회원이 아니었어요. 모든 국제기구에서 중국이 타이완을 밀어내버렸지요. WCC도 '하나의 중국(One China Policy)' 정책 때문에 어려움이 여간 많았던 게 아니에요. 타이완 문제만 나오면 중국 교회는 느닷없이 퇴장해버려요. 1993년 WCC 캔버라 총회에서 타이완 때문에 난리가 났어요. 대만의 명칭을 '차이나 타이베이'라고 하라고 하였지요. 그래서 나는 결국 그렇게 붙이고 타이완의 눈물을 닦아준 적이 있어요. 아무튼 이종욱 박사는 중국 대사하고 점심 식사를 하며 타이완 문제를 얘기하다가 스트레스로 쓰러져요. 결국 일어나지 못하고 그게 마지막이었어요. 뇌출혈이 된 거예요.

정근식 중국 문제가 이종욱 사무총장을 잡았군요. 미처 몰랐습니다.

박경서 사무총장으로 2003년 5월에 선출되었으니까 3년 차될 때예요. 쓰러진 채 앰뷸런스에 실려서 제네바 주립병원에 실려왔는데, 그때 거기서 선임 레지던트 하던 내 아들 말이, 보니까 희망이 없더래요. 내 아들도 이종욱 박사를 잘 알고 좋아했어요. 이 박사가 의식이 없어서 의사들이 그대로 병실에 눕히고 산소호흡기에 의지한 채 부인이 올 때까지 5일 동안 기다렸어요. 부인이 일본분인데 페루에서 늦게 오셨지요. 미국에 있는 아들도 오고 해서 장례식을 WHO장으로 엄숙하게 치렀어요. 아들의 추도 송별사가 기억에 남아 있어요.

정근식 이종욱 선생 부인은 왜 페루에 가 계셨던 거예요?

박경서 그분이 페루에서 봉사를 많이 했어요. 거기 계시다가 오고 미국에 있는 아들도 오고 해서 장례식을 치르는데, 그 아들이

'아빠를 잃은 아들의 마음'이라고 스피치를 해서 참 많은 감동을 줬어요. 지금도 그 영상이 인터넷에 있을 거예요. 그리고 한국에서 한국국제보건의료재단을 만들어서 이종욱기념사업으로 매년 1억씩 제네바의 WHO 본부에 기부하더라고요. 이종욱 박사는 WHO 역사상 가장 강력하게 현장주의를 실천한 사람입니다. 나도 18년이라는 긴 세월을 할 수 있었던 이유는 가난한 나라에 가서 같이 뒹굴고 힘들게 업무를 수행했기 때문이라고 생각해요. 이종욱 박사의 현장 중심주의는 대단했어요. 특히 아프리카 사람들의 이종욱 박사에 대한 존경심이 무척 커요. 그런데 3년 못 채우고 세상을 떠났지요.

내 생각에 만약 이종욱 박사가 죽지 않고 계속 있었다면, 반기문 씨가 UN 사무총장이 되기는 어려웠을 거예요. 어느 나라든지 두 군데의 수장을 한 나라가 할 수는 없어요. 이종욱 박사가 2006년 돌아가고 난 다음이라 반기문 UN 사무총장이 가능했지요. 반기문 총장은 2007년 1월 1일부터 2016년 12월 31일까지 10년간 UN 수장으로 봉사했어요.

정근식 그런 맥락이라면, 선생님도 18년이라는 긴 시간을 봉사했기 때문에 아시아 국장을 넘어 WCC 사무총장도 할 수 있었던 것 아닌가요?

박경서 WCC는 종교기구라서, 개신교의 본부이기 때문에 원조 총책임자는 될 수 있어도 사무총장은 불가능해요. 그 자리는 신학자이면서 목사인 경우에만 가능해요.

정근식 그런 줄 알았으면 선생님도 신학 박사를 하나 더 할 것인데 잘못했네요. 하하.

박경서 신학 박사를 마치고 목사 안수를 받아야지요. 나는 그런 생각도 없었어요. 원래는 UN을 생각했지만, 당시 우리나라가 UN 회원 국가도 아니어서 고위직을 담당하지 못하지요. 그래서 WCC에 갔던 거지요.

정근식 이종욱 박사의 WHO 사무총장 취임이 김대중 대통령의 지원과 연관되어 있다는 것은 별로 알려지지 않은 이야기지요. 선생님의 추천 딱 한 마디를 듣고 박지원 당시 비서실장에게 밀라고 해서 된 거군요.

박경서 그러니까 김대중 대통령도 국제기구에 우리나라 사람을 하나 세우려고 생각하고 있었다는 거지요. 그것이 이종욱 박사에게 돌아간 거지요. 이종욱 WHO 사무총장과 김대중 대통령, 반기문 UN 사무총장과 노무현 대통령의 인연이 대단한 거지요. 반기문 UN 사무총장 시키는 데 나도 약간 기여했어요. 노무현 대통령께서 반기문 씨를 UN 사무총장 시키자는 훈령이 있었어요.

정근식　홍석현 회장이 주미 대사로 임명될 때도 UN 사무총장에 관심을 가지고 있다는 소문이 있지 않았어요?

박경서　홍석현 회장을 노무현 대통령이 주미 대사로 임명하였을 때는 여러 가지 옵션이 있었어요. 여러 사람이 그분을 주미 대사로 추천했어요. 홍석현 씨는 미국에서 경제학을 공부했고 상당히 성숙한 사람이어서 나도 홍석현 씨를 추천했어요.

내가 인권대사 시절에 홍석현 사장한테 전화가 왔어요. "홍석현 사장입니다. 대사님을 오찬에 한 번 모시고 싶은데 괜찮겠습니까?" 해서 "홍석현 사장을 만난 적 없지만 영광입니다. 하십시다." 해서 만났어요. 내가 귀국해서 《인권대사가 체험한 한반도와 아시아》라는 책을 썼는데 8,000부를 찍어서 다 팔렸어요. 그런데 이 책을 이분이 읽은 거예요. 둘이서 오찬을 하는데 그 책에 아주 빼곡하게 언더라인을 해서 갖고 왔어요. 이런 사람이 어디 있나, 속으로 생각했지요. 홍 사장이 나한테 질문을 하는데 "제가 박 대사님 책을 읽다 보니 여기에 김일성 주석을 만났다는 이야기가 나오는데, 무엇을 했는지가 없어서 그 이야기를 듣고 싶습니다." 그러더라고요.

홍석현 회장은 참 특이하고 돋보이는 사람이에요. 귀공자로 태어난 사람이 한반도의 미래까지 생각한다? 아주 참신하게 보이더라고요. 통일 이후 우리 민족의 문제까지 생각하는 사람이 참 좋겠다고 해서 나도 추천인에 이름을 넣으라고 했어요. 나의 착각이겠지만, 노 대통령이 내가 추천하면 힘이 있다고 생각하시니까.

내가 노 대통령님에게 추천한 사람이 또 있어요. 제네바 WTO 의 수석 변호사였던 김현종 씨인데 영어를 그렇게 잘할 수가 없어 요. 내가 인권대사로 임명을 받으니 내 사무실에 찾아와 "대사님 저 를 좀 추천해주십시오." 그래요. 당시 정찬용 수석, 문재인 수석과 함께 노 대통령께 추천했지요. 그랬더니 바로 외교통상부 통상교섭 본부장을 시키더라고요. 그러고 나서 내가 홍석현 회장 사무실에 김현종씨를 데리고 갔어요. 주미 대사로 간 다음에 김현종 박사와 잘 협조하라고 얘기하고 헤어졌지요.

홍석현 사장이 주미 대사에 취임한 후, 삼성가의 돈을 중앙일 보 사장이 검사들에게 전달했다는 것을 MBC가 보도하면서 난리 가 났지요. 홍석현 사장의 동생이 부장검사를 했는데, 이 사건으로 도의상 책임을 지고 물러났고, 홍석현 사장도 주미 대사에서 중도 하차한 거지요.

정근식 홍석현 대사는 꿈이 있었지요? UN 사무총장을 생각하 고 간 거 아니에요?

박경서 아마도 그런 생각이 있었겠지요. 노무현 대통령이 거기 까지 생각하셨는지는 모르겠어요. 노 대통령이 UN 사무총장을 한 국인이 한번 해보자고 해서 모두가 노력했지요. 그래서 당시 외교부 반기문 장관하고 그의 사무실에 가서 상의를 했어요. 분석을 해보 니 UN 사무총장이 되려면 소위 안전보장이사회 상임 이사국 5개국의 동의를 받아야 해요. 그중에서 특히 순서가 미국, 프랑스, 중국, 러시아, 영국 이렇게 되는 거예요.

반기문 장관의 경우, 콘돌리자 라이스(Condoleezza Rice) 당시 미국 국무부 장관이 반 장관을 좋아했어요. 부산에서 APEC(Asia Pacific Economic Cooperation) 모임이 열렸을 때 나도 참석했는데 거기서 반 장관하고 라이스 장관이 참 친한 것을 내가 직접 봤지요. 반 장관에게 어떻게 됐느냐 물어봤더니 미국은 OK라 한대요. 프랑스가 제일 중요한데 그쪽은 뭐라고 하냐 물었어요. "대사님, 저 소르본대학에서 연설하는데 거의 프렌치 수준으로 연습했어요. 자크 시라크 대통령이 저의 불어 연설을 듣고 OK했어요." 러시아도 괜찮고 중국 역시 괜찮아요. 반 씨가 중국 성이거든요. 그러니까 자기들 친척이 한다고 해서 중국도 OK예요. 영국이 마지막까지 속을 썩이다 OK했어요. 이제 남은 변수가 뭐냐면 북한이 가만히 있어야 하는 거예요. 북한이 Yes다, No다, 어떤 답도 하면 안 돼요.

정근식 그래요? 그런데 왜 Yes도 안 돼요?

박경서 북한이 Yes 했다 하면 꼬투리가 되어서 복잡하게 되는 거예요. No를 해도 복잡하니까요. 가만히만 있게 하자는 것이 반기문 장관과 나의 작전이었어요. 이를 위해 2004년 WCC 제9차 총회가 열리는 브라질의 포르투알레그리(Porto Alegre)에 내가 북한의 강영섭 위원장을 초대했어요. 강영섭 위원장은 김정일 위원장의 외

사촌이에요. 브라질 그곳에서 내가 친필로 편지를 썼지요.

'반기문 외교부 장관이 UN 사무총장에 나가는데 통일 문제에 남다른 식견이 있고, 내가 특별히 좋아하는 사람이니 저를 봐서 친애하는 지도자 동무는 옳다는 말도 나쁘다는 말도 하시지 말고 가만히만 계셔주시오. 박경서 올림.' 이렇게 했어요. 강영섭 위원장 편에 이 편지를 김정일 위원장에게 보냈지요. 결국 북한이 끝까지 입을 다물었어요. 그걸 반 총장도 알지요.

김대중 대통령 시절에 반기문 씨가 외교부 차관을 하다가 무슨 사건 때문에 자기는 책임이 없는데 옷을 벗게 돼요. 러시아와 미국 관계에서 국장이 잘못한 걸 차관이 책임지고 옷을 벗은 거지요. 그 일로 3개월 반가량 외교관 신분이 박탈되었는데, 그즈음 대통령께서 부르셔서 청와대에 또 들어갔어요.

이야기를 다 마치고 나서 대통령님이 더 할 얘기가 없느냐고 묻기에 반기문 차관 얘기를 드렸지요. "대통령님, 서구에서는 외교관 하나 기르는 데 백년이 걸린다고 하는데 반기문 전 차관을 용서해주십시오." 그래서 일주일 후에 다시 외교관 자격을 얻었지요. 당시 한승수 장관이 UN총회 의장을 맡고 있었는데, 그 비서실장으로 가도록 하고, 노무현 대통령 때 청와대 수석을 하다가 외교부 장관이 되어서 UN 사무총장이 된 거지요. 국제기구와 개인과 대통령 사이에서 내가 작게 도와준 일들 중 몇 가지네요.

정근식 이제부터는 최근에 광주 세계인권도시포럼의 위원장으로 활동하신 내용을 말씀해주시지요. 선생님은 지금까지 세계인권도시포럼 추진위원장으로 7년간 일을 하셨고 저는 2년 전부터 광주 세계인권도시포럼 기획위원장으로 일을 하고 있는데요. 세계인권도시포럼을 만들어서 광주가 제안한 인권도시 프로젝트가 UN에 등록이 되고 그런 좋은 결과를 만들면서 세계인권도시포럼이라는 기반을 닦아놓으셨는데 거기에 대한 소회를 들려주시지요.

박경서　광주에서 5·18 민주화 운동이 일어났을 때 서울에 살았던 우리는 몰랐어요. 마지막에 광주에서 팩스로 날아온 것을 보고 광주에서 심각한 일이 터졌구나 하고 알았어요. 1980년이니까 내가 서울에서 살면서 크리스찬아카데미 부원장을 할 때예요. 나는 광주의 정신을 돌아가신 조아라 여사를 통해서 알게 되었고 전교조 윤영규 선생으로부터 광주의 사건을 알았어요. 광주의 5·18 정신을 분석해보았더니 그것은 크게 평화 정신, 공동체 정신, 비폭력 정신이에요. 이 셋을 어떻게 해서든지 전 세계 사람들이 공유하려면 이 재산을 유네스코(UNESCO)에 등재시키고 UN 인권이사회에서 전 세계에 20개 정도 있는 세계인권도시에 광주광역시를 등재시켜야 한다고 생각했어요.

　그것을 하기 위해 2011년부터 매년 광주의 원로 민주화 인사들 15분을 모시고 모임을 했어요. 내가 서울에 살고 있지만 고향이 순천이고, 또 중고등학교 교육은 다 광주에서 받았으니 광주 사람과 다름없지요. 광주 정신을 UN에 등재시키기 위해서 이성훈(현 한국인권재단 상임이사) 씨가 내 오른팔 역할을 하면서 전 세계에 있는 민주 인사들을 초대해 광주 정신에 관한 기조연설을 하게 하는 등 많은 일을 했어요.

많은 분들이 힘을 합쳐서 대한민국 정부가 3년 전, 9월 26일 UN 인권이사회 자문위원회에서 광주를 세계인권도시 반열에 올린 거예요. 당시 제네바 주재 한국 대사였던 최석영 대사가 대표 제안하고 그해 12월에 광주광역시가 세계인권도시로 정정당당하게 발돋움했지요. 그렇게 해서 광주가 스위스 제네바, 프랑스 낭뜨와 어깨를 나란히 하는 세계인권도시가 되었지요.

정근식 이미 그 전에 5·18 기록물이 세계기록유산으로 등재되면서 광주가 세계에 인권도시로 각광을 받게 되었습니다. 안종철 박사, 김영진 전 의원 등이 수고를 하셨는데, 아마도 광주만큼 국제화된 지방도시가 없을 거예요.

박경서 그 이후에 많은 도시들이 와서 광주처럼 해달라고 했지요. 광주 5·18 정신은 광주만의 것이 아니고 전 세계 평화를 사랑하고 인권을 존중하는 모든 사람들이 공유하는 것이에요. 광주 사람이 우리 것을 왜 가져가느냐고 한다면, 그것은 오히려 5·18 정신을 훼손하는 거예요. 인권도시 등재의 참뜻이 거기에 있어요.

또 재미있고 유익한 일을 하나 더 하고 있는데요. Happy Bridge & Mondragon(HBM)이라는 협동조합경영연구소 이사장

광주를 세계인권도시에 등재시키기 위해 노력한 최석영 대사와 함께.

일이에요. 스페인의 몬드라곤대학과 한국의 해피브릿지라는 기업이 협동조합으로 5년 전 재탄생했어요. 이 기업은 국수나무, 도쿄스테이크, 화평동왕냉면 등의 브랜드로 잘 알려진 회사인데 스페인 몬드라곤대학과 5년 전 양해각서(MOU)를 체결했어요. 이 일은 HBM을 창설한 소장 송인창과 이구승 해피브릿지 대표이사 등을 내가 좋아하고 존경해서 시작한 일인데, 아주 보람 있고 뿌듯한 일입니다. 이익의 전부를 사회에 재투자하고 공헌하는 겁니다. 나는 그저 상징적 대외 간판용이지만 많이 배우고 있습니다.

한국 기업들을 연결시켜서 사회적 기업, 협동조합을 우리나라에 보급하는 일입니다. 협동조합이 사기업보다 훨씬 우리나라에 기여를 할 수 있다 해서 스위스의 대형 마트 미그로, 독일의 Co-Op, 몬드라곤에 있는 노동자협동조합, 이태리 볼로냐에 있는 소비자협동조합, 영국에 있는 생산협동조합을 벤치마킹해서 한국 사회에 맞는 협동조합을 소개하고 있는데 우리 현실에 맞는 21세기형 사회적 기업입니다. 우리나라 기업이 개인의 이익을 추구해서 자기 주머니에 넣는 것이 아니라, 기업은 이익이 나오면 사회에 환원해야 한다는 정신을 HBM 이사장을 하면서 배우고 있어요.

최근에 해병대 사령부에서 인권자문위원회를 만들어 초대 인권자문위원장으로 나를 추대했어요. 군대의 인권, 내 아들딸이 군대에 가서 왕따당하지 않도록 어떻게 구체적인 매뉴얼을 만들어 전군에 확산할 수 있을까 고민하고 있지요. 튼튼한 안보를 위해서 인권이 살아 움직이게 하는 일입니다. 그렇게 된다면 우리 군대가 세계 최강의 군대가 되어 분단을 딛고 평화를 정착시키는 데 큰 역할을 할 수 있다고 믿기 때문이지요. 안보와 인권은 잘못하면 서로 대치할 수 있는데, 어떻게 안보와 인권을 잘 융화시켜서 동전의 양면처럼 잘 빛나게 할 것인가를 연구하고 있어요.

2015년에 WCC 대표로 16년 만에 북한을 방문했어요. 통틀어 29번째 방문이에요. 7박 8일 일정으로 북한의 8개 현을 돌며 16년 동안 어떻게 변했는지 보고 왔습니다. 입이 딱 벌어질 정도로 변하고 발전했더군요. 평양의 UN 주재원들과 두 번 회의하면서 이 사실을 중복 확인했는데 사실이에요. 그들 모두가 배고픔은 완전 해결되었다고 하더군요. 축하할 일입니다. 독재는 안 되지만, 북한 주민들의 굶주림이 해결됐다는 건 좋은 일이잖아요. 이상이 최근 나의 이야기들입니다.

9

2017년 4월 27일

평화와 통일을 다시 생각하며

정근식 오늘은 한반도의 평화와 통일을 주제로 이야기를 나눠 보려고 합니다. 오래전에 한국의 대표적인 역사학자 강만길 선생님은 저에게 이런 말씀을 하셨어요. "한국전쟁이 우리에게 남겨준 교훈은 무엇인가? 한국전쟁은 한국과 미국이 한편이 되고 중국과 북한이 한편이 되어 죽기 살기로 싸운 것인데, 결국 전쟁으로는 통일을 이룰 수 없다는 것을 가르쳐주었다."라고요. 한국전쟁이 발발했던 그때 당시와 현재의 한반도 정세가 근본적으로 바뀐 것이 있는가? 전쟁 발발 당시 북한은 무력으로 통일을 할 수 있다고 생각했지만, 그것은 오산이거나 착각이었고, 또 국군도 유엔군의 지원으로 38선을 돌파할 때 중국군의 참전을 예상하지 못했지요.

현재 북중 관계가 삐걱거린다 하더라도 기본적으로는 북한·중국·러시아가 협조를 하고, 우리는 한·미·일 동맹구조가 유지되는 상황에서, 통일은 평화적인 방법이 아니고는 불가능한 것일 뿐 아니라, 너무 급속하고 일방적인 통일은 독일의 사례가 시사하듯이 바람직하지도 않다고 생각합니다. 선생님은 어떤 전쟁도 반대하는 완고한 평화주의자인데, 그런 사상의 근저에 스위스 제네바에서의 경험뿐 아니라 어렸을 때 경험했던 여수·순천사건이나 한국전쟁의 경험도 있을 것 같습니다. 실제로 그런가요?

박경서 여수·순천사건은 1948년 가을 내가 만 열 살 때, 그리고 한국전쟁은 초등학교 6학년 때 일어났지요. 지금도 여수·순천사건의 기억이 뚜렷해요. 사흘 동안 아침에 해가 뜨면 밖에 나와서 아스팔트에 무릎 꿇고 있었어요. 어머니나 누나들이 집에 들어가서 주먹밥을 가져오면 그것을 점심으로 먹고, 우리 마을에서 남자든 여자든 모두 나와서 집 앞에 무릎 꿇고 있었어요. 민간인들을 아스팔트에 무릎 꿇리고 군인들이 경찰들과 싸운 것이 내가 기억하는 여수·순천사건이에요. 당시는 얼마나 많은 사람들이 죽었는지 잘 몰랐는데, 내가 2005년부터 진실화해위원회 자문위원을 4년간 하면서, 이 사건으로 죽은 사람들이 엄청나다는 것을 알았어요.

내가 2007년 2월에 이화여자대학교 석좌 교수로 부임하여 5월에 베이징대학과 자매결연을 맺고, 베이징대학에서 특강을 하면서 한국전쟁에서 250만 명의 군인과 민간인이 죽었다고 하니까 정치학과 교수가 손을 들고 질문을 해요. 나이 지긋하신 분이었는데, 강의 잘 들었다고 하면서 "한국전쟁에서 250만의 무고한 민간인이 목숨을 잃었다고 하는 이야기는 아마도 한국인과 외국 군대의 사망자 수를 센 것 같은데, 중국인 200만 명이 참전하여 죽거나 부상당했다는 사실을 염두에 두면 피해자가 훨씬 많을 것이다."라고 말해요. 그 후로 나는 한국전쟁에서의 사상자 수를 350만이라고 고쳐서 말해요. 그리고 이것이 "중국 군대까지 포함해 한국전쟁에서 죽은 희생자 숫자입니다."라고 늘 말하지요.

정근식　실제로 '항미원조' 전쟁에서 사망한 중국 인민 지원군은 대략 18만여 명으로 집계되고 있고, 부상자들은 잘 모르는데, 중국 내에서 '항미원조운동'이 진행되었다는 것을 생각하면, 희생자 규모가 큰 것은 사실입니다.

박경서　중국인들은 그렇게 말하는데 정확한 수치는 우리가 파악해야겠지요. 하여튼 우리는 전쟁의 비참함을 몸으로 겪었지요. 전쟁이 났을 때 나는 6학년이었는데 아버지가 순천시 공무원이었기 때문에 피난을 갈 수 없었어요. 대신 나하고 남동생하고 누나를 외가가 있는 영암으로 피난 보내셨어요. 그때만 해도 아들을 살려서 대를 이어야겠다는 생각이셨겠지요. 5일을 걸어서 영암 광암면 외할머니 집에 가서 이틀을 잤는데, 사흘 만에 끔찍한 일을 겪었어요. 빨치산이 산에서 내려와 외할머니, 큰외삼촌과 외숙모, 어린 조카들 셋 등 총 7명의 식구들을 반동분자로 몰아 구덩이를 파서 죽이는 것을 목도하였는데, 나는 실신 직전에 동생, 누나와 함께 도망을 나왔어요.

정근식　아, 그랬어요? 그런 일이 있었어요?

박경서　이웃들이 다급하게 와서는 너희들도 도망가지 않으면 죽는다고 해서 곧바로 줄행랑을 쳤어요. 빨치산이 죽창으로 사람을 죽이는 그 처참한 사건이 어린 나에게 전쟁에 대한 큰 충격과 트라우마를 안겼던 것 같아요. 반공을 국시로 삼는 환경에서 초등학교부터 대학 때까지 반공교육을 받았고, 박정희의 군사 쿠데타 이후에는 더욱더 반공의식이 굳어졌을 거예요. 특히 대학 졸업 후 '귀신 잡는 해병대'에 입대했는데, 복무 기간 4년은 말할 것도 없이 반공 일변도였지요. 나의 잠재의식 속에서는 아직 전쟁에 대한 거부와 공포가 뚜렷하게 나오지 않았을 때인데, 점점 철이 들면서 전쟁에 대한 거부감을 어렴풋이 깨닫기 시작했어요. 독일에 가서 노동사회학을 공부한 이유도 목소리 내지 못하는 억눌린 사람, 가난한 사람 편에 서는 사회학자가 되겠다는 생각이 심연에 자리 잡고 있었기 때문이라고 느낍니다.

한국에서 반공은 이해가 됩니다. 나도 반공을 주장하는 사람입니다. 그런데 폭력으로, 전쟁으로 사람들을 통제하고 진압하면 공산주의가 없어지지 않지요. 독일 총선에서 공산당이 후보를 내어 하원의원에 당선시키려고 아무리 노력해도 분단 45년간 서독에서는 물론이고 통일 독일 27년 동안에도 공산당 후보의 의회 진출은 안 되었지요. 왜냐하면 독일 시민이 이런 후보를 찍지 않아 늘 5%를 밑도니 공산주의의 의회 진출이 안 되는 겁니다. 이것이 의회민주주의의 위대한 측면이에요. 강제로 얻어지는 승리는 한계가 있으니 반공도 민주주의 방식을 통해서 실천하자는 것이 나의 생각이지요.

정근식 세계적으로 탈냉전이 많이 진행되었지만, 분단 한국에서는 냉전과 탈냉전이 섞여 있어서 분간하기 어려운 상황입니다. 최근에는 공공연히 전쟁의 가능성을 거론하는 상황이 벌어지고 있습니다. 평화가 요즘처럼 절실했던 때가 없었다고 생각합니다. 그러나 평화에 이르는 길 또는 평화를 만드는 방법을 우리가 잘 모르는 것이 아닐까요?

박경서 내 삶의 배경은 "어떤 경우에도 전쟁은 안 되며 결국은 평화밖에 없다."는 거였어요. 우리 민족의 72년 발자취를 뒤돌아보면 우리나라는 아직도 냉전보다도 더 지독한 냉전에 둘러싸여 있어요. 얼마 전에는 충분한 토론 없이 사드(THAAD)를 갑자기 배치했고 중국은 중국대로 이를 철회하라고 압박하고 있잖아요? 나와 비슷한 연배로 보이는 성주군의 할머니, 할아버지들이 증언하는 모습을 보니, 우리나라가 놓여 있는 지리적인 위치도 그렇지만, 그야말로 분단이라는 것이 큰 바윗덩이가 되어 우리를 짓누르고 있다는 생각이 들었습니다.

우리가 직면하는 모든 사회악의 근본 원인은 분단에서 나온다고 생각합니다. 분단이 된 상태로 72년이 흘렀기 때문에 대부분의 사람들이 무감각해지고, 나아가 강대국 속에 끼어 있는 작은 나라여서 슬프고 억울한 경험들을 자주 하잖아요? 최근 최순실 사태와 같이 국가 자체가 멘붕에 빠진 상황이고 보니, 분노를 넘어서 너무 비참하다는 생각이 자꾸 들어요.

다시 말하지만, 우리나라의 진취적인 발전을 저해하는 부조리의 뿌리에 불신과 분열이 있고, 이의 기원은 결국 분단이라고 생각해요. 통일은 먼 훗날의 이야기 같지만, 어떻게 해서든 무력으로 대치하고 있는 이 안타까운 상황은 극복해야 하지 않겠는가, 이것이 내 생각이에요. 분단을 극복하려면 남과 북이 평화적으로 공존해야 한다는 것이지요.

1990년 통일되기 이전의 동독과 서독도 마찬가지예요. 동서독이 서로 장벽을 쌓아놓고 대치했을 뿐만 아니라, 소련이 동독을 완전히 무장을 시키고 서방에서는 북대서양조약기구(NATO)가 서독을 무장시켜서 대치하는 국면이었거든요. 그 상황에서 빌리 브란트가 "평화가 전부는 아니지만, 평화 없이는 아무것도 할 수 없다."고 외쳤어요. 그는 '동방정책'을 통한 평화 공존을 이야기했습니다. 나는 우리의 새 대통령이 이런 브란트 같은 인물이 되어야 한다고 생각해요. 용기가 필요합니다.

앞에서 이야기한 대로, 빌리 브란트는 독일의 수상이 되면서 "나는 동쪽을 바라보면서 통일을 시키겠다."고 약속했지요. 1970년에 그는 '동방정책'을 천명하고 이를 실천했어요. 결국 통일을 이루려면 평화밖에 없다는 것이었지요. 우선 평화 공존을 하면서 신뢰를 구축하고, 특별한 의제를 미리 정하지 않고 동서독이 계속 만나면서 서로 같이 변하자고 했어요. 처음에는 이 '동방정책'을 프랑스, 영국, 미국이 반대했지만 브란트는 무서운 집념과 설득으로 그 나라들의 반대를 찬성으로 돌렸습니다.

그런 위대한 지도자가 한국에서는 왜 못 나옵니까? 깊은 고뇌와 철학을 가진 지도자가 요청되고 있습니다. 민족의 장래에 대한 고뇌와 비전이 현재의 우리에게 필요하고, 또한 작은 결과들에 얽매이지 않는 관용이 필요합니다. 우리가 외치는 평화, 정의, 인권이 우리의 비전에 스며들고, 소통을 통해 이런 비전을 가다듬으면서 그들과 같이 간다면 희망이 있지요.

정근식   선생님께서 국민 모두가 '멘탈 붕괴'의 상황에 직면한 2016년 가을의 상황을 말씀하셨는데, 저는 '최순실 사태'라는 것이 결국은 박정희 유신체제를 철저히 극복하지 못했기 때문에 일어났다고 봅니다. 박정희 대통령이 사망한 지 40년이 되어가는데, 그 억압적이고 낡은 정치체제를 연상시키는 정책과 인물들이 재생하여 국가를 이끌어가는 상황, 유신체제의 그림자가 너무 짙게 어른거리는 상황이 박근혜 정부에서 나타났지요. 생각해보면 세계적인 우경화의 흐름과 한국 내에서의 권위주의로의 회귀가 깊숙이 관련되어 있는 것 같아요. 냉전과 독재의 상호 관련성이 굉장히 깊듯이, 민주주의의 질적인 심화와 평화도 관련성을 가지고 있지 않습니까? 평화를 이루려면 민주주의가 발전해야 하는데 선생님이 생각하시는 탈냉전과 민주주의의 관련성을 말씀해주시지요.

박경서   나는 이번에 촛불 집회에 참여한 우리 젊은이들과 가족이 국민의 80% 이상이라고 봅니다. 국민의 80% 이상이 평화적인 촛불시위로 한 목소리를 냈다는 것은 세계적으로 볼 때도 대단한 사건입니다. 독재와 반민주적인 것을 미화시켜서 많은 국민을 우롱하는 것이 더 이상 통하지 않는다는 것을 촛불이 보여주었다는 점에서 우리에게 희망이 있습니다. 과거의 잘못된 것, 청산되지 않은 허구의 유산에 대해 과감하게 'No!'라고 거부할 수 있는 힘이 민주주의의 원동력이고, 이것이 탈냉전을 향한 에너지입니다.

정근식 맞아요. 이제는 박정희의 유산이 지니고 있던 환상이나 허상이 많이 없어진 것이지요.

박경서 그런데 아직도 대통령이 되겠다는 한 후보의 입에서 20세기의 낡고 허구적인 단어들이 반복되고 있고 그를 맹목적으로 추종하는 국민들도 소수이지만 있다는 것을 유의해야 합니다. 다만 그 사람들은 대체로 60대 이상의 노인들이고, 나를 포함한 구세대는 곧 떠납니다. 자라나는 세대들은 우리의 상황을 너무 우려하지 않아도 돼요. 촛불시위에서 보여주었던 힘찬 내일의 희망을 잘 이끌어가면, 박정희 군사 쿠데타를 미화시키는 고루한 생각들은 더 이상 이 땅에 발을 붙이지 못하지요. 보편적인 가치들을 억압하고 말살했던 시대는 종말을 맞이하고 있다고 생각해요.

정근식 유신체제의 그림자를 지우는 것이 촛불혁명이었지요. 새로운 이행기 정의를 세우려는 것이 촛불혁명이었다고 볼 수도 있을 것 같습니다. 그것은 양극화에 대한 비판과 공동체적 가치의 복원, 냉전적 이분법의 극복, 민주적 소통과 같은 요구들에 의해 추동되었지요.

박경서 그 희망이 모든 구조적 악들을 금방 뿌리 뽑지는 못할 거예요. 5·16 쿠데타가 1961년에 있었는데, 56년이라는 긴 시간 동안 뿌리내린 부조리의 허상이 하루아침에 없어지진 못하지요. 다만 서서히 그런 사람들의 수가 적어지고 촛불의 평화운동이 가진 가치들이 커지면서 역사가 바뀌는 것이라고 생각해요.

조금 다른 얘기지만 대통령 후보 5명이 토론하는 과정에서 심상정 대표가 "UN이 지금으로부터 25년 전에 모든 회원 국가에게 성 소수자의 차별을 절대 금지해야 한다는 것을 공식 권고했다."고 발언했어요. 다른 후보자들은 당시 192개국, 지금은 193개국에 권고한 것이라고 분명하게 대답하면 됐을 텐데, 대통령을 하겠다는 사람들이 속으로는 받아들여도 자신의 표가 깎이지 않을까 하는 두려움에 답을 안 하고 있는 것을 보면서, 지도자들은 사회적 가치를 천명하는 데 좀 더 과감해야 한다는 아쉬움이 들었어요.

정근식 지도자들의 비전과 대중들의 감수성 사이에 괴리가 있을 때, 지도자들에게는 좀 더 용기가 필요합니다. 대통령 후보들이 그렇게 하지 못하는 것이 우리 정치사회의 한계이고, 이것이 정치인들에 대한 불신의 원천 중 하나이지요.

박경서 나는 이런 문제들이 언젠가는 해결이 될 것이라고 믿어요. 나는 이제 한국 정치는 평화를 우선하는 방향으로 전환할 필요가 있다고 봅니다. 남과 북이 평화적으로 공존하자는 거예요. 물론 이것이 우리 마음대로 되는 것이 아니지요. 우리에게는 평화우선주의에 대한 경험도 없고, 강대국의 이해도 강하게 작동하기 때문입니다. 우리의 차기 지도자는 우리를 둘러싼 4개의 강대국을 설득하여 그 사람들이 박수를 치는 방향으로 나아갈 수 있어야 합니다. 빌리 브란트가 영국, 프랑스, 미국에 직접 가거나 동료들을 보내서 설득하여 동방정책을 인정받은 것처럼, 우리도 남북의 화해와 평화 공존을 주변국들에게 설득할 수 있는 대통령이 나와야 해요. 어렵겠지만 설득과 설득을 거듭해서 북한과 손잡고 같은 목소리를 내야 하는 거예요.

나는 북한과의 화해가 중요하다고 생각해요. 이 문제는 여와 야를 초월해서 접근해야 합니다. 집권당은 정책을 실행하기 전에 야당에 가서 미리 상의하여 그 사람들의 의견을 다 듣고, 의견 차이가 너무 크면 설득해서 하나의 의견으로 만든 뒤 북과 공유하는 작업을 해야 해요.

그런 점에서 1972년 독일의 기본조약이 우리가 배워야 할 연구 대상입니다. 우리에게 남북기본합의서가 있지만, 사문화되었어요. 독일의 기본조약은 1970년 동서독 수상이 상호 방문을 끝낸 다음에 만들었는데, 히틀러가 침략해서 빼앗은 오데르-나이세의 국경을 빌리 브란트가 폴란드에 되돌려주었잖아요. 할슈타인 원칙도 깨버렸고요. 그로 인해 브란트가 불신임당할 위기에 처했는데, 12명의 기독교민주당 의원, 당시 야당 의원들이 빌리 브란트의 불신임안에 반대하고 나온 겁니다. 민족의 문제는 정권의 문제가 아니라 게르만 민족 장래의 문제이기 때문에 우리는 당의 명령을 거스르고 반대한다고 한 거지요. 그 12명의 젊은 국회의원들 중에 리하르트 폰 바이츠제커, 헬무트 콜이 있었어요.

새 시대에는 우리나라도 민족 문제만큼은 국회의원들이 여야를 초월해서 다루는 그런 역할을 해주어야 해요. 정치권이 해결 못할 경우, 남북 문제에 경험이 많은 진정성을 가진 원로들의 모임, 지난 9년간 만들어 운영했던 모임 말고 진정한 '한반도 평화 원로 회의'가 만들어져서 정치권이 하지 못하는 문제를 해결해야 할 것 같아요. 민족 문제는 정권 차원이 아니라 민족적 차원에서 다루어져야 하고, 한반도의 평화 문제는 여야가 함께 추진해나가야 합니다. 과거의 적대적 경험에 사로잡혀 있으면 아무것도 되지 않지요.

우리나라에서는 진영 논리가 너무 강한데 이번에 에마뉘엘 마크롱이라는 차기 프랑스 대통령을 보면서 많은 생각을 해요. 차후 그가 어떤 식으로 갈지는 모르겠지만, 이번에 프랑스 국민들이 앙시앵 레짐(Ancien Regime) 반대를 외쳤잖아요? 낡은 구체제적 방식으로 우리의 문제를 해결하려 하지 말라는 것이지요. 에마뉘엘 마크롱이 "나는 여도 야도 아니다. 나는 국민이다."라고 주장하니까 국민들이 신임을 준 거지요. 힐러리 클린턴이 미국에서 대통령이 못 된 이유도 거짓말 때문이에요. 이메일 사건의 진실을 숨긴 거예요. 비서가 그 사실을 폭로하면서 미국 사람들이 등을 돌린 것인데, 새 시대에는 거짓말이 용납되지 않습니다.

평화를 어떻게 만들 것인가! 꿈같은 이야기지만 남과 북이 화해해서 손을 잡고 주변 4강에 "우리는 평화를 하련다. 72년 동안 무기 가지고 싸웠지만 이제 무기를 던져버리고 평화를 할 테니 너희 강대국들도 우리를 도와줘야 한다."는 호소를 해서 이야기를 다른 방향으로 끌고 나갔으면 좋겠어요. 새 대통령의 과업이지요.

정근식 평화 공존을 최우선으로 생각하는 정책 또는 사고가 필요하다고 말씀하셨는데, 거꾸로 생각해보면 한반도에서 평화가 진전되지 않는 근본적인 이유는 한국전쟁의 유산이 아직도 전쟁을 직접 경험한 세대들에게 강하게 남아 있고, 두 번째는 세계적 탈냉전의 시기에 우리가 너무 근시안적 사고를 하였기 때문이 아닌가 생각합니다.

우리나라가 1990년에 소련과, 1992년에는 중국과 수교했지만, 북한은 미국·일본과 수교하지 못했습니다. 체제 경쟁이라는 사고에서 보면 우리가 체제 경쟁에서 승리한 것인데, 결과적으로 국제 환경이 북한에 지극히 불리하게 재편되어 그들에게 큰 불안감을 주었다고 생각합니다. 당시 소련 체제가 붕괴하면서 북한 체제도 붕괴할 것으로 생각한 지도자들이 많았지요. 그런 점에서 1992년 전후는 역사적으로 굉장히 중요한 변화가 있던 시기였습니다. 당시 정치 지도자들이 미래에 대한 변화까지도 선취했어야 하는데, 그렇지 못한 것에 대한 아쉬움이 있습니다. 만약 당시에 북한이 미국과 수교를 했더라면, 또는 우리가 북한 붕괴를 생각하지 않고 미국으로 하여금 북한과 수교하도록 설득했다면, 한반도의 평화가 훨씬 더 빨리 오지 않았을까요? 지금 생각해보면, 우리나라의 보수적 지도자들은 우리는 중국과 수교를 하고 북한은 미국과 수교를 하지 못함으로써 우리가 외교전에서 이겼다고 생각하는 것 같아요. 단기적으로 보면 이긴 것이 맞는데 지금 와서 생각해보면, 북한과 미국이 수교하도록 우리가 미국에도 요구하고 북한에도 요구했어야 하지 않나 하는 생각이 듭니다. 저는 이를 비대칭적 탈냉전이라고 개념화하는데, 선생님은 어떠신가요?

박경서 노태우 대통령이 당시 김일성 주석하고 만들어낸 남북기본합의서가 전문과 25개조로 되어 있어요. 나는 이 문서가 굉장히 중요한 방향 제시를 했다고 봐요. 내가 1992년 제네바에 있을 때인데, 그해에 김일성 주석을 만났을 때 김 주석이 자기는 아무리 생각해도 강대국의 틈새에서 살아날 길은 고려연방제밖에 없다고 본다며, 나에게도 많이 생각해보라고 했어요. 그렇지만 나는 그건 어렵다고 생각했지요.

1992년에 북미가 제네바에서 회담을 했어요. 하루는 미국 대사관에서, 또 하루는 북한 대사관에서 고위급들이 만났는데 남쪽은 제외시켰어요. 그러자 남쪽 기자와 대표부 사람들이 다 내 사무실에 몰려왔어요. 내가 김일성 주석을 만났기 때문에 북한 대표부에 전화해서 북미회담에서 무슨 얘길 하고 있냐고 물으면, 북한 외교관들이 이야기해줍니다. 미국도 우리나라를 제외시키고, 북한도 우리나라를 제외시키고 자기들끼리 이야기했던 때가 있어요.

2000년에 김대중 대통령과 김정일 위원장의 정상회담 합의문인 6·15 공동선언 5개 조항 중 제2조에 "남과 북은 나라의 통일을 위한 남측의 연합 제안과 북측의 낮은 단계의 연방 제안이 서로 공통성이 있다고 인정하고 앞으로 이 방향에서 통일을 지향시켜나가기로 하였다."는 내용이 있어요. 이것이 평화를 정착시키는 출발 지점이라고 봅니다. 나는 김대중 대통령과 김정일 위원장이 한 합의문 중에서 이 내용을 가장 중요하게 생각해요. 소위 정책적인 모호성을 가지고 합의한 거 아니에요? 북에서는 고려연방제라고 생각하는데 우리는 우리 식으로 평화 공존을 할 수 있는 언어가 국가연합의 일종인 남북연합이에요. 그것이 시발점이 되어서 앞으로 대화를 해나가도록 해야 해요.

나는 사드가 이렇게 기습 설치된 것이 약소 민족의 설움이라고 생각하지만, 만약 우리의 대통령이 정상회담을 추진해서 한반도 비핵화가 되거나 또는 북의 핵 동결이 이루어지면 사드도 철수될 것이라 생각해요. 한반도 비핵화의 방향에서 남과 북이 평화 공존을 하고 상생하는 과정이 독일식 통일이 아닌 우리 식 통일이지 않겠나 싶어요. 남과 북이 노력해서 어떻게 해서든 다시 정상회담을 하고, 1992년에 못했던 북일 수교라든지 북미 수교 같은 것이 이루어질 수 있도록 도와주면 큰 희망이 생기지요.

정근식 남북정상회담과 북미정상회담을 통한 관계 정상화가 패키지로 묶여 있는 거지요. 북핵 문제가 가장 큰 걸림돌이지만, 정상 간에 이루어진 약속은 지켜야 합니다.

박경서 그렇지요. 북한의 비핵화에 앞서 평양에 성조기와 일본 국기가 걸리고 워싱턴에 인공기가 펄럭이는 것을 패키지로 추진해야 합니다. 북한이 개방되어야 하고 그들이 '우리를 없애진 않는구나, 우리도 지구상에 남아 있을 수 있게 보장해주는구나' 하며 안심할 수 있게 남쪽 정부가 확인해줄 수 있지 않나 생각해요. 다행히 이번 대선 후보 중에 세 명이 그런 희망을 보이고 있어요. 대화를 하겠다는 희망이 보이기 때문에 다행이라고 봐요.

정근식 또 하나의 문제는 남북의 평화 공존을 위한 정상회담, 북미 대화가 패키지로 묶여 있는데 마지막 관건은 미중 관계입니다. 미중 관계가 반목과 경쟁으로 가면 우리나라가 더욱더 어려워지는데 미중 관계가 화해와 공존, 공생으로 가면 우리나라가 편해지잖아요. 근본적인 어려움이 우리나라가 과연 미중 관계를 좋게 발전시키는 데 어떤 역할을 할 수 있는가입니다.

박경서 그래서 미국과 중국을 같이 껴안는 균형 외교를 실천해야 합니다. 내가 이화여대에서 미래 지향적으로 평화학연구소를 만들고 5년 동안 했던 것이 바로 한반도에 맞는 '헬싱키 프로세스' 였어요. 미소 냉전 시기, 동독과 서독이 대치하는 상황에서 핀란드 라는 조그마한 나라가 이니셔티브(initiative)를 쥐었고, 그것을 지원한 것이 빌리 브란트예요. "우리가 못하는 것을 핀란드가 해다오." 해서 핀란드 사람들이 '헬싱키 프로세스'라는 것을 1972년부터 가동했는데, 여기에는 안보, 경제 협력, 인권이라는 세 가지 기둥이 있어요. 유럽에 있는 31개국에게 "이 세 개의 기둥 중에 한 기둥만 찬성하는 나라도 다 들어와라." 해요. 유럽의 나라들은 세 개 기둥이 모두 필요하니 다 들어왔어요. 소련은 경제 협력에만 들어왔어요. 미국은 소련한테 유럽의 헤게모니를 뺏길 수 있겠다고 생각해서 경제 협력과 인권 패키지에 들어왔고, 캐나다도 미국을 따라서 들어왔어요. 그래서 독일 포함 35개 나라가 여기에 참여했어요. 이 과정에서 유럽은 대서양에서 우랄산맥 서쪽까지라는 암묵적인 공감대를 형성하게 되죠. 동서독은 그것을 움직이는 나라가 되었지요. 1975년에 동서독이 직접 하지 못하는 것을 핀란드 정부가 대신 나서서 불가침조약을 추진하여 모두가 서명했어요.

우리도 그러한 긴 과정을 거울삼아 한반도 평화 정착을 위해 제3의 나라가 큰 역할을 할 수 있다고 봐요. 많은 나라들이 몽골을 생각하는데, 가령 울란바토르 프로세스가 국가 간의 차원으로 승화된다면 가능한 이야기입니다. 아까 이야기한 6개국이 공존하면서 같이 가서 정전 협정을 평화 협정으로 바꾸는 것을 논의하도록 추진하는 것이지요. 그것이 2005년 6자회담 합의인 9·19 공동성명에 담긴 내용이기도 하지요.

정근식　한반도 평화를 위한 노력 중에는 울란바토르 프로세스라는 것이 의미가 있지요 이에 관하여 설명해주시지요.

박경서　그것이 이미 시작되었어요. 현재는 NGO 중심으로 가동이 되고 있고 국내에서는 참여연대가 관여하고 있어요. 몽골의 울란바토르에서 모일 거예요. 미국과 중국이 남과 북을 제쳐놓고 우리의 운명을 결정하고 희생시켜선 안 됩니다. 이명박·박근혜 정부가 했던 봉쇄 제재정책을 폐기하고 새 대통령이 새로운 평화정책을 추진해야 해요.

정근식　아마도 남북을 중재할 수 있는 나라들은 몽골이나 베트남, 그 밖의 동남아시아 국가들이고, 또 국제기구가 그런 역할을 할 수도 있겠군요. 일본은 역사적인 문제가 있어서 중재 역할을 하기가 쉽지 않지요.

박경서　일본 사람들 납치 문제만 해결되면 일본도 가능해요. 1994년의 고이즈미 가이드라인이 살아 있어서 그것을 아베가 살리면 돼요. 남북이 모두 일본이나 중국에게 요청한다면 가능하지요. 그래서 5월 9일에 탄생될 새 대통령이 열린 자세로 이웃 국가들에게 접근하는 것이 중요하다는 생각이 들어요.

정근식 우리나라에서 민주주의의 심화와 탈냉전이 밀접하게 연결되어 있고 이 두 개의 수레바퀴를 끌고 가려면 지도자의 역사적 혜안이 필요하고 이를 뒷받침하는 사람들이 인권 중심의 사고를 하는 것이 중요합니다.

박경서 그것이 차기 정부의 임무와 책임입니다. 나는 우리나라가 인권 중심, 평화 중심의 나라라는 것이 국정 철학의 중심이 되어야 하고, 정부의 대내외 정책의 기본 틀이 되어야 한다고 봐요. 서구의 선진국과 우리나라를 비교할 때 가장 큰 문제는, 지난 70년 동안 우리가 경제 부흥도 하고 열심히 살아왔지만 기초부터 검증하는 작업이 결여되어 있다는 것입니다. 인권, 평화를 기초로 하여 진짜 민주주의로 나아가야 하는데, 그것이 어렵지요.

제네바에 ILO, 곧 국제노동기구가 있는데, 이 기구가 노벨평화상을 네 번이나 탔어요. ILO는 3자 공동결정체제(Tri-party delegation system)예요. 노동자의 문제를 해결하려면 국가와 경영자가 같이 가야 해요. 세 개 기둥의 대표권을 인정해서 정부, 노총, 경영자연합회가 같이 연합해서 똑같이 한 표씩 가져요. 셋의 의견이 어그러지면 국가에게 두 표를 주면서 최종 결정권을 위임하여 국가의 권위를 인정해줘요. 이런 식의 사고를 도입해야 합니다. 강성 노동조합 때문에 나라가 망하게 됐으니 노동조합을 없앤다는 사고는 금물입니다. 노동조합을 없애는 나라가 전 세계에 어디 있어요?

독일에 가면 칼 마르크스 이후 그의 사상을 해석하는 세 개 그룹이 나오지요. 첫 번째, 로자 룩셈부르크를 필두로 한 노선은 "민중 봉기를 통해서 노동자의 유토피아를 만들어야 한다."라고 주장해요. 두 번째, 에드워드 베른슈타인을 중심으로 하는 수정주의자들은 "아니다. 칼 마르크스가 이야기한 것은 피를 보는 혁명이 아니라 점진적인 개혁을 이야기하는 것이다."라고 주장해요. 이것이 독일과 유럽의 사회민주당의 뿌리예요. 공산주의가 가장 미워한 그룹인 이 사회민주당이 오늘의 유럽을 재건한 거지요. 또 한 그룹은 "마르크스 사상을 이어받아 노동조합을 경영에 참가시켜서 국가를 발전시키는 것이 부흥이다."라고 주장하는 페르디난트 라살의 노동조합주의예요. 독일 경제의 가장 강한 장점이 노동자들을 경영에 참여시키는 제도예요. 앞에서 얘기했던 공동 결정이지요. 노동자의 경영 참가권, 이것을 우리 새 정부에서도 연구 실천해야 해요. 인권과 평화라는 것을 생각하면서도 균형을 통한 양극화 해소 문제를 다루어야 하는 것이지요.

우리나라의 모든 대화와 사고의 틀은 다분히 미국 중심적이에요. 미국은 어쨌다, 그러니 우리도 그렇게 하자는 식으로 말하는 거예요. 대기업의 소수 임원들이 너무 많은 돈을 받는다고 지적하면, 미국의 CEO들이 받는 돈에 비하면 몇 분의 1밖에 안 된다, 이렇게 납해요. 미국이 이쩌니까 우리가 하는 것도 올바른 것이라고 하지 말고, 많이 벌면 세금을 더 내야 한다고 유도해야지요. 우리의 양극화를 해결하려면 우리나라 전체 국민의 사고 틀을 바꿔서 남을 배려하는, 말하자면 약자를 위해서 세금을 좀 더 내야 한다는 쪽으로 바꿔야 해요. 조세 정책에 형평성을 도입해서 말입니다.

우리보다 못사는 나라도 우리의 교사가 될 수 있어요. 아프리카가 부흥하기 위해서 우리가 생각하지 못한 시스템으로 움직이고 있는 것도 배워야 하고, 돈을 많이 벌었으면 50~60%까지 세금을 내야 한다는 스칸디나비아 시스템, 스위스 시스템도 배워야 해요. 자꾸 미국은 돈 많은 나라니까 잘사는 사람은 돈을 많이 받고 못사는 사람은 적게 받는 식으로, 미국식 제도는 다 옳고 다른 나라의 장점은 쳐다보지 않는 미국 일변도의 세계화에서 이제 벗어나야지요. 학문도 미국식으로, 언론도 미국식으로, 문화도 미국식으로, 조세 정책도 미국식으로 하는 관행은 이제 탈피해야지요. 미국의 좋은 점은 따르고 우리에게 맞지 않는 것은 과감하게 거부하는 사고가 새 정부의 사고이고 틀이어야 합니다.

우리나라 청년의 문제, 우리나라 청년들이 말하는 '헬조선'의 문제와 관련해서도 인식의 전환이 요청됩니다. 삼성의 임원이 180억을 보너스로 받는데 우리의 젊은이들은 그것을 어떻게 생각할까요? 전부 그런 사람이 되려고 할 텐데 그게 가능합니까?

차기 대통령은 국가의 기본 틀을 바꿔야 해요. 일을 많이 하는 서유럽 국회의원들은 비서 한 명, 보좌관 한 명만 두고 있고 자전거를 타고 출퇴근해요. 우리 국회는 여야가 문을 잠그고 본인들 월급만 올려요. 촛불시위에서 가장 많은 원망을 들은 사람들이 바로 정치권이었지요. 개혁해야 해요. 허리띠를 졸라매고 전체 국민이 신나게 살 수 있는 문화를 확산시켜야 해요. 국회의원들의 특혜, 그리고 높은 봉급과 수당을 과감하게 혁신해야 합니다. 왜 국회의원은 비행기, 열차를 공짜로 탑니까?

이제 백세 시대니 얼마나 많은 은퇴 대통령이 나오겠어요? 그런데 죽을 때까지 대통령 경호팀을 둔다? 서구의 어느 나라가 그렇게 합니까? 1~2명의 최소 인원은 필요하겠죠. 바이츠제커 전 독일 대통령은 퇴임했어도 공짜 비행기를 잘 안 타요. 1년에 두 번씩은 탈 자격이 있는데 꼭 필요할 때만 타요. 은퇴를 했는데 왜 비행기를 타느냐고 말해요.

우리나라도 대통령에 대한 과잉 경호, 과잉 예우를 없애야 해요. 청와대 경호실에 왜 500~600명의 인원이 필요하고 안보실에 왜 300~400명이 필요해요? 현재 청와대 안보실, 경호실 총 1,000명가량의 사람들이 국민 세금으로 월급을 받고 있어요. 이렇게 많은 인원에게 월급을 주면서 '헬조선'이라며 좌절하는 우리 아이들의 문제를 풀겠다? 이것이 어른들이 할 일이에요? 청와대의 인원도 적정선으로 과감히 줄여야 해요.

우리 국민들이 우리나라 참 멋있다고 할 수 있도록, 철학적이고 깊은 고뇌를 할 줄 아는 새 대통령이 나와야 하고, 그는 촛불 국민이 원하는 프로그램을 과감하게 실천해나가야 해요. 내가 살았던 스위스는 평균 수입이 약 12만 불인데 절약하는 생활이 몸에 배어서 2만 불 규모로 아끼며 살아요. 그리고 복지를 위해 40% 이상을 세금으로 내고 있어요. 우리는 이런 것을 배워야 합니다. 거품과 허례허식을 빼야 합니다. 중요한 문제예요. 새 지도자가 이를 실천하면 국민은 따를 겁니다. 정치권이 특권을 내려놓겠다는 이야기를 내가 몇 년간 쭉 들었는데 오히려 특권이 더 많아졌어요. 그것을 국민의 압력으로 해결해야 합니다.

정근식 정치권에 하고 싶은 말씀이 많으시군요. 남북 관계의 전환을 위해서는 어떤 노력이 필요할까요?

박경서 남북의 평화를 위해서 비정치권의 역할이 중요해요. 그중에서도 가장 큰 분야가 학계의 역할이지요. 대학이 서로 협력하면 남과 북 정부 어느 쪽도 반대하지 못할 거예요. 그다음 체육도 남과 북이 함께하는 게 좋고. 평창올림픽도 중요한 계기가 될 것입니다. 또 한 가지는 문화의 공유와 상생(win-win) 경제도 중요하지요. 다행히 이번 대통령 선거에서 네 사람의 후보들이 개성공단을 다시 오픈하겠다고 하는데, 실질적으로 남과 북이 박수를 칠 수 있는 데서부터 시작하면 우리나라에 평화와 민주주의가 정착이 된다고 봐요.

남북 간 평화를 위해서는 적십자운동도 제자리를 찾아야 하지요. 앙리 뒤낭이 그리는 선진국형의 적십자운동이 자리를 잡아야 해요. 정부의 입김에서 과감히 탈피해 진정한 인도주의 원칙에 입각한 평화 운동의 주체로 민간이 나서야 합니다.

이건 조금 민감한 이야기인데, 현재 북이 2,500만의 국민을 볼모로 잡고 공포정치를 하면서 핵을 만들어내는 등 전 세계적으로 예외적인 행동을 하는 것에 나는 반대해요. 이들을 타일러서 국제 무대에 나와서 스스로 전 세계의 모습을 보게 하도록 하는 것이 남쪽의 중요한 역할이에요. 정치권이 못하는 역할을 대학이 해야 하고 그래서 나는 서울대학교 통일평화연구원의 역할이 중요하다고 봅니다. 72년 동안 하지 못했던 일, 즉 민족의 방향성을 제시하면서 학문 교류와 새 시대 한반도 평화 문제의 길을 제시해야 한다고 봐요.

서울대학교와 북한의 김일성종합대학교가 공동으로 이를 추진하는 겁니다. 이런 큰일을 북한과 해나가는 연구원이 꼭 되기를 기원해요. 그래서 이번에 마련한 사제 간의 대화가 나에게도 상당히 영광이고 명예로운 일입니다. 이런 뜻있는 일을 정근식 교수와 함께 했다는 점에서 자부심을 느껴요.

정근식 선생님의 말씀을 들으면 들을수록 우리 정치권도 그렇고 대학 사회도 그렇고 좀 더 열린 눈으로 봐야 할 것 같네요. 우리 사회가 꿈을 성취하려면 지혜와 함께 용기가 있어야 한다는 생각도 듭니다. 이번 대통령 후보들의 토론에서처럼, 너무 표에 얽매어 하고 싶은 말을 못하는 정치 문화는 개선되어야 하고, 다른 한편으로는 민감하고 중요한 외교 문제들을 정치적 투쟁의 수단으로 삼는 것도 좋은 것은 아니라는 생각이 많이 들어요. 그래도 선생님이 서울대학교와 서울대학교 통일평화연구원의 역할 및 사명을 말씀해주시니 더 용기가 납니다. 저희들은 남북 관계가 어려울 때 여러 경로로 대화를 모색하고, 좀 더 사정이 좋아지면 북한을 방문하거나 북한의 대학 교수들을 서울대학교에 초청해서 학문적 대화를 하고자 해요. 대학과 학문의 발전뿐 아니라 민족의 협력과 상생 방안을 논의할 날이 빨리 왔으면 좋겠습니다. 새 대통령이 그런 대화의 필요성과 중요성을 인식하고 거꾸로 우리 학자들도 정부에 그런 기회를 달라고 적극적으로 요청할 필요도 있다고 생각해요.

우리 학계는 북한의 대학이나 연구원의 실정뿐 아니라 북한의 학문이 현재 어떤 상태인지도 잘 모르고 있습니다. 실제로 그 사람들이 어떤 고민을 가지고 있고 어떤 방향으로 발전하고 싶어 하는지 적극적으로 듣고 가능한 대로 지원도 하고 교류도 하면 좋겠습니다. 많은 사람들이 남북 간에 신뢰가 없다고 하지만 신뢰는 쌓아가려는 노력이 있어야 쌓이는 것이지 않습니까? 자주 만나야 신뢰가 쌓이고 그런 가운데 실질적인 도움을 제공할 수 있어야 합니다. 북한의 학계는 당의 통제 아래 놓여 있기 때문에 독자적인 목소리를 낼 수 없는 상황인데, 가급적 빠른 시간 내에 독자적인 목소리를 낼 수 있는 분위기가 만들어질 수 있다면 얼마나 좋겠어요.

박경서 남북의 대학 간 교류를 모색할 때, 참고로 스위스를 생각하는 것도 좋겠어요. 스위스는 중립국가이고, 북한에서 학문하는 사람들이 가장 즐겁게 올 수 있는 나라가 스위스예요. 김정은 위원장도 거기서 공부했지요. 스위스는 비자 받기도 쉬우니까 3주 전에만 초청장을 주면 가능해요. 물론 가까운 연변에서도 만나고, 서구의 문물을 보도록 하려면 독일이나 스위스도 좋지요. 내가 있었던 제네바 WCC 같은 곳은 그런 연락사무소 역할을 하고 싶어 해요. 초청 문제를 해결하려면 거기가 좋은 연락처예요.

스위스 제네바에 내가 자주 이용했던 보세이라는 신학원이 있는데 제네바에서 차로 20분 거리에 있어요. 북한 대학의 선생과 학생들을 거기로 초청할 수도 있을 겁니다. 예컨대 거기에서 남북의 대학이 공동으로 한반도 평화 로드맵을 연구하는 프로젝트를 수행한다면 얼마나 멋있겠어요. 이를 위해 WCC 또는 국제적십자사가 가운데 서서 지원할 수도 있을 거예요. 나도 18년간 일을 같이 한 국제기구들이니까 얼마든지 도와줄 수 있을 것이라 생각합니다.

정근식 독일에서도 남북 학술 교류를 할 수 있지요. 유럽의 여러 나라들이 대화와 협력을 위한 편안한 환경을 제공할 수 있지 않을까요?

박경서 독일도 좋아요. 그러나 북은 독일에 가서 민족 문제를 이야기하면 독일식 흡수통일 모델에 신경을 쓸 수도 있어요. 캐나다도 좋은 후보지이고, 핀란드라든지 스칸디나비아의 나라들도 좋지요. 유럽은 미국이 못하는 일을 할 수 있지요. 긴 안목으로 미래를 생각하면서 다차원적이고 다양한 분야에서 활동할 수 있는 인재를 육성하는 것이 통일평화연구원의 임무라고 생각해야 합니다. 한국뿐 아니라 북한 학생들의 사고와 활동의 지평을 넓혀줄 책임이 서울대학교에 있지요.

정근식 북한 학생들을 초청하여 한국의 현실뿐 아니라 세계의 동향을 느끼도록 하는 것이 남북 간 평화와 북한의 발전에 도움이 되겠지요. 이것이 가능하려면 많은 것이 바뀌어야 합니다. 시장 경제 학습이나 북한이 필요로 하는 과학기술 교육도 염두에 둘 필요가 있지요.

박경서 아마도 학생 교류는 현재로서는 불가능하고 교수 교류는 가까운 시일 내에 가능할 것입니다. 신뢰가 구축되면 학생 교류도 가능하지요. 우리 학생들이 너무 한국의 틀에만 갇혀 있는 것을 탈피해야 하고, 이를 위해서 통일평화연구원이 중요한 역할을 해야 합니다. 베를린의 학생들도 이제는 예전의 분단 이야기를 잘 모릅니다. 독일에서는 학생들에게 그들의 분단 시대에 관한 역사를 가르치고 있어요. 북한에서 무엇을 어떻게 가르치는지 우리가 살펴보아야 할 지점입니다.

남북 통합을 위해 헬싱키 프로세스는 어떻게 되었는가를 연구하고 또 울란바토르 프로세스가 잘 추진될 수 있도록 방안을 모색해야 해요. 서울대학교는 학내 구성원의 개인적 이해에 충실할 것이 아니라 민족의 미래를 생각하고 협력과 발전의 방향을 모색하는 실험과 희생의 장이 되어야 하고, 그럴 수 있는 무궁무진한 힘이 있어요. 대학에 대한 국민들의 신뢰와 기대, 이것을 잘 활용해서 전 세계를 향해 남북 화해의 큰 비전을 제시해야 합니다. 72년 동안 싸웠던 내 민족의 슬픈 얼굴을 환하게 만들어야 해요.

우리에게는 결국 평화밖에 없어요. 평화 없이는 모든 것이 미완성입니다. 평화가 정착되어야 분단에 의한 적폐를 청산할 수 있습니다. 평화 인문학을 정립하기 위하여 애쓰는 연구원의 행운을 빕니다. 나도 이 세상에 있는 동안, 뜻을 같이 하겠습니다.

정근식 아홉 차례에 걸친 긴 대담을 이제 끝내면서 서울대학교 통일평화연구원의 역할과 책임을 다시 생각할 수 있게 되었습니다. 대안이 평화밖에 없다는 말씀을 가슴에 새기면서, 그동안 수고하셨고, 또 진심으로 감사드립니다.

2017년 10월 28일

에필로그

정근식 마지막 대담 때 선생님을 뵌 후로 몇 개월이 흘렀습니다. '촛불혁명'이 막바지에 이르렀던 시기에 마지막 대담이 이루어졌는데, 곧바로 박근혜 전 대통령이 탄핵되었지요. 그런 가운데 북핵 위기가 심각해지고 이에 따라 절박한 심정으로 평화를 요구하는 시민들의 목소리도 커졌습니다.

지난 5월 9일 문재인 대통령이 당선되어 민주주의와 평화에 대한 새로운 희망을 가지게 되었고, 8월에는 선생님께서 대한적십자사 회장에 취임하셨습니다. 그래서 자연스럽게 이 책의 에필로그는 적십자사 회장으로서의 포부를 듣는 것으로 장식하게 되었습니다. 우선 지난가을부터 올봄까지 이루어졌던 촛불시위와 대통령 선거에 이르는 과정에 대해서 선생님은 어떤 느낌으로 그 시기를 보내셨는지 말씀해주시고, 적십자사에서 꿈꾸는 미래를 이야기하시지요.

박경서 우리가 서울대학교에서 마지막 대담을 나눌 때는 촛불집회가 막바지에 이른 때였어요. 누구라고 이름을 거론하지는 않았지만 어떤 사람이 차기 대통령이 되어야 한다거나 그 사람이 한반도 평화를 구축하는 사람이 되어야 한다는 이야기를 나누었지요. 나는 경찰청 인권위원회 초대 위원장을 지낸 사람으로서 경찰이 촛불시위에 어떻게 임하느냐가 매우 중요하다고 생각해서 촛불시위를 하는 동안에 몇 차례 경찰에 내 나름대로의 의견을 말하기도 했습니다.

정근식 37년 전 5·18 광주 민주화 운동 때는 말할 것도 없고, 30년 전 6월 민주항쟁 기간에는 경찰이 학생들이나 시민들에게 모질게 대했지요. 이번 촛불시위나 촛불집회 때는 경찰이 비교적 민주경찰이라는 소리를 들을 정도로 잘 대처한 것으로 생각됩니다. 선생님은 저보다 훨씬 더 경찰의 태도를 조마조마한 심정으로 대한 것 같군요.

박경서 그렇지요. 나는 이번에는 시민들이 결코 폭력화하지는 않을 것이고, 경찰이 시민과 같이 손을 잡고 가야 한다는 이야기를 여러 차례 했어요.

5월에 문재인 후보가 대통령으로 당선되었는데, 나는 문재인 대통령이 광주 5·18 묘지에 가서 하는 연설을 듣고 참 놀랐어요. 과거 노무현 대통령과 함께 일하던 때는 그분을 아주 잘 알았다고 할 수는 없어요. 내가 인권대사를 할 때 그분은 민정수석과 비서실장을 했는데 서로 업무 차 만났을 뿐, 그분이 그런 깊은 뜻을 가지고 가슴으로 대화할 줄 아는 정직한 사람이라는 것을 미처 몰랐어요. 그런데 5·18 묘소에 가서 이야기하는 걸 보고 이분이 정말 가슴으로 대화하는 분이라는 것을 깨닫게 되었지요.

정근식 오랜만에 듣는 명연설이었다고 저도 생각합니다. 이 연설은 광주 시민들과 민주주의를 사랑하는 모든 국민들에게 문재인 대통령을 다시 보게 하는 중요한 계기가 되었습니다. 대통령 취임 후 첫 번째 대중 연설이 참 인상적이었지요.

박경서 맞아요. 〈임을 위한 행진곡〉을 부르고 연설 후에 유족한 분이 나와서 울면서 이야기할 때 껴안고 위로하는 것이 형식적인 몸짓이 아니라, 가슴에서 우러나와 하는 거예요. 정직한 분이고 동시에 우리가 원하는 평화를 정착시킬 수 있는 대통령이라고 생각했어요.

그로부터 3개월 후에 적십자사 회장으로 임명되고 나서 보니, 현재의 한국 정치의 외부적 환경이나 내부 구조가 매우 엄중해서, 대통령의 운신의 폭은 크지 않고 제약이 참 많다는 생각을 하게 되었고, 이런 악조건을 이겨내면서 일을 하나하나 추스르는 것을 보고, 이분의 정신력이나 강단이 대단하구나 생각했어요. 문 대통령이 미국 트럼프 대통령의 강한 압박에도 불구하고, UN 기구를 통해서 북한에 인도적 지원을 하겠다고 결정했잖아요? 많은 사람들이 잘 모르는데 UN이나 그 밖의 국제기구들은 어려운 사람들에게 원조를 줄 때, 재정이 한정되어 있기 때문에 우선순위를 가려서 표적 집단(Target Group)을 정하게 됩니다. 75세 이상 노약자, 임산부, 그리고 6세 이하 어린이들에게 먼저 지원하게 되어 있어요. 군인들

2017년 11월, 포항 지진으로 피해를 입은 시민들을 위한 재난구호급식소를 찾은 문재인 대통령.

이나 노동 가능한 청장년들에게 주면 안 돼요.

세계보건기구(WHO) 보고서에 의하면 북한 어린이들 키가 남한 어린이들보다 10cm 작고 몸무게도 10~20kg 더 가볍다고 해요. 그렇다면 먼 훗날 통일이 되었을 때 이 사람들 때문에 건강보험료가 더 들어가게 됩니다. 남한 지도자들이나 시민들은 이런 생각도 할 줄 알아야 해요. 그래서 아무리 상황이 어렵고 북한 지도자들이 다른 생각을 하더라도 인도적 지원은 지속해야 합니다. 같이 살아가야 할 동포에 대한 사랑, 또는 인류애는 잃어버려서는 안 될 덕목이지요.

남북문제는 지금 여러 가지로 어렵지만 그래도 이를 돌파할 가능성이 전혀 없는 것은 아닙니다. 제3국에서 북한과 미국이 서로 접촉을 하고 있고, 우리도 잃어버린 대화 통로를 복원하려고 노력하고 있잖아요. 결국에는 상당히 희망적이고 긍정적인 상황이 올 것이라고 믿고, 그때를 기다리거나 대비해야 하지요.

정근식　5개월 동안 이어졌던 촛불집회와 이에 기초한 대통령 탄핵, 정권 교체를 보면서 한국 국민들의 민주주의 역량에 대해서 긍정적인 평가를 할 수 있을 것 같은데, 이것이 평화를 만들어가는 힘으로 전환될 수 있을지는 미지수입니다. 그 전망에 대하여 어떻게 생각하시는지요?

박경서　평화적인 촛불집회를 통해 우리 국민의 성숙성 같은

것을 읽었어요. 공동체를 향한 개개인의 의무와 책임, 이것이 촛불
에 깃들어 있는 걸 보았지요. 그래서 촛불이 그 긴 시간 동안 아무
런 사고 없이 지속적으로 탈 수 있었어요. 얼마 전에 프리드리히 에
베르트 재단에서 촛불 시민에게 인권상을 주지 않았어요? 촛불이
세계 75억 인구에게 큰 영감을 불러일으켰다는 것을 높이 평가하
였습니다. 한국 국민들의 선진화된 민주화 역량은 평화 정착을 이
루어낼 수 있는 원천이고, 그것이 이루어질 때까지 촛불 시민들과
시민단체들이 파수꾼 역할을 할 거라고 생각해요.

정근식 촛불혁명은 한국의 민주주의 실현을 위한 염원과 평화
주의가 어느 정도까지 발전해왔느냐를 전 세계에 알린 기념비적인 사
건임에 틀림없지만, 현재의 핵 위기와 안보 상황 또한 매우 엄중하잖
아요? 우리 새 정부가 이런 상황을 돌파할 수 있을까요?

박경서 한국 민주화 운동의 전통은 세계사적으로도 무시할 수
없는 수준입니다. 1960년의 4·19 혁명, 1970년대와 1980년대의 민
주화 운동, 이 과정에서 일어난 김의기·박종철·조성만·이한열 등
청년 학생들과 노동자들의 숭고한 희생은 일제강점기 때 일어났던
3·1 운동과 광주학생독립운동의 연장선상에 있고, 이런 것들이 이
어져 작년 촛불혁명으로 승화되었던 것이지요. 세월호 희생자들에
대한 시민적 공감은 물론이고, 촛불시위 23회 내내 한 번도 빠지지
않고 간 사람이 문재인 대통령이었습니다. 우리가 진정성을 믿을 수

있는 대통령이지요.

정근식   네, 그 촛불혁명의 힘으로 새 대통령이 당선되었고, 8월에는 선생님을 대한적십자사 회장에 임명하셨습니다. 다시 한 번 진심으로 축하드립니다. 선생님은 취임하자마자 기존에 총재라고 하던 명칭을 회장으로 바꾸고 탈권위주의적으로 대중에게 친근하게 다가가기 위해 노력하시는 것으로 알고 있습니다. 대한적십자사 회장으로서의 소감, 또는 각오와 앞으로 3년간 어떤 자세로 일을 하실지 듣고 싶습니다. 지난 몇십 년간 세계 평화와 남북 화해를 위해 적극적으로 활동하셨기 때문에 대한적십자사 회장으로서의 포부와 한반도 문제에 대한 활동 계획을 말씀해주시면 좋겠습니다.

박경서   우리가 이 책을 위해 대담을 할 때마다 한번에 2시간에서 많게는 4시간까지 이야기를 나누었잖아요? 대담을 통해 그동안 해온 일들을 쭉 회고하고, 이제는 동국대학교에서 학생들을 가르치는 것으로 삶을 정리해야겠다고 했는데, 느닷없이 금년 8월 8일에 적십자사가 중앙위원회를 열어 나를 제29대 대한적십자사 책임자로 선정했습니다. 그 소식을 듣고 제네바에서 UN 회의를 마치고 우리 손자들과 휴가를 보내다가 취소하고 도중에 급거 귀국했어요. 취임한 지 오늘로 약 두 달하고 열흘이 지났어요.
내가 제네바에서 18년간 WCC 아시아 국장과 아시아정책위원회 위원장으로 일할 때, 국제적십자사연맹은 아주 가까운 곳에 있었어요. 가령, 아시아에서 미얀마 군부가 대학살을 하는 만행이 벌어지거나, 아프리카 르완다에서 내전이 일어나 100만 명이 죽어가는 사태, 혹은 인도네시아의 화산이 폭발해 대규모 인명 피해가 발생하면, 제네바의 5대 국제기구인 UN, ILO, 적십자사, WCC, WHO가 공동으로 긴급 상황에 대처합니다. 그래서 적십자사는 나에게 비교적 익숙한 곳이었어요.

김대중 대통령이 당선되고 나에게 한국에 와서 같이 일하자고 하신 것이 1998년입니다. 그런데 WCC에서 내 후임이 정해지지 않았기 때문에 바로 귀국할 수가 없는 상황이었어요. 제 후임을 지원한 사람들은 많았는데, 심사위원회에서 신중하게 인선하다 보니 2년간 연장 근무를 한 셈이었어요.

정근식 국제기구에서도 적임자를 선정하는 것이 쉬운 일은 아닌가 보네요.

박경서 아시아 각국에 대한 원조를 책임지는 자리이다 보니 사정도 잘 알아야 되고, 또 인수인계가 나라마다 다르기 때문에 후임자 인선이 어려웠어요. 결국은 한국에서 그 이상 기다릴 수 없다고 하여 전권을 유럽 국장에게 위임하고 귀국을 했지요.

이건 처음 하는 이야기인데, 2000년에 귀국해서 김대중 대통령을 만났더니 나에게 "무얼 하시고 싶으십니까?" 해요. 그래서 "남북의 화해와 인도주의를 통한 평화 공존을 위해 노력했으면 좋겠습니다."라고 이야기했더니 알겠다고 하셨어요. 일주일 후에 청와대에 들어오라고 하여 갔어요. 나는 속으로 적십자사를 맡아보라고 하시려나 기대를 했어요. 그런데 우리나라는 총리를 지낸 사람이 적십자사 총재를 하는 관례가 있기 때문에 박경서 박사는 조금 곤란하겠다고 하시는 거예요. 그래서 "네, 알겠습니다." 하고 성공회대학교에서 석좌 교수 생활을 시작하였어요.

3개월 후에 대통령께서 다시 들어오라고 하여 가보았더니 "같이 오슬로에 갑시다." 하시는 거예요. 오슬로를 다녀오는 비행기 안에서 인권대사 이야기가 나와서 2001년부터 인권대사를 7년간 하였지요.

정근식 그 당시에 적십자사 총재 자리를 희망하셨지만 그건 안 되었고, 인권대사 자리를 만들어서 일을 하도록 기회를 주신 것이군요. 그렇다면 이번 적십자사 회장 취임은 오래전에 염두에 두었던 것이네요.

박경서 그렇죠. 그러나 통일부, 경찰청, 국가인권위원회에서 자문이나 책임자 역할을 하는 동안엔 적십자사에 대한 생각이 전혀 없었어요. 그랬는데 문재인 대통령께서 나를 추천해주었고, 적십자사 중앙위원회에서 나를 선임했어요. 적십자사법에 의하면, 대통령이 적십자사의 명예 회장이거든요.

이번에 내가 제29대 대한적십자사 회장에 취임하면서 세 가지 포부를 밝혔어요.

첫째, 나는 대한적십자사 회장으로서 한반도와 동북아시아의 인도주의적 공동체를 건설하는 디딤돌을 만들어놓겠습니다.

한반도와 동북아시아에 진정한 의미에서의 평화와 공존의 시대를 만들어보고 싶다는 이야기예요. 특히 한반도에서 남과 북이 72년 동안 대치 국면을 이어오고 1953년 7월 27일 맺은 휴전 협정을 그대로 유지하고 있기 때문에, 이런 준전시 상태를 평화 협정으로 바꾸어보는 역할을 하겠다는 것이 취임사의 핵심이었어요. 스위스 제네바에서도 이 취임사를 전부 영어로 인터뷰해서 전 세계에 알렸어요.

둘째, 선진국의 적십자사에 걸맞게 대한적십자사를 선진화하겠습니다.

예를 들면, 적십자사 운동의 획기적인 변화를 만들어보고 싶은 거예요. 회장에 취임해서 업무 보고를 받아보았더니 헌혈 인구가 300만 명 내외예요. 헌혈의 수급이 스위스의 경우는 5%인데 우리나라는 5.6%예요. 선진국의 헌혈 양보다도 우리가 앞서는 거예요. 그런데 문제는 선진국은 헌혈 인구가 꾸준한데, 우리는 최근 젊은 세대에서 헌혈 인구가 줄어들고 있어요. 헌혈은 65세 이하의 건강한 사람들로부터 이루어져야 하는데 우리나라가 고령화 시대에 진입하면서 그것이 유지될지 걱정이에요. 헌혈자 수가 4~5년 안에 줄어드는 추세로 돌아선다는 것이 우리 직원들의 보고에서 나오고 있어요.

제29대 대한적십자사 회장 취임식에서.

교육인적자원부 장관과 식사를 하면서 스칸디나비아 3개국들과 독일, 폴란드, 영국처럼 초중고등학교 교과서에 헌혈의 고귀함과 헌혈자의 건강에 대한 정보를 실어서 우리 사회가 공유하면 좋겠다고 얘기했습니다. 인간의 몸은 적절한 헌혈을 할 때 건강하고 순환이 잘 된다는 보고서도 나와 있어요. 적십자사를 창설한 앙리 뒤낭의 정신, 곧 인도주의를 학생들에게 가르치자고 이야기를 했어요.

또 한국이 원조를 받는 나라에서 원조를 주는 나라로 바뀌지 않았어요? 작년에 약 19억 불이 넘는 무상원조를 우리나라가 개발도상국에게 주었어요. 적십자사도 큰 재난이 났을 때 상당히 큰 금액을 지원해요. 우리가 국제적십자사를 통해 북한을 많이 도와주었고, 또한 전 세계 가난한 나라들에게도 도움을 주었어요. 앞으로 적십자사를 더 많이 키우고 북한에 대해서도 직접 원조를 하는 관계로 만드는 것이 목표지요.

셋째, 마지막 포부는 적십자사의 투명 경영이에요. 헌혈을 한 사람들, 적십자 회비를 낸 사람들이 앱을 누르면 적십자사의 재정 상태나 활동, 주요 사업이 무엇인지를 유리알처럼 투명하게 알 수 있도록 하자는 거예요. 6월부터 우리 직원들이 국제적 기준의 재정 보고, 즉 IFRS(International Financial Reporting Standard) 시스템을 도입하기 시작했어요. 내년 10월이 되면 안착이 되어서 투명 경영이 될 거예요. 적십자 병원의 공공성의 문제, 국가 보조금 인상 문제 등을 잘 추슬러서 'Clean Red Cross' 캠페인을 하고 있어요. 내년에 적십자사도 구조조정과 인사 혁신에 들어갈 것입니다.

정근식 선생님의 취임사를 저도 감명 깊게 들었습니다. 동북아시아 인도주의 공동체 건설의 기초를 닦겠다, 21세기형 선진 적십자사로 발전하겠다, 적십자사의 투명 경영을 실현하겠다는 그 취임사에 대해서 많은 분이 공감을 했고 많은 기대를 가지고 있는 것도 사실입니다. 무엇보다도 남북 관계 개선을 위한 평화의 메신저 역할도 중요할 것 같습니다. 회장 취임 후 두 달 반을 지내셨는데, 지금까지 느낀 어려운 점이나 현안 등에 대해 말씀해주세요.

박경서 우리가 작은 나라는 아니지만, 한반도의 지정학적 위치로 인해 주변 국가들에 비해서는 약소 국가이죠. 앞으로 어떻게 될지 모르겠지만 미국에 버금갈 만한 힘을 기르고 있는 중국이란 나라가 옆에 있고 일본, 러시아 등 세계 1등부터 4등까지의 나라들이 항상 자기 이익에 맞게 한반도에 영향력을 행사하려 하고 있어요. 한반도는 3,000년 이상을 하나의 나라로 살아왔는데 19세기 말부터 강대국의 희생물이 되었고, 현재는 72년간 분단과 대치 국면에 있어요. 오늘도 북은 핵 실험을 하고, 남과 미국은 합동 군사 훈련을 하고 있는 위험천만한 기로에 있기 때문에, 우리가 마음대로 선택할 수 있는 일이 지극히 제한되어 있어요.

우리는 강대국 눈치를 보지 않고 미국과 중국 사이에서, 러시아와 일본 사이에서 균형 외교를 하고 싶은데, 실질적으로 균형을 잡기가 힘들어요. 분단이란 것이 국민의 분열을 가져왔기 때문에 우리같이 전쟁을 직접 경험한 세대들은 아직도 분단과 대치에 익숙해요. 이에 비해 신세대들은 분단과 적대에 무관심하거나, 평화 공존 시대를 열어달라고 요구하고 있어요.

북한은 국방비로 근 20%를 소모하고 핵을 만드는 데 진력하고 있어요. 남한은 전 세계에서 가장 비싼 첨단 무기를 사들이고 있지요. 그런데 분쟁과 전쟁이 있는 곳에는 적십자사의 역할과 활동이 중요합니다. 적십자사의 인도주의 정신이 제대로 작동하면 서로 정치와 이념은 달라도 평화 공존이 가능하다고 봅니다. 72년 동안의 허송세월을 마감하게 하자는 것이 적십자정신이에요.

지난 3년 동안 이산가족들은 북한의 가족에게 보내는 편지와 눈물의 호소를 적십자사에 보내왔어요. 교류가 끊겼기 때문에 편지라도 전해달라고 요구하고 있지요. 그것을 국제적십자사를 통해서 가족에게 전달하는 일은 정치가들은 할 수 없고, 대한적십자사만이 할 수 있어요.

남과 북의 이산가족 문제는 심각합니다. 통일부 장관과 함께 임진각에 가서 망향제를 지냈는데 대체로 몸을 움직일 수 있는 이산가족 노인들이 각각 6만 명이에요. 남한과 북한의 이산가족들 중 약 70%가 80세 이상입니다. 시간은 빠르게 흐르는데, 편지 교환, 영상 통화라도 할 수 있도록 해주는 것이 적십자정신입니다.

이번 11월 6일부터 지중해 연안에 있는 터키 제2도시에서 4년마다 모이는 국제적십자사 총회가 열립니다. 거기에 북한에서 네 명의 대표가 오고 남쪽에서 저를 포함해 일곱 명이 갑니다. 자연스럽게 북한과 남한의 적십자사가 만날 수 있을 것이고, 적십자정신에 맞는 이야기를 할 수 있을 겁니다.

개성공단이 완전히 폐쇄된 이후 긴급 전화선마저 끊어져버렸지요. 지난 2개월 동안 북한 측 임진강에서 두 구의 시체가 내려왔어요. 하나는 남자 시체, 하나는 여자 시체였어요. 예전에 전화가 있을 때는 "운동화에 적혀 있는 것을 보니 해주 분 같은데 어떻게 할까요?" 연락하면, 북에서 "우리에게 인도해주세요." 혹은 "남쪽에서 처리해주세요." 이렇게 했어요. 적십자 전화가 그런 역할을 했었는데 이제는 끊어져서 대화가 어렵지요. 확성기를 통해서 "여기는 대한적십자사 회장 박경서입니다. 시체가 내려왔는데 어떻게 할지 알려주세요. 일주일 동안 대답이 없으면 여기 규정에 맞게 처리하겠습니다." 이렇게 해야 돼요. 판문점에 가면 스웨덴이 감시자로 나와 있고, 미군 부대가 판문점에 주둔해 있는데, 그 외국 사람들 앞에서 배달민족이라고 하는 사람들이 전화선 하나 없이 마이크에 대고 서로 이야기하고 있는 상황이 우습지 않아요? 이런 상황이 지속되면 안 되지요.

이번에 터키에서 적십자사끼리 만나면 그런 이야기를 하고 싶어요. 75억 인류가 생각할 수 있는 상식은 지켜야 하지요.

정근식 '햇볕정책' 시기에는 서로 왕래도 하고 소통도 하고 직통전화도 있고 다양한 통로로 방문해서 만나기도 했는데, 지난 9년 이명박·박근혜 정부하에서 점점 상황이 악화되었고 급기야 모든 대화

통로가 차단되어 이런 야만적 상태가 되었을 뿐 아니라 불신이 극도로 증가했어요. 어떻게 하면 남북이 다시 신뢰를 회복하고 평화로 가는 기초를 만들 수 있을까요? 신뢰로 가는 길이 무엇인지 말씀하시는 것으로 정리를 하지요.

박경서 지난 대담에서 잠깐 이야기하였듯이 독일의 예를 들어야 해요. 우리는 독일식 흡수통일을 생각하면 안 돼요. 그러나 화해로 가는 그 정신은 배워야 해요. 독일에서 분단 45년을 극복하고 통일을 만든 정신은 '이것도 하면서 저것도 한다'예요. 이것이 안 되면 저것도 안된다가 아니라, 'Not only but also'의 자세가 필요해요. 만나는 날짜만 정하고 의제 없이 만나는 거예요. 핵을 포기하지 않으면 대화를 안 한다? 버락 오바마 정부 8년, 이명박·박근혜 전 대통령도 그렇게 해보았지만 그건 아니에요. 지난 세월, 그런 조건을 내건 대화 제의가 10년 동안 우리의 입지를 축소시키고 북은 오히려 핵 능력을 강화시켰어요. 나는 문재인 대통령이 잘 하리라고 봐요. 우리 민족은 5,000년 역사를 가지고 있는 '배달민족'으로서 72년 분단에 의해 파생된 구조적·문화적 악들을 지금부터 해소하는 길로 가야 해요.

첫째, 조건 없이 만나 상호 신뢰를 구축하자.

둘째, 만나면서 서로 변하자.

셋째, 정부뿐 아니라 대학이나 NGO도 함께 힘을 합하여 나름대로의 역할을 하자.

이런 점에서 서울대학교나 통일평화연구원의 역할과 책임이 중요한 거예요. 적십자사나 정부만 한다고 되는 것이 아니고 경제인들, 체육인들, 학문을 하는 교수 그리고 학생들이 접촉하면서 스스로가 변해야 해요. 의제 없이 각 분야에서 북한과 만나고 상호 의견을 교환해야 합니다. 남과 북의 정치 이념은 다르지만 이런 무조건적 교류가 쌓이면 신뢰가 쌓이고 평화 공존의 시대를 여는 열쇠가 되는 거지요.

정근식   좋은 말씀입니다. 지난 10년간 남과 북에서 북한 붕괴론과 핵을 통한 자위론이 상승 작용을 하면서, 남북 간 적대 의식이 증폭되고 그나마 조금씩 형성되던 신뢰가 깨졌는데, 그것을 역전시키기 위해서는 서로 편하고 상호 이익이 가능한 영역에서부터 소통과 교류가 이루어져야 합니다. 나아가 21세기를 같이 살아가야 한다는 동시대적 공존의식이 남북한에서 함께 강화되어야겠지요. 지금 북한은 남한의 교류 제안을 외면하고 미국과의 평화 협상을 강렬하게 원하고 있습니다.

분단 체제하에서 북한은 한편으로 적대 의식과 무력 통일에 대한 희망을 끊임없이 재생산하여왔지만, 다른 한편으로는 고립감, 경제 위기와 체제 붕괴에 대한 불안감에 시달려왔습니다. 또한 평화 협정 체결 이후의 결속력 와해를 두려워하고 있는지도 모릅니다. 우리는 이들의 불안을 헤아려야 하고, 동시에 미국을 설득해야 할지도 모르겠습니다.

미국이나 남한이나 북한이나 중국이나 주요 당사국 정부와 시민들의 마음에서 평화를 바라는 마음이 커져야 합니다. 평화를 바라는 이런 마음들이 어떻게 서로에게 전달될 수 있을까요?

박경서 역설적인 상황 속에서도 희망이 있다고 하는 것은, 세계의 어느 지도자도 한반도에서 전쟁이 일어나야 한다고 생각하는 지도자는 없다는 거예요. 촛불 국민들의 뜻은 절대 한반도에서 전쟁은 안 된다는 거잖아요? 그 정신을 끝까지 밀고 갈 사람이 대통령입니다.

중국의 시진핑 주석도 한반도 안정을 바라고 있고, 트럼프 대통령도 가끔 엉뚱한 발언을 하지만 전쟁은 바라지 않는다고 생각해요. 일본 아베 정권은 한반도 위기를 활용하여 군사력 강화를 꾀하고 있지만, 전쟁은 원하지 않고, EU도 마찬가지입니다. 전쟁을 하게 되면 인구가 밀집되어 있는 한국뿐 아니라 일본도 심각한 영향을 받지요. 한국에 원자로가 23기가 있는데, 하나만 터져도 일본에까지 영향을 미쳐요. 그래서 교수, 작가, 시민운동가, 경제인 할 것 없이 모두 평화를 위한 행진에 동참해야 합니다.

72년 동안 분단과 대치를 해봤지만 아무것도 얻은 것이 없어요. 베트남 전쟁, 아프가니스탄 전쟁, 이라크 전쟁의 교훈을 분석하고 자라나는 세대들에게 정보와 지혜를 줘야 합니다. 특히 완고한 보수 세력들이 조금씩 양보하면서 평화 공존 시대가 도래하도록 해야 합니다. 촛불 정신에 입각한 새 정부가 탄생했으니 한반도와 동북아시아에 진짜 평화를 심는 데 서울대학교와 적십자사가 같이 갑시다.

　　정근식　서울대학교 통일평화연구원과 적십자사가 같이 가자는 말이 가장 인상 깊네요. 다가오는 평창올림픽이 평화의 제전이 될 수 있도록 적십자사에서 큰 역할을 해줄 것으로 기대하면서, 선생님과의 긴 대담의 여정을 마치겠습니다. 감사합니다.

1939년	순천 출생
1958년	서울대학교 사회학과 입학
1975년	독일 괴팅겐대학교 사회학 박사
1976년	서울대학교 사회학과 강사
1977년	크리스찬아카데미 부원장
1982~1999년	세계교회협의회(WCC) 아시아 국장
2000년	성공회대학교 NGO대학원 석좌교수
2001~2007년	대한민국 초대 인권대사
2001~2004년	국가인권위원회 상임위원회 위원
2005년	황조근정훈장 수훈
2005~2008년	경찰청 인권위원회 위원장
	진실·화해를 위한 과거사정리위원회 자문위원
2006년	UN 인권정책센터 이사장
2007년	스코틀랜드 에딘버러대학교 명예 박사 학위
2007~2008년	통일부 정책위원회 위원장
2007~2011년	이화여자대학교 이화학술원 석좌교수 및 평화학연구소 소장
2010~2017년	한국인권재단 고문
2011~2017년	세계인권도시포럼 추진위원회 위원장
2015~2017년	동국대학교 다르마칼리지 석좌교수
2017년	경찰개혁위원회 위원장
2017년	제29대 대한적십자사 회장